परखें अपना IQ लेवल
व बढायें अपनी मानसिक क्षमता

IQ
टेस्ट

BOOK-1

BOOK 1

भारत की हिन्दी माध्यम में IQ की प्रथम पुस्तक

परखें अपना IQ लेवल
व बढायें अपनी मानसिक क्षमता

IQ
टेस्ट

संकलनकर्ता
देवेश सोनकर • अमित झा

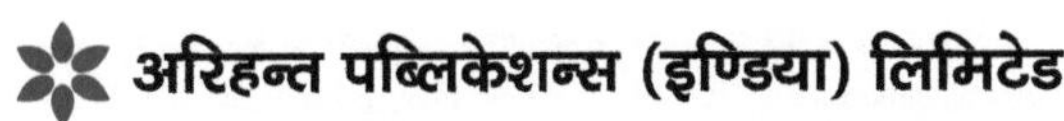

अरिहन्त पब्लिकेशन्स (इण्डिया) लिमिटेड

अरिहन्त पब्लिकेशन्स (इण्डिया) लिमिटेड

सर्वाधिकार सुरक्षित

✍ **रजि. कार्यालय**

'रामछाया' 4577/15, अग्रवाल रोड, दरिया गंज, नई दिल्ली-110002
फोन : 011-47630600, 43518550; फैक्स : 011-23280316

✍ **मुख्य कार्यालय**

कालिन्दी, टी०पी० नगर, मेरठ (यूपी)-250002
फोन : 0121-2401479, 2512970, 4004199; फैक्स : 0121-2401648

शाखा कार्यालय

आगरा, अहमदाबाद, बरेली, बंगलुरु, भुवनेश्वर, चेन्नई, दिल्ली, गुवाहाटी, हल्द्वानी, हैदराबाद, जयपुर, झाँसी, कोलकाता, कोटा, लखनऊ, नागपुर, मेरठ तथा पुणे

✍ **ISBN** 978-93-5094-661-9

✍ **मूल्य : ₹ 125.00**

टाइप सेट : अरिहन्त डीटीपी यूनिट, मेरठ

PRINTED & BOUND BY
ARIHANT PUBLICATIONS (I) LTD. (PRESS UNIT)

'अरिहन्त' के प्रोडक्ट्स के बारे में अधिक जानकारी के लिए हमारी वेबसाइट www.arihantbooks.com पर लॉग इन करें या info@arihantbooks.com पर सम्पर्क करें।

जाँचें अपना IQ

IQ या इंटेलिजेंस कोशेंट या बुद्धिलब्धि परीक्षण, अलग-अलग मानकीकृत परीक्षणों से प्राप्त एक गणना है जिसके माध्यम से किसी भी अभ्यर्थी के बौद्धिक स्तर का आकलन किया जा सकता है। IQ टेस्ट का उद्देश्य विभिन्न परिस्थितियों में अभ्यर्थी के मानसिक स्तर की जाँच करना है।

एक उच्च IQ वाला अभ्यर्थी प्रत्येक स्तर पर अच्छे तरीके से Perform कर सकता है फिर चाहे वह स्कूल स्तर पर होने वाली कोई भी परीक्षा; जैसे–NTSE आदि में भाग ले रहा है या फिर विभिन्न अधिकारी वर्गों के लिए होने वाली परीक्षाओं; जैसे– IAS, PCS, आदि में। वर्तमान समय में IQ टेस्ट, विभिन्न प्रतियोगी परीक्षाओं में पूछे जाने वाले अन्य विषयों; जैसे–गणित, अंग्रेजी, सामान्य ज्ञान की तरह ही एक महत्त्वपूर्ण विषय बन गया है।

पुस्तक का उद्देश्य

वर्तमान युग में प्रत्येक अभ्यर्थी के लिए IQ टेस्ट Book 1 पर Focus करना उतना ही आवश्यक है जितना कि किसी भी विषय की परीक्षा देने से पूर्व उस विषय का अध्ययन करना।

इस पुस्तक का उद्देश्य अभ्यर्थी को IQ टेस्ट के विभिन्न रूपों; जैसे–विजुअल (Visual), लॉजिक (Logic) तथा न्यूमेरिकल (Numerical) IQ टेस्ट, आदि से अवगत कराना है।

- **अभ्यर्थी की Strength तथा Weaker area की पहचान कराना**

  पुस्तक के अन्तर्गत विजुअल, लॉजिक तथा न्यूमेरिकल टेस्ट के साथ-साथ जाँचें अपना IQ टेस्ट (1-15) भी दिए गए हैं।

  जाँचें अपना IQ टेस्ट का मुख्य उद्देश्य अभ्यर्थी को उनके Strength तथा Weaker area की पहचान कराना है। अपने Weaker area को पहचानकर कोई भी अभ्यर्थी उसे प्रैक्टिस के माध्यम से Improve कर Strength में बदल सकता है।

- **दिमागी कसरत (Brain Exercise)**

  अभ्यर्थी के Strength और Weaker area की पहचान के साथ-साथ पुस्तक का उद्देश्य दिमाग की कसरत कराना भी है। IQ टेस्ट के अन्तर्गत दिए गए प्रश्नों को हल करने से आपकी तार्किक शक्ति दोगुनी गति से बढ़ेगी, जिससे आपका मस्तिष्क प्रखर होगा।

इन दोनों मुख्य उद्देश्य के साथ-साथ पुस्तक का लक्ष्य अभ्यर्थी को सही दृष्टिकोण से सही दिशा में आगे बढ़ाना तथा साथ ही उसके सोचने व समझने की शक्ति को विकसित करना है।

विषय-सूची

सेक्शन टेस्ट

जाँचें अपना IQ टेस्ट

IQ
सेक्शन टेस्ट

- लॉजिक IQ
- विजुअल IQ
- न्यूमेरिकल IQ

सेक्शन टेस्ट

किसी भी व्यक्ति का IQ अनेक मानसिक क्षमताओं जैसे–लॉजिक, विजुअल, न्यूमेरिकल आदि का संयोग होता है। इसी कारण इस पुस्तक में विद्यार्थियों को IQ के विभिन्न रूपों से अवगत कराने के लिए विभिन्न सेक्शन टेस्ट दिए गए हैं।

प्रत्येक अभ्यर्थी को यह सलाह दी जाती है कि वह **'जाँचें अपना IQ टेस्ट'** सेक्शन Attempt करने से पहले **'सेक्शन टेस्ट'** में अपनी परफॉर्मेंस अवश्य चैक कर लें।

केस–1

यदि आपने प्रत्येक सेक्शन में 75% या उससे अधिक प्रश्न सही हल किये हैं, तब आप **'जाँचें अपना IQ टेस्ट'** attempt कर सकते हैं।

केस–2

यदि आपका स्कोर किसी भी सेक्शन में 50%-75% के बीच में है, तब आपको उस सेक्शन में प्रैक्टिस की आवश्यकता है। उसके बाद ही आप **'जाँचें अपना IQ टेस्ट'** Attempt कर सकते हैं।

केस–3

यदि आपका स्कोर 50% से कम है, तब आपको पहले अपने Basic Reasoning के Concepts Clear करने होंगे तथा पुन: सेक्शन टेस्ट attempt करने होंगे, जब तक कि आप 75% Marks स्कोर न कर लें।

लॉजिक
IQ टेस्ट 1
(कोडिंग-डिकोडिंग, वर्गीकरण,
गणितीय संक्रियाएँ, लुप्त शब्दों का भरना)

1 'डॉक्टर' जिस प्रकार 'स्टैथेस्कोप' से सम्बन्धित है, उसी प्रकार का सम्बन्ध निम्न में से किनके बीच है?

   (a) शिक्षक : शिष्य   (b) लेखक : पेन

   (c) जेलर : कैदी   (d) पिजरा : पक्षी

   (e) दर्शक : फिल्म   (e) नाई : शेव

2 नीचे दिए गए चार शब्दों में से तीन किसी प्रकार समान हैं। अतः उनका एक समूह बनता है। वह एक कौन-सा है, जो इस समूह में नहीं आता है?

   (i) (a) पीतल   (b) इस्पात   (c) टिन   (d) कांस्य

   (ii) (a) जुराबें   (b) चूड़ियाँ   (c) दस्तानें   (d) कलाई घड़ी

   (iii) (a) नदी   (b) नहर   (c) दरिया   (d) तालाब

   (iv) (a) कौआ   (b) चमगादड़   (c) कबूतर   (d) तोता

   (v) (a) पुस्तक   (b) पत्रिका   (c) दैनिकी   (d) कागज

3 नीचे दिए गए बॉक्स में से कौन-सा बॉक्स भिन्न हैं?

1 1 1 1 = R	2 2 2 2 = T	3 3 3 3 = E	4 4 4 4 = N	5 5 5 5 = M
(a)	(b)	(c)	(d)	(e)

4 I. निम्नलिखित आठ अक्षर युग्मों में से सात किसी प्रकार समान हैं तथा उनका एक समूह बनता है। वह एक कौन-सा है, जो इस समूह में नहीं आता है?

   (a) A Z   (b) DM   (c) BY   (d) CX

   (e) FU   (f) JQ   (g) LO   (h) MN

II. निम्नलिखित पाँच में से चार किसी प्रकार समान हैं तथा उनका एक समूह बनता है। वह एक कौन-सा है जो इस समूह में नहीं आता है?

	(a)	(b)	(c)	(d)	(e)
(i)	BD	CE	GI	FH	NL
(ii)	KM	HK	PR	TV	BD
(iii)	CE	KI	FD	WU	MK
(iv)	HJ	PR	NP	BE	VX

5 यदि 260384 को 815 लिखा जाता है, तो 311297 को क्या लिखेंगे?

(a) 186　　　　　(b) 213　　　　　(c) 518　　　　　(d) 743

(e) 129

6 नीचे दी गई शृंख्लाओं के लुप्त पदों को ज्ञात कीजिए।

(i) p_pp_p_ppq_qppq

(ii) p_rpq__qrpq_

(iii) lk_nl_mn__m_

(iv) 33212_311_2333_1_

(v) 6_796__9687_6879

7 नीचे दिए गए संख्या समूह में एक पद गलत है, उस गलत पद को ज्ञात कीजिए।

(i) 111, 331, 482, 551, 263, 383

(ii) G4T, J10R, M20P, P43N, S90L

8 नीचे दी गई शृंखला में प्रश्नचिन्ह (?) के स्थान पर क्या आएगा?

(i) C, G, M, U, ?, DC, EG, GC

(ii) B2,?, J6, N8, R10, V12

(iii) R, Y, CB, CI, DF, ?

(iv) AC, DG, HL, MR, ?

(v) 11, 18, 29, 42, ?, 78, 101

9 नीचे दी गई शृंखला में से कौन-सी संख्याएँ समान आवृत्ति में है?

9 8 9 7 6 5 3 4 2 8 9 7 2 4 5 9 2 9 7 6 4 7

10 यदि किसी सांकेतिक भाषा में, 9 8 7 का अर्थ है 'टोपी काली है', 8 7 6 का अर्थ है 'पतंग काली है' तथा 7 4 5 का अर्थ है 'काली और सफेद'

(i) उस भाषा में पतंग के लिए किस कोड़ का प्रयोग किया गया है?

(a) 6　　　　　(b) 7　　　　　(c) 8　　　　　(d) 9

(ii) कोड 8 किस शब्द के लिए प्रयुक्त हुआ है?

(a) टोपी　　　　　(b) है　　　　　(c) और　　　　　(d) सफेद

11 यदि 935 × 487 = 498375, तब

(i) 534 × 675 = ...

(ii) 715 × 552 = ...

(iii) 575 × 681= ...

(iv) 989 × 791 = ...

(v) 585 × 585 = ...

12 (i) यदि एक 'चूहे' को 'कुत्ता' कहा जाए, 'कुत्ते' को 'नेवला', 'नेवले' को 'शेर' ,शेर को 'साँप' तथा 'साँप' को 'हाथी' कहा जाए, तो पालतू पशु के रूप में किसे पाला जाएगा और जंगल का राजा किसे कहा जाएगा ?

    (a) नेवला, साँप   (b) शेर, चूहा   (c) चूहा, हाथी   (d) कुत्ता, शेर

(ii) किसी कूट भाषा में 'पिक विक निक' का अर्थ है 'शीतकाल ठण्डा है', 'टू निक रे' का अर्थ है 'ग्रीष्मकाल गरम है' तथा 'रे थो पिक' का अर्थ है 'ठण्डा और गरम'

    (a) 'ग्रीष्मकाल' के लिए कूट शब्द कौन-सा है ?

    (b) कूट 'पिक' किस शब्द के लिए प्रयुक्त हुआ है ?

13 नीचे दी गई आकृति में लुप्त अक्षर युग्म को ज्ञात कीजिए।

AZ	BY	CX
DW	EV	FU
GT	?	IR

    (a) HR   (b) HS   (c) HV   (d) HU

14 नीचे दी गई श्रृंखला में ऐसे कितने 4 के अंक हैं, जिनके पहले अभाज्य अंक आया है लेकिन बाद में अभाज्य अंक नहीं आया है?

    4 1 4 1 5 4 2 6 4 1 8 3 4 9 2 4 8 3 4 8 2 8 4 5 4 8 7 4 6 4 5 4

15 निम्नलिखित व्यवस्था को ध्यान से पढ़िए और नीचे दिए गए प्रश्नों के उत्तर दीजिए।

    R 4 3 % M @ K E F 5 A # J N 1 8 U © D B P 6 I W 7 δ Q * Z

(i) उपरोक्त व्यवस्था से सभी प्रतीक निकाल दिए जाएँ, तो निम्नलिखित में से कौन-सा बाएँ से नौवें के बाएँ चौथा होगा?

    (a) K   (b) E   (c) M   (d) 3

    (e) इनमें से कोई नहीं

(ii) उपरोक्त व्यवस्था में ऐसे कितने व्यंजन हैं, जिनमें से प्रत्येक के तुरन्त पहले एक प्रतीक और तुरन्त बाद एक अक्षर है?

    (a) कोई नहीं   (b) एक   (c) दो   (d) तीन

    (e) तीन से अधिक

(iii) उपरोक्त व्यवस्था में ऐसी कितने अंक हैं, जिनमें से प्रत्येक के तुरन्त बाद एक अक्षर है, किन्तु तुरन्त पहले एक प्रतीक नहीं है?

    (a) कोई नहीं   (b) एक   (c) दो   (d) तीन

    (e) तीन से अधिक

लॉजिक
IQ टेस्ट 2

(रक्त सम्बन्ध, क्रम व्यवस्था परीक्षण, समय परीक्षण, बैठक व्यवस्था, संख्या श्रेणी, दिशा एवं दूरी, पहेली परीक्षण)

1 एक औरत की तस्वीर दिखाते हुए एक व्यक्ति ने कहा कि, ''वह मेरे इकलौते पुत्र की सास की इकलौती लड़की है।'' औरत का उस व्यक्ति से क्या सम्बन्ध है?

    (a) सास   (b) बेटी   (c) पत्नी   (d) बहू

2 एक आदमी ने एक महिला से कहा, ''आपके भाई का इकलौता पुत्र, मेरी पत्नी का भाई है।'' वह महिला उस आदमी की पत्नी से किस प्रकार सम्बन्धित है?

    (a) बुआ   (b) बहन   (c) माता   (d) दादी

3 जावेद के भाई की बहन के पिता का भाई करीम है और करीम की लड़की डॉली है। जावेद, डॉली से कैसे सम्बन्धित है?

    (a) भाई   (b) चचेरा भाई   (c) बहन   (d) चाचा

4 राम, रमेश का पिता है। वेदवती, राम की सास है। वेदवती की माता वसुन्धरा है, जिसका पति हरीश है। रमेश का हरीश से क्या सम्बन्ध है?

    (a) रमेश, हरीश का नाती है   (b) हरीश, रमेश का परनाना है

    (c) रमेश, हरीश का भतीजा है   (d) रमेश का हरीश से कोई सम्बन्ध नहीं है

5 निम्नलिखित जानकारी को ध्यान से पढ़िए और उसके बाद नीचे दिए गए प्रश्नों के उत्तर दीजिए।

    1. 'A $ B' का अर्थ है कि A, B की माँ है।

    2. 'A # B' का अर्थ है कि A, B का पिता है।

    3. 'A @ B' का अर्थ है कि A, B का पति है।

    4. 'A % B' का अर्थ है कि A, B की बेटी है।

    (i) यदि P @ Q $ M # T, तब P, T के साथ क्या सम्बन्ध दर्शाता है?

        (a) नाना   (b) दादा   (c) नानी   (d) दादी

    (ii) यदि G $ M @ K हो, तो K का G से क्या सम्बन्ध है?

        (a) सास   (b) पुत्री   (c) मौसी   (d) बहू

6 मैं दक्षिण की ओर मुँह करके खड़ा हूँ। अब, मैं वामावर्त दिशा में 135° घूमता हूँ। पुन: मैं पश्चिम अपने दाएँ 45° घूमता हूँ। अब, मैं किस दिशा में मुँह करके खड़ा हूँ?

(a) पूर्व   (b) पश्चिम   (c) उत्तर   (d) दक्षिण

7 बच्चों की एक पंक्ति में काव्या बाईं ओर से 5वीं है और प्रीती दाईं ओर से 6वीं है। जब वे अपना स्थान एक-दूसरे से परिवर्तित कर लेती हैं, तो काव्या बाईं ओर से 13वीं हो जाती है, दाईं ओर से प्रीती का कौन-सा स्थान होगा ?

8 कैलाश को याद है कि उसके भाई दीपक का जन्मदिन 20 मई के बाद लेकिन 28 मई से पहले है, जबकि उसकी बहन सुधा को याद है कि दीपक का जन्मदिन 22 मई से पहले लेकिन 12 मई के बाद है। दीपक का जन्मदिन कौन-सी तारीख को है?

9 यदि संख्याओं 723, 789, 585, 659, 713, 785, 689 को अवरोही क्रम में लिखा जाए, तो मध्य पद के मध्य का अंक क्या होगा ?

(a) 1   (b) 7   (c) 8   (d) 3

10 छ: व्यक्ति एक घेरे में बैठे हैं तथा ताश खेल रहे हैं। सुरेश, रघुबीर के सामने है जो अजय के बाईं ओर तथा प्रमोद के दाईं ओर है। अजय, धीरज के बाईं ओर है। योगेन्द्र, प्रमोद के बाईं ओर है। यदि धीरज, योगेन्द्र से तथा प्रमोद, रघुबीर से अपनी सीट बदलते हैं, तो धीरज के बाईं ओर कौन बैठा होगा?

(a) योगेन्द्र   (b) रघुबीर   (c) सुरेश   (d) अजय

11 एक स्कूल में पाँच अध्यापक हैं

1. A और B हिन्दी और अंग्रेजी पढ़ाते हैं।
2. C और D अंग्रेजी और भूगोल पढ़ाते हैं।
3. D और A गणित और हिन्दी पढ़ाते हैं।
4. E और B इतिहास और फ्रेंच पढ़ाते हैं।

सभी अध्यापकों में से कौन सबसे अधिक विषय पढ़ाता है?

12 निम्नलिखित जानकारी का ध्यान से अध्ययन कर नीचे दिए गए प्रश्नों के उत्तर दीजिए।

आठ मित्र मीनल, रुमिया, शिखा, अली, पीटर, हरलीन, केतन और भरत एक वर्गाकार टेबल के इर्द-गिर्द इस प्रकार बैठे हैं कि इनमें से चार लोग वर्ग के चार कोनों में और चार लोग चारों भुजाओं के बीच में बैठे हैं। कोनों पर बैठने वाले केन्द्रोन्मुख और भुजाओं के बीच में बैठने वाले बाह्योन्मुख बैठे हैं।

भरत, शिखा के दाएँ दूसरा बैठा है। भरत किसी भी कोने में नहीं बैठा है। मीनल, पीटर के दाएँ तीसरे स्थान पर बैठी है। पीटर, शिखा का निकटतम पड़ोसी नहीं है। रुमिया और केतन एक-दूसरे के निकटतम पड़ोसी हैं किन्तु रुमिया टेबल के किसी कोने में नहीं बैठी है। हरलीन, न तो पीटर और न ही शिखा की निकटतम पड़ोसी है।

(i) निम्नलिखित चार में से तीन किसी प्रकार समान हैं इसलिए उनका एक समूह बनता है। वह एक कौन-सा है जो इस समूह में नहीं आता है?

(a) पीटर   (b) रुमिया   (c) हरलीन   (d) शिखा

(ii) अली के बाएँ तीसरा कौन बैठा है?

    (a) भरत   (b) रुमिया   (c) शिखा   (d) पीटर

(iii) निम्नलिखित में से कौन केतन के दाएँ दूसरा बैठा है ?

    (a) शिखा   (b) अली   (c) भरत   (d) हरलीन

(iv) निम्नलिखित में से कौन हरलीन के निकटतम पड़ोसी है ?

    (a) मीनल, केतन   (b) भरत, रुमिया   (c) भरत, मीनल   (d) अली, रुमिया

13 व्यक्तियों X, Y, Z, A, B और C के ज्ञान के आधार पर आपस में एक-दूसरे से तुलना कीजिए।

1. X, A से अधिक जानता है।

2. Y, B के जितना ही जानता है।

3. Z, C से कम जानता है।

4. A, Y से अधिक जानता है।

5. B, C से अधिक जानता है।

इन सभी में कौन सबसे अधिक ज्ञानी व्यक्ति है ?

14 नीचे दिए गए छः गिलासों में से तीन गिलास सन्तरे के जूस से भरे हैं तथा शेष तीन गिलास खाली हैं। क्या आप केवल एक गिलास का स्थान परिवर्तित कर इस प्रकार व्यवस्थित कर सकते हैं कि भरा हुआ तथा खाली गिलास एकान्तर क्रम में हों?

15 बबलू और बन्टी, धामपुर हाई स्कूल में हुई पहली वार्षिक दौड़ प्रतियोगिता के परिणाम के बारे में बताते हैं। स्नेहल, तनमय और वमन तीन प्रतियोगी थे। बबलू ने सूचना दी, ''तनमय दौड़ जीता, वमन दूसरे स्थान पर था।'' बन्टी असहमत था उसके अनुसार, ''जो जीता वह स्नेहल था, जबकि तनमय दूसरे स्थान पर आया।'' इस प्रकार न ही बबलू और न ही बन्टी ने परिणाम की सही जानकारी दी तथा प्रत्येक ने एक सही तथा एक गलत कथन बोला।

(i) कौन दौड़ में प्रथम आया ?

    (a) स्नेहल   (b) वमन

    (c) तनमय   (d) ज्ञात नहीं किया जा सकता

(ii) कौन दौड़ में अन्तिम आया ?

    (a) स्नेहल   (b) वमन

    (c) तनमय   (d) ज्ञात नहीं किया जा सकता

विजुअल IQ टेस्ट 1

(श्रेणियाँ, आव्यूह पूर्तिकरण, युग्मों की समानता, विषम चुनना)

1 निम्न प्रश्नों में कौन-सी विकल्प आकृति, आकृति (X) के प्रतिरूप को पूरा करेंगी?

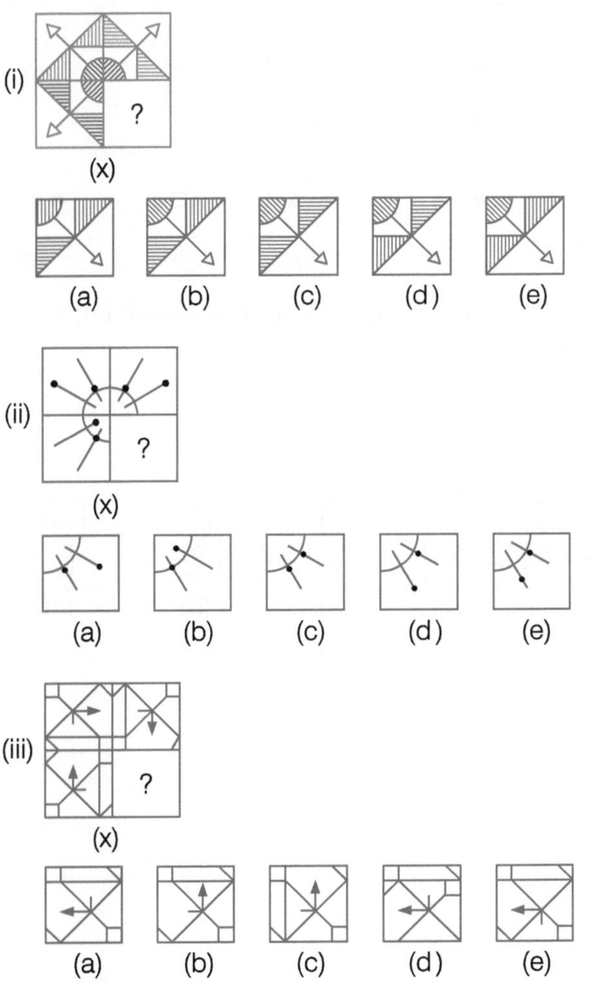

2 नीचे दी गई शृंखला में प्रश्नचिन्ह (?) के स्थान पर कौन-सी विकल्प आकृति आएगी?

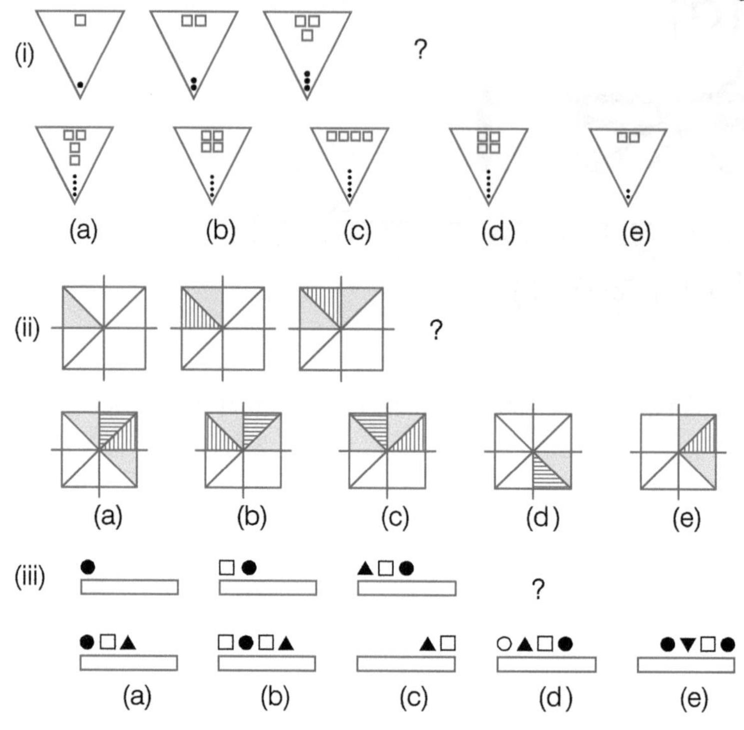

3 नीचे दी गई विकल्प आकृति (a), (b), (c) व (d) में से कौन-सी दिए गए आकृति आव्यूह में लुप्त स्थान पर उचित होगी?

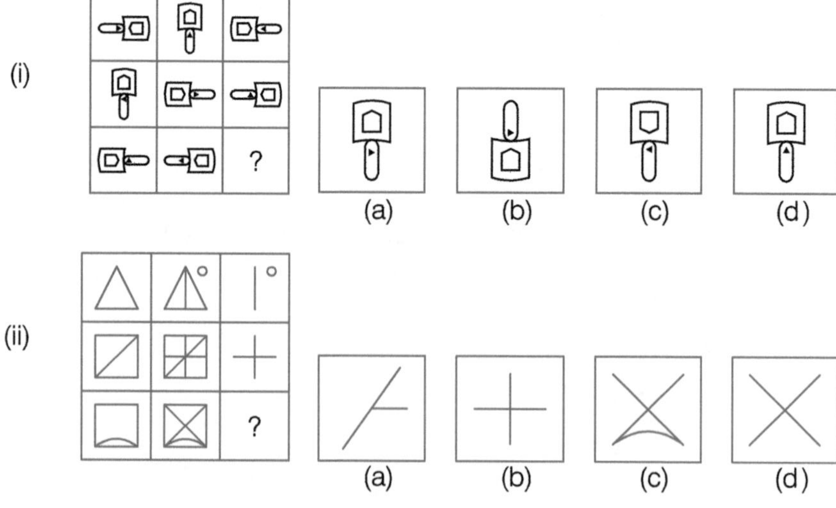

4 नीचे दी गई आकृतियों में प्रश्नचिन्ह (?) के स्थान पर कौन-सी विकल्प आकृति आएगी?

(i)
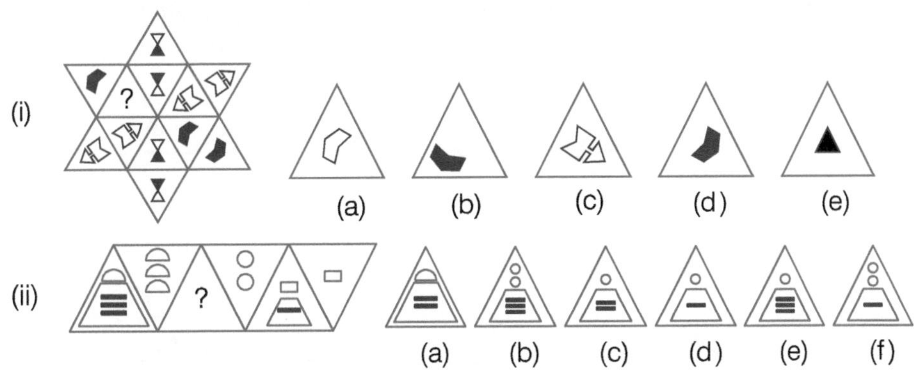

(ii)

5 निम्न प्रश्नों में कौन-सी विकल्प आकृति, आकृति (X) के प्रतिरूप को पूरा करेगी?

(i)
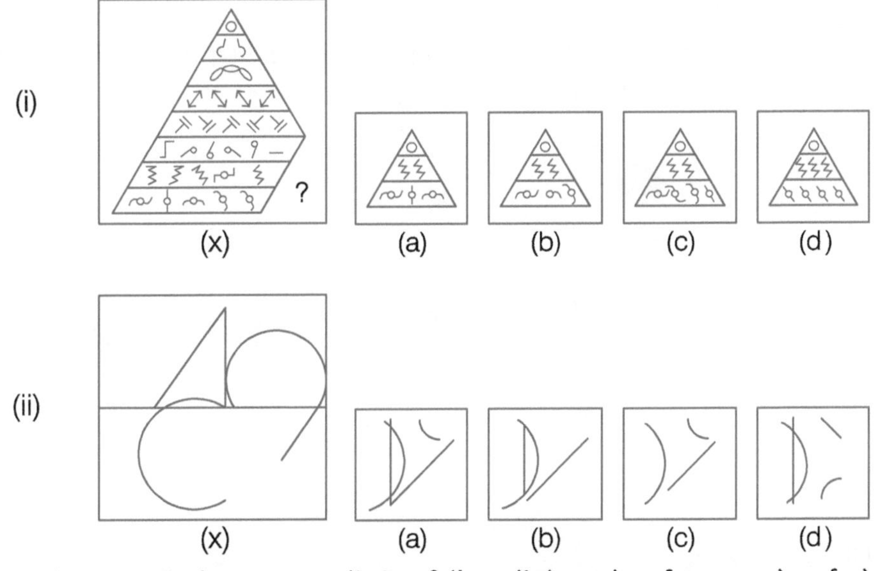

(ii)

6 नीचे छ: आकृतियाँ एक शृंखला में दी गई हैं। इनमें से सबसे बाईं तथा सबसे दाईं ओर की आकृति अक्षरों द्वारा अंकित नहीं हैं तथा ये आकृतियाँ शृंखला का आरम्भ और अन्त दर्शाती हैं। अन्य चार अंकित आकृतियों में से एक आकृति गलत है। इस गलत आकृति की चयन कीजिए।

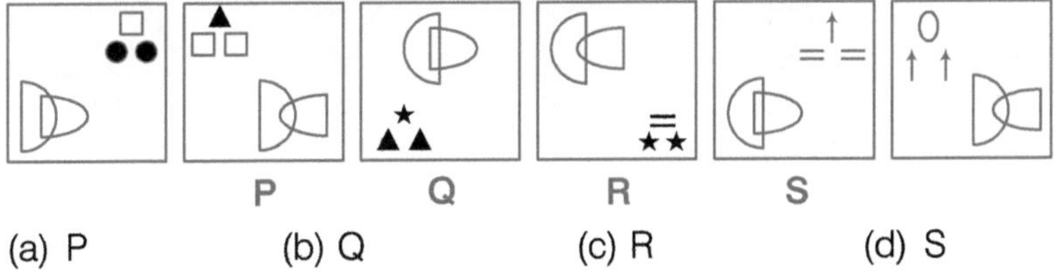

(a) P   (b) Q   (c) R   (d) S

7. नीचे एक विचित्र घड़ी दर्शायी गई है जिसकी सूइयाँ असामान्य रूप से घूम रही हैं। नीचे दी गई पाँच स्थितियों (i से v) के आधार पर सूइयाँ के घूमने का नियम ज्ञात कीजिए तथा नीचे दी गई पाँच विकल्प आकृतियों में से आकृति (vi) के स्थान पर आने वाली अगली आकृति ज्ञात कीजिए।

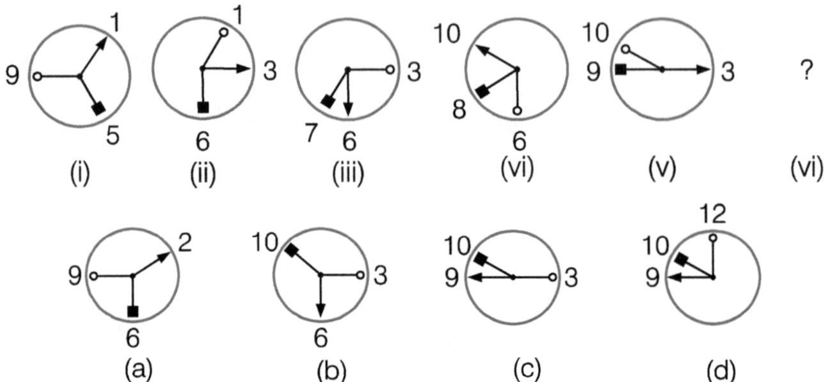

8 नीचे दी गई बाईं ओर के पहले युग्म के समान दूसरे युग्म को पूरा करने के लिए दाईं ओर प्रश्नचिन्ह (?) के स्थान पर कौन-सी विकल्प आकृति आएगी?

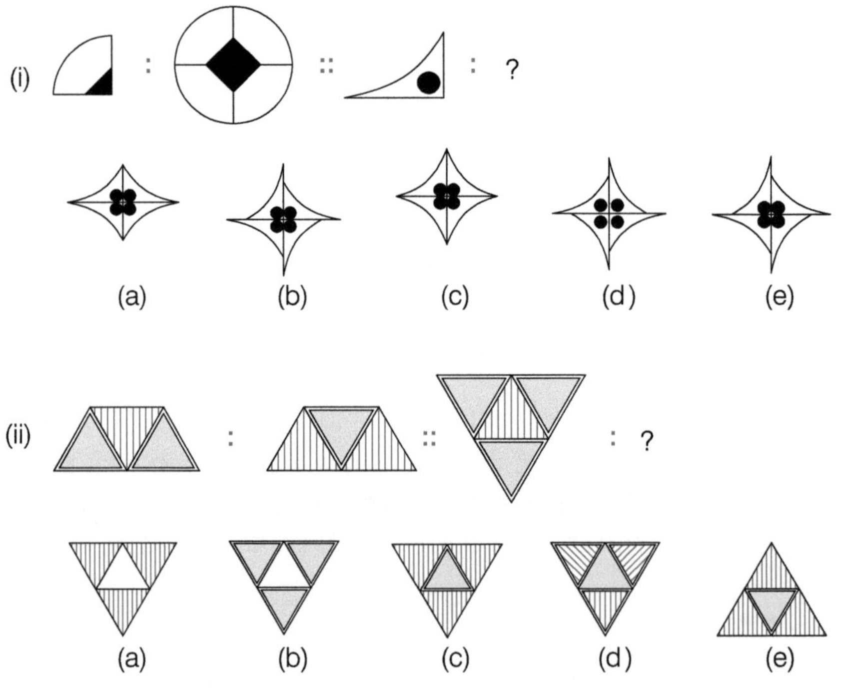

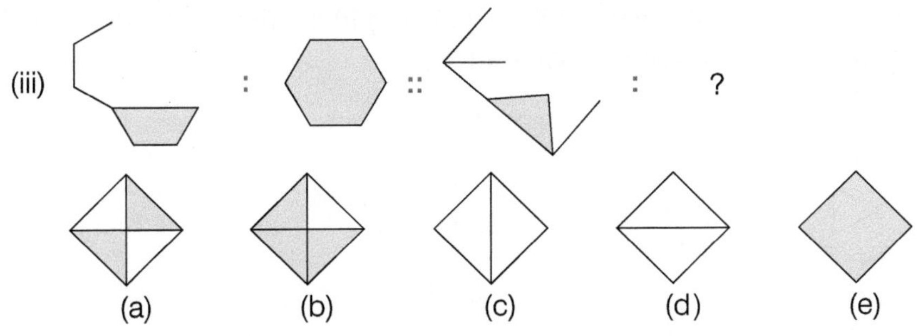

9 निम्न प्रश्नों में आकृति (a), (b) (c), (d) व (e) में से कौन-सी विषम आकृति हैं?

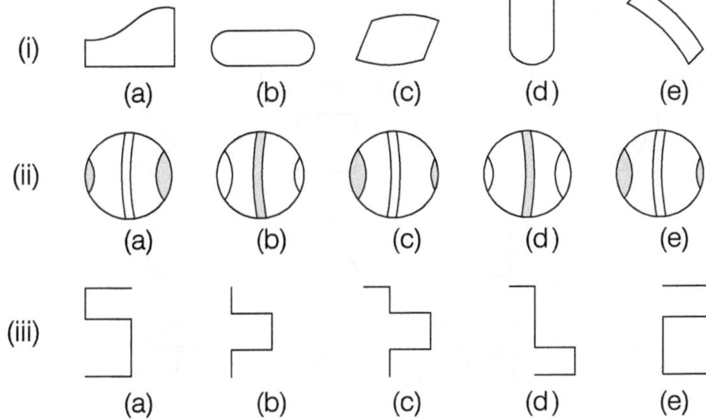

10 निम्न में से कौन-सी आकृति अन्य सभी से विषम है?

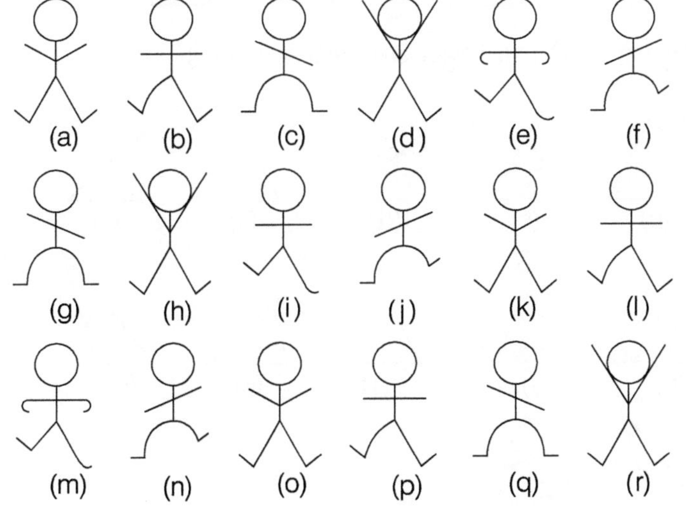

11 निम्न प्रश्न में जिस प्रकार पहली आकृति, दूसरी आकृति से सम्बन्धित है, उसी प्रकार तीसरी आकृति किस विकल्प आकृति से सम्बन्धित है?

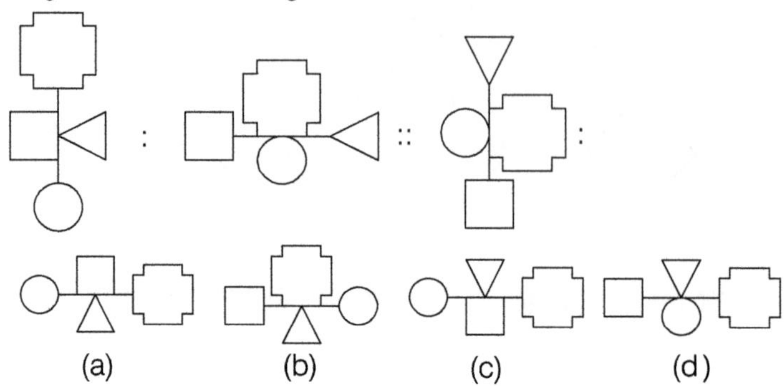

(a)   (b)   (c)   (d)

12 नीचे दी गई पंक्ति में से कौन-सी पंक्ति अन्य से विषम है?

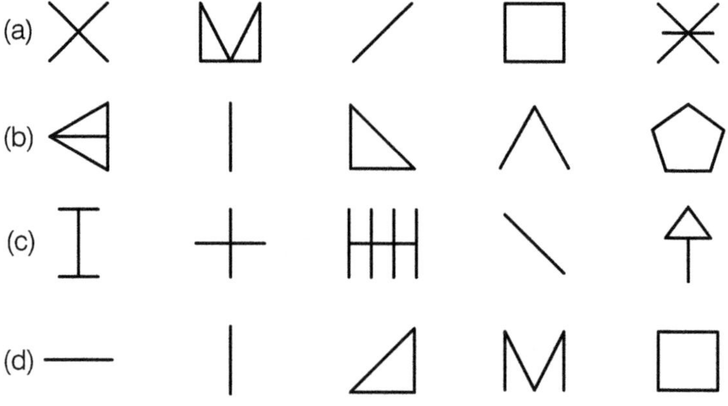

13 नीचे दिए गए त्रिभुज में से कौन-सा त्रिभुज अन्य सभी से विषम है?

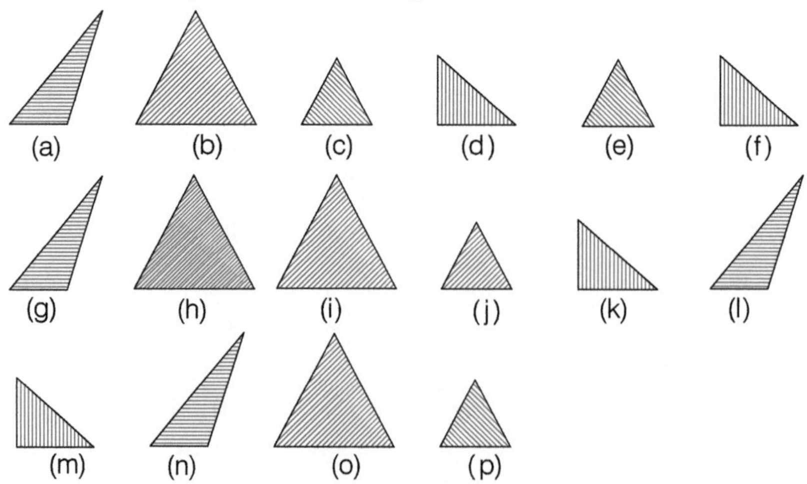

(a)   (b)   (c)   (d)   (e)   (f)

(g)   (h)   (i)   (j)   (k)   (l)

(m)   (n)   (o)   (p)

14 निम्न प्रश्नों में, जिस प्रकार पहली आकृति, दूसरी आकृति से सम्बन्धित है, उसी प्रकार तीसरी आकृति किस विकल्प आकृति से सम्बन्धित हैं?

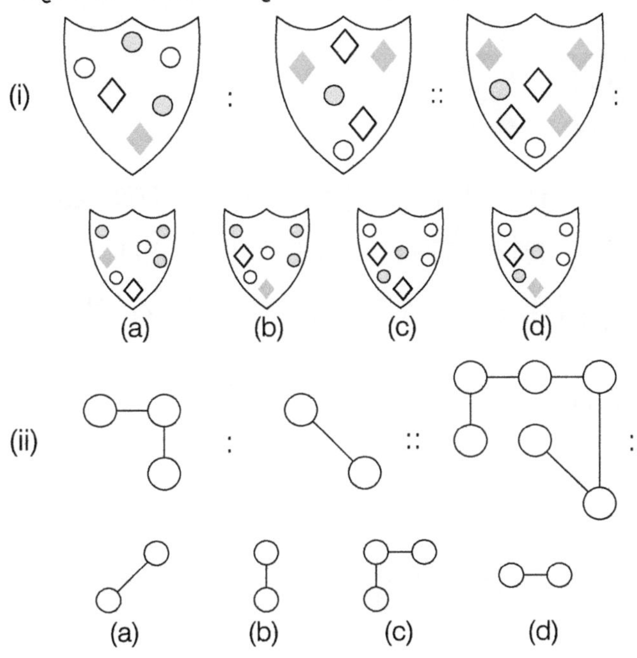

(i)

(a)   (b)   (c)   (d)

(ii)

(a)   (b)   (c)   (d)

15 निम्न में से किस घड़ी की सतह अन्य से विषम है।

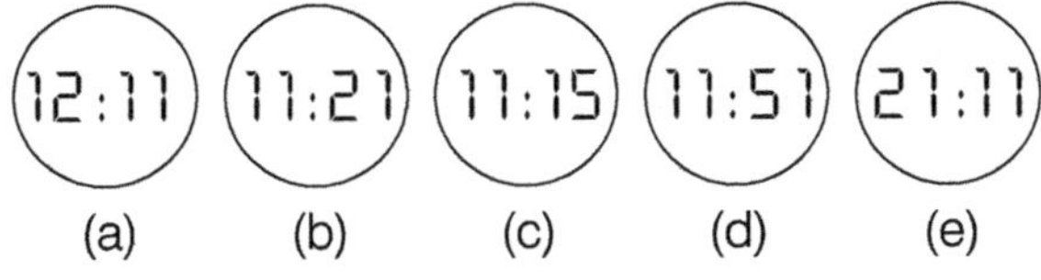

(a)   (b)   (c)   (d)   (e)

विजुअल IQ टेस्ट 2

(आकृतियों की गिनती, वेन आरेख, पासा एवं घन, बिन्दुओं की स्थिति, प्रतिबिम्ब व जल प्रतिबिम्ब, आकृतियों का समूहीकरण, कागज मोड़ना व काटना)

1 नीचे दी गई आकृतियों में कितने वृत्त हैं?

(i)

(a) 11   (b) 12   (c) 13   (d) 14

(ii)

(a) 8   (b) 9   (c) 10   (d) 11

2 नीचे दी गई प्रत्येक आकृति में कितने समान्तर चतुर्भुज हैं?

(i)

(a) 20   (b) 18   (c) 16   (d) 12

(ii)

(a) 8   (b) 10   (c) 9   (d) 11

3   (i) नीचे दी गई आकृति में कितने त्रिभुज और वर्ग हैं?

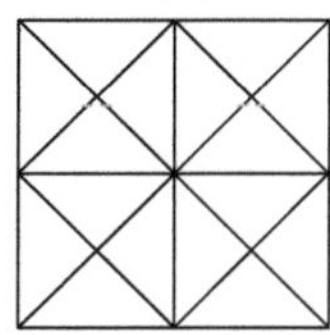

(a) 44 त्रिभुज, 10 वर्ग   (b) 14 त्रिभुज, 16 वर्ग

(c) 27 त्रिभुज, 6 वर्ग   (d) 36 त्रिभुज, 9 वर्ग

(ii) नीचे दी गई आकृति में आयत तथा षट्भुजों की संख्या ज्ञात कीजिए।

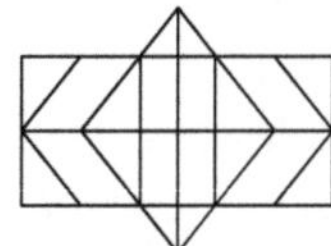

(a) 30, 5   (b) 32, 3

(c) 28, 5   (d) 30, 3

4 यदि किन्ही भी दो निकटवर्ती क्षेत्रों में एक जैसा रंग नहीं भरना हो, तो नीचे दी गई आकृति में कम-से-कम कितने अलग-अलग रंगों की आवश्यकता होगी?

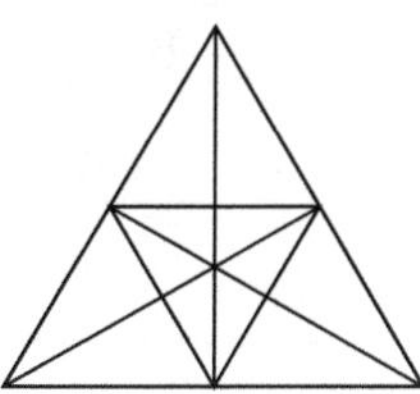

(a) 3   (b) 4

(c) 5   (d) 2

5 निम्न आकृति में प्रश्नचिन्ह (?) के स्थान पर क्या आएगा?

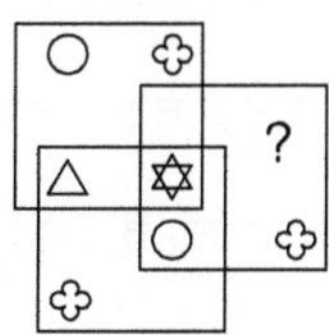

(a) 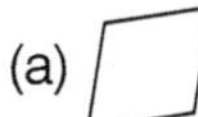   (b) 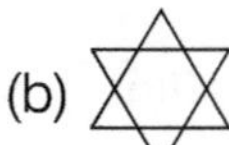   (c)    (d) 

6   (i) नीचे दिए गए समूहों में से किस समूह को निम्न वेन आरेख द्वारा प्रदर्शित किया जा सकता है?

    (a) गायक, लड़के, लड़कियाँ   (b) गायक, नृतक, युगल

    (c) मेजर, एयर, कमाण्डर नौसेना प्रमुख   (d) हाथ, अँगुलियाँ, कलाई

  (ii) निम्नलिखित में से कौन-सा वेन आरेख साँप, छिपकली, रेंगने वाले (सरीसृप) के बीच सम्बन्ध का सही निरूपण करता है?

      (a)   (b)   (c)   (d)

7 निम्न आरेख का ध्यानपूर्वक अध्ययन कीजिए और उसके नीचे दिए गए प्रश्नों के उत्तर दीजिए।

△ बड़ी त्रिकोण, लेखक दर्शाती है।

▭ आयत, कवि दर्शाता है।

△ छोटी त्रिकोण, नाटककार दर्शाता है।

◯ वृत्त, निबन्धकार दर्शाता है।

  (i) कौन-सी संख्या उन कवियों को दर्शाती है, जो निबन्धकार, नाटककार और लेखक भी हैं?

    (a) 7   (b) 5   (c) 6   (d) 8

  (ii) कौन-सी संख्या उन नाटककारों को दर्शाती है, जो निबन्धकार नहीं हैं?

    (a) 8   (b) 7   (c) 5   (d) 1

  (iii) कौन-सी संख्या उन कवियों को दर्शाती है, जो निबन्धकार भी हैं, किन्तु लेखक अथवा नाटककार नहीं हैं?

    (a) 5   (b) 6   (c) 7   (d) 8

8 (i) नीचे एक ही पासें के दो प्रारूपों को दर्शाया गया है। 4 बिन्दुओं वाली सतह के विपरीत सतह पर कितने बिन्दु होंगे?

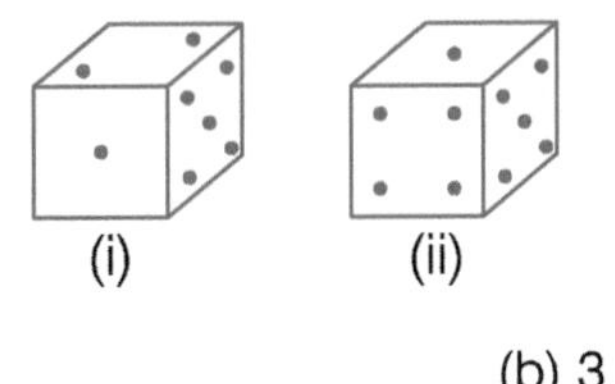

(i)　　　(ii)

(a) 2　　　　　　　　　　　(b) 3

(c) 6　　　　　　　　　　　(d) इनमें से कोई नही

(ii) नीचे दी गई आकृति (X) को मोड़कर कौन-सा घन/बॉक्स बनाया जा सकता है?

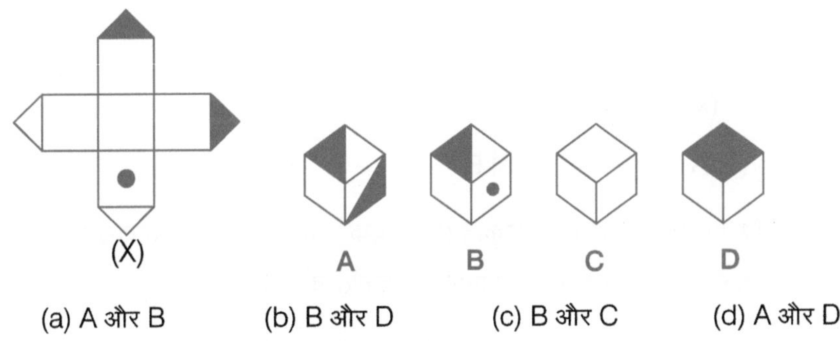

(X)　　　　A　　　B　　　C　　　D

(a) A और B　　(b) B और D　　(c) B और C　　(d) A और D

9 नीचे दिए गए प्रत्येक प्रश्न में, उस विकल्प आकृति को चुनिए, जिसमें बिन्दुओं को रखने पर वहीं प्रतिबन्ध पूरा हो जाए, जैसा कि प्रश्न आकृति (X) में है।

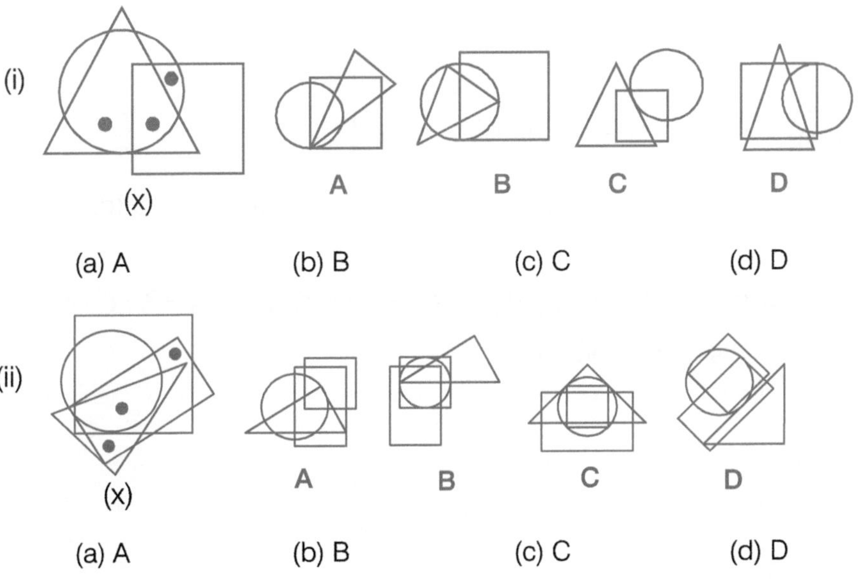

(i)　　　(X)　　　A　　　B　　　C　　　D

(a) A　　　　(b) B　　　　(c) C　　　　(d) D

(ii)　　　(X)　　　A　　　B　　　C　　　D

(a) A　　　　(b) B　　　　(c) C　　　　(d) D

10 नीचे दिए गए प्रत्येक प्रश्न में उस विकल्प आकृति को चुनिए जिसमें आकृति (X) सन्निहित है।

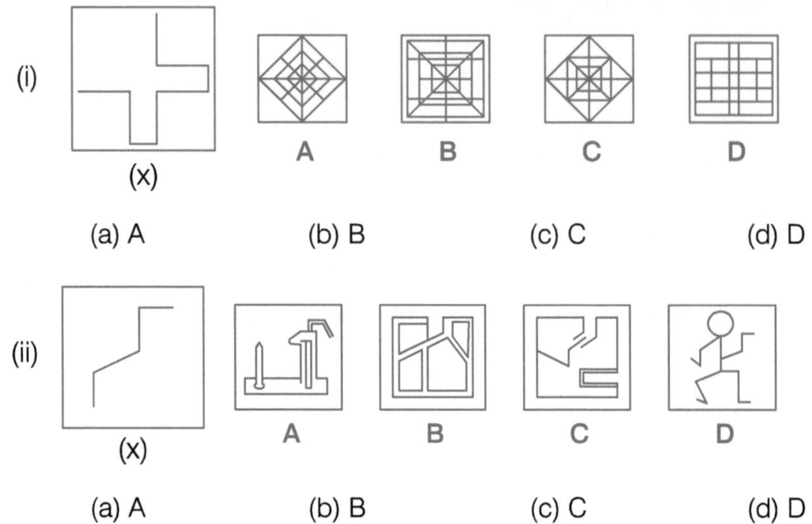

(i)

(a) A   (b) B   (c) C   (d) D

(ii)

(a) A   (b) B   (c) C   (d) D

11 नीचे दिए गए प्रत्येक प्रश्न में, आकृति (X) में एक ज्यामिति आकृति के कुछ अवयव दिए गए हैं। चार विकल्प आकृतियों में उस ज्यामितीय आकृति को चुनिए।

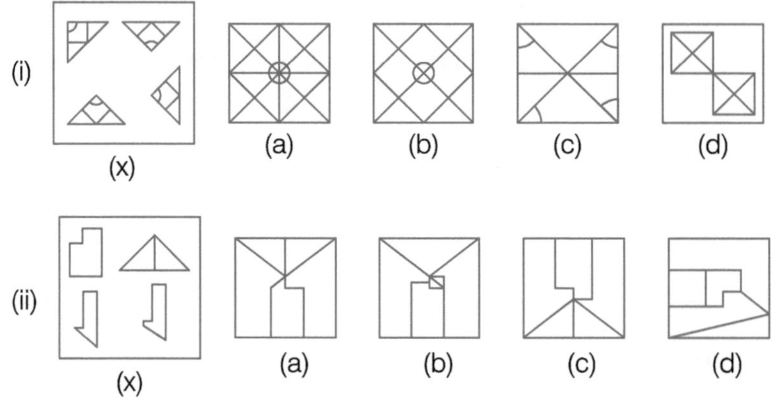

12 निम्न प्रश्नों में उस विकल्प आकृति का चयन कीजिए जो दी गई आकृति (X) की सही प्रतिबिम्ब आकृति को दर्शाती है।

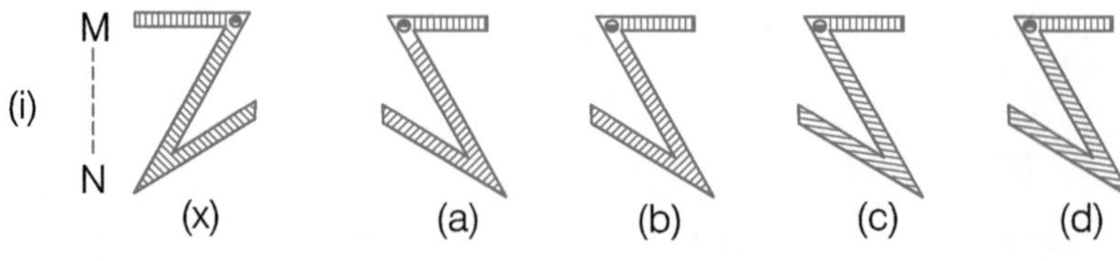

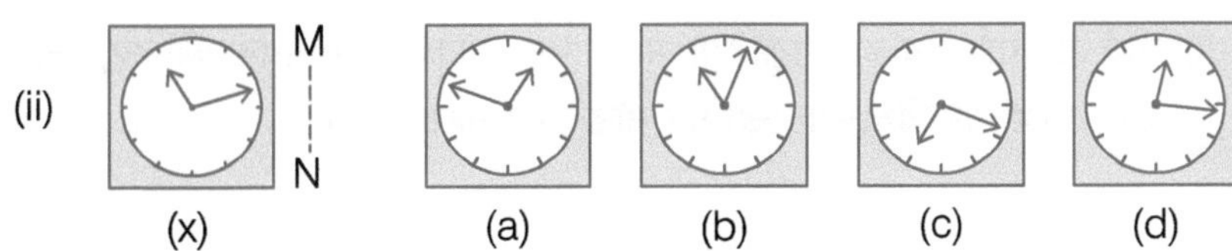

(ii)

13 नीचे दी गई आकृति (X) के सही जल प्रतिबिम्ब को चुनिए।

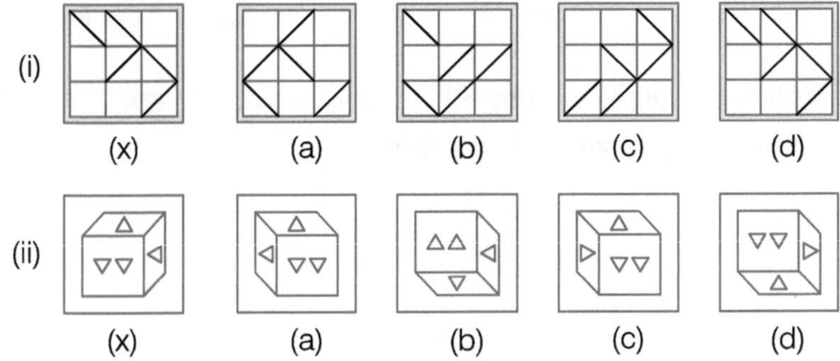

(i)

(ii)

14　(i) नीचे दी गई विकल्प आकृतियों में से कौन-सी आकृति, आकृति (X) का लुप्त भाग है?

(ii) निम्न आकृतियों के तीन ऐसे समूह बनाइए जिसकी प्रत्येक आकृति में समान गुण मौजूद हों।

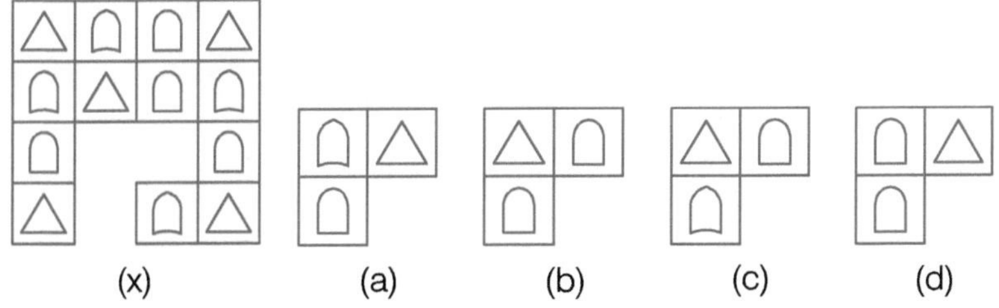

(a) 1, 8, 9; 4, 6, 7; 2, 3, 5
(b) 2, 5, 9; 1, 3, 8; 2, 6, 7
(c) 1, 5, 8; 4, 6, 7; 2, 3, 9
(d) 1, 3, 9; 2, 5, 8; 4, 6, 7

15 (i) नीचे दी गई विकल्प आकृतियों में से उस आकृति का चयन कीजिए, जो पारदर्शी कागज (X) को बिन्दुमय रेखा पर मोड़ने पर प्राप्त होगी।

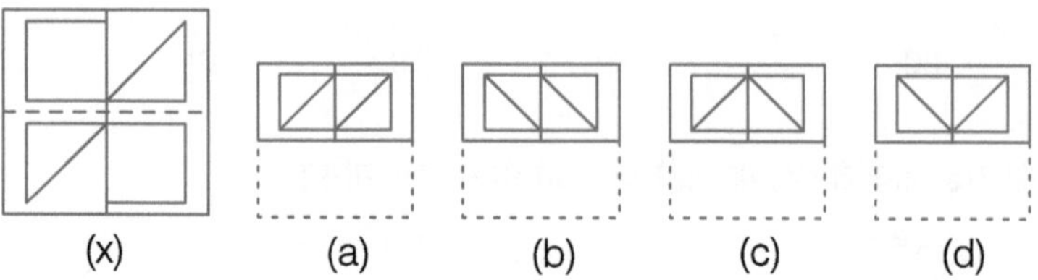

(x)   (a)   (b)   (c)   (d)

(ii) ऐसी विकल्प आकृति का चयन कीजिए, जो कागज को X, Y तथा Z के समान मोड़कर काटने के बाद खोलने पर दिखाई देगी।

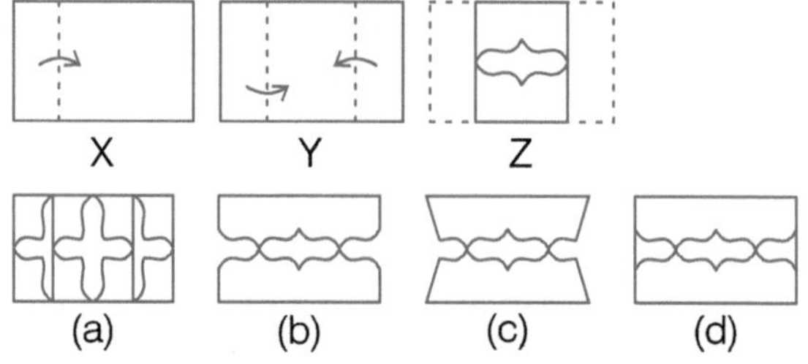

X   Y   Z

(a)   (b)   (c)   (d)

न्यूमेरिकल IQ टेस्ट 1

(संख्याओं पर संक्रियाएँ, क्रम एवं श्रेणियाँ, लुप्त संख्या को भरना, प्रतिशतता, औसत)

1 यदि A × B = 4, C × D = 12 , B × D = 3 और B × C = 4 हो, तो A + B + C + D का मान क्या होगा ?

2 किसी वर्ष में एक परिवार के प्रथम 3 माह, अगले 4 माह तथा अन्तिम 5 माह के औसत खर्च क्रमशः ₹ 8400 मासिक, ₹ 10080 मासिक तथा ₹ 10608 मासिक हैं तथा वार्षिक बचत ₹ 8640 है। इस परिवार की औसत मासिक आय कितनी है ?

3 नीचे दी गई आकृतियों में लुप्त संख्या ज्ञात कीजिए।

(i)

24		25			
	13		18		
		13		44	
			12		76
				?	88
				23	

(ii)

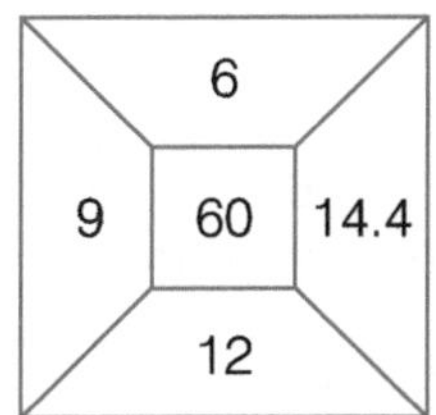

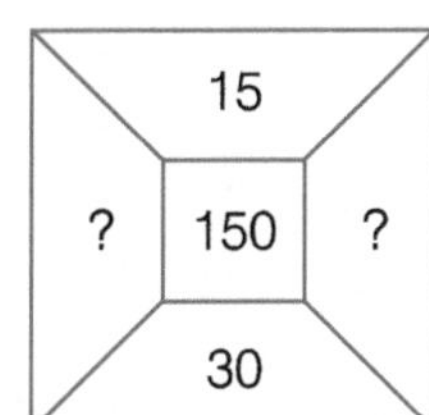

4 A, B तथा C द्वारा किन संख्याओं को निरूपित किया गया है ?

```
    A   B   C
    A   B   C
+   A   B   C
─────────────
    C   C   C
```

5 नीचे दी गई श्रृंखला में प्रश्नचिन्ह (?) के स्थान पर क्या आएगा ?

   (i) 2, 5, 10, 17, 26, 37, ?

   (ii) 1, 3, 7, 15, ?, 63

   (iii) 37, ?, 150, 186, 211, 227, 236

   (iv) 11, 29, 55, 89, ?

6 यदि 8 + 1 + 5 = 08 40 28,

       7 + 3 + 4 = 21 28 28

तथा 9 + 2 + 6 = 18 54 34

तब, 6 + 4 + 5 = ?

7 निम्न श्रृंखला का अवलोकन कीजिए।

        6, 15, 28, 45, 66

   (i) उपरोक्त श्रृंखला के नियम का प्रयोग करके, 32, 45 से शुरू होने वाली श्रृंखला का 6वाँ पद ज्ञात कीजिए।

   (ii) यदि किसी श्रृंखला का 5वाँ पद 75 हो, तो श्रृंखला का दूसरा पद ज्ञात कीजिए।

8 नीचे एक घन है जिसका प्रसार किया गया है। प्रश्नचिन्ह (?) के स्थान पर कौन-सी संख्या आएगी?

		12	2		
		3	4		
		11	1		
		2	?		
		3	6		
		8	4		
3	?	5	2	6	2
7	9	4	10	?	12

9 एक कक्षा में 10 छात्रों के गणित में अंक निम्न हैं

      45, 28, 63, 54, 72, 98, 87, 86, 70, 84

(i) कितने प्रतिशत छात्रों ने औसत अंक से अधिक अंक प्राप्त किए ?

(ii) यदि प्रथम श्रेणी में आने के लिए न्यूनतम अंक 60% हो, तो कितने प्रतिशत छात्रों को प्रथम श्रेणी नहीं मिली?

10 दिल्ली से जयपुर जाने वाली एक ट्रेन में शाम 6 बजे और 7 बजे के बीच 1000 टिकट बुक हुए। प्रत्येक अगले घण्टे में, पिछले घण्टे से 20% अधिक टिकट बुक होते हैं। रात 10 बजे तक प्रत्येक घण्टे औसतन कितने टिकट बुक हुए?

(a) 1342　　　　(b) 1440　　　　(c) 4402　　　　(d) 1423

11 नीचे दी गई संख्याओं में से 5 के बराबर या बड़ी सभी संख्याओं का औसत क्या है?

5, 9, 6, 8, 2, 7, 4, 5, 3, 5, 6, 9, 3, 8, 9, 7, 4, 2, 10

(a) 1.3　　　　(b) 2.3　　　　(c) 7.2　　　　(d) 2.9

12 यदि किसी विद्यालय में कुल विद्यार्थियों की संख्या का 70% लड़कियाँ हैं तथा लड़कों की कुल संख्या 510 है, तो

(i) विद्यालय में कुल विद्यार्थियों की संख्या ज्ञात कीजिए।

(ii) यदि 150 लड़के विद्यालय छोड़ दें, तो विद्यालय में लड़कों का प्रतिशत ज्ञात कीजिए।

13 (i) कौन-सी संख्या पहेली को पूर्ण करती है?

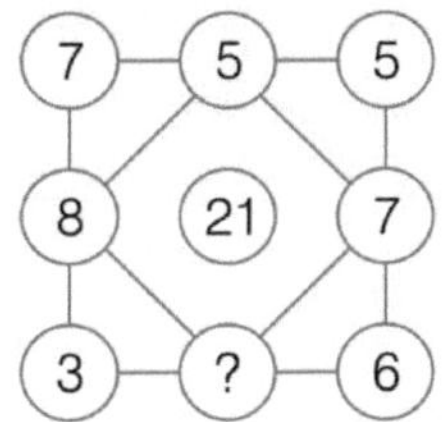

(ii) कौन-सा अंक पहेली को पूर्ण करता है?

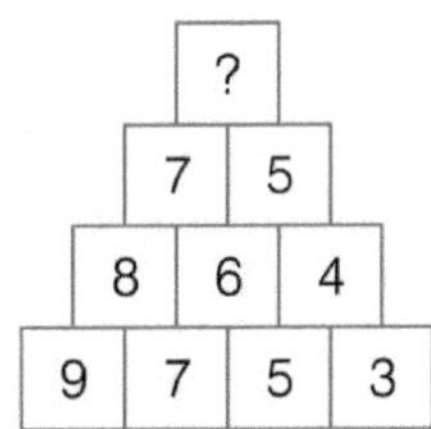

14 $0.\overline{11} + 0.\overline{22}$ का मान ज्ञात कीजिए।

15 नीचे दिए गए व्यंजक में प्रश्नचिन्ह (?) के स्थान पर कौन-से गणितीय संकेत (+, −, × या ÷) आएँगे। यदि प्रत्येक संकेत का केवल एक ही बार प्रयोग किया जाए, तो व्यंजक का अधिकतम सम्भावित मान क्या होगा?

5 ? 4 ? 7 ? 6 ? 2 = 30

न्यूमेरिकल IQ टेस्ट 2

(आयु पर आधारित समस्याएँ, अनुपात एवं समानुपात तथा समंकों का विश्लेषण)

1 यदि 18 चिड़ियाँ, 18 घोंसले, 18 दिन में बनाती हैं, तब 1 चिड़ियाँ, 1 घोंसला कितने दिनों में बनाएगी?

2 अनन्त से उसकी जन्मतिथि पूछने पर, उसने कहा "बीते हुए कल से पहले वह 13 वर्ष का था। अगले वर्ष वह 16 वर्ष का हो जाएगा।"
(i) उसका जन्मदिन किस तिथि को होता है?   (ii) उसने यह कथन कब कहा?

3 निम्न सारणी में एक शहर के विभिन्न आयु वर्ग की कुल जनसंख्या के प्रतिशत को दर्शाया गया है। इसका अध्ययन करके प्रश्नों के उत्तर दीजिए।

आयु वर्ग	प्रतिशत
15 वर्ष तक	20.00
16-25	18.25
26-35	16.75
35-45	16.25
46-55	15.00
56-65	12.50

(i) यदि 22 मिलियन लोग 36 वर्ष से कम आयु के हैं, तो 56-65 आयु वर्ग के लोग कितने मिलियन हैं?
(a) 5   (b) 5.5   (c) 3   (d) 3.5

(ii) यदि 46-55 के आयु वर्ग तथा 16-25 के आयु वर्ग की जनसंख्या का अन्तर 0.975 मिलियन हो, तो उस शहर की कुल जनसंख्या (मिलियन में) कितनी है?
(a) 27   (b) 30   (c) 22   (d) 25

4 5 सदस्यों के एक परिवार की औसत आयु 3 वर्ष पूर्व 17 वर्ष थी। परिवार में एक बच्चे का जन्म हुआ। किन्तु परिवार की औसत आयु आज भी उतनी ही है।
(i) बच्चे की वर्तमान आयु क्या है?
(ii) दो वर्ष पश्चात् पूरे परिवार की औसत आयु क्या होगी?

5 निम्नलिखित रेखा आरेख किसी कम्पनी की 2001-2010 के दौरान वार्षिक बिक्री के आँकड़ों को दर्शाता है। आरेख का अध्ययन करें और प्रश्नों के उत्तर दें।

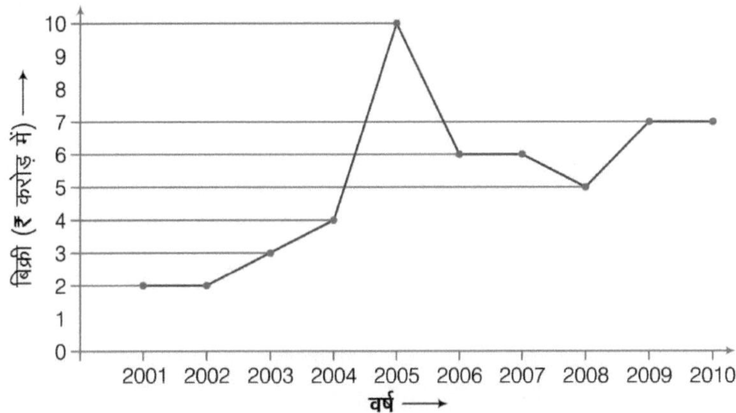

(i) वर्ष 2006 में बिक्री की तुलना में वर्ष 2008 में बिक्री में कितने प्रतिशत की कमी आई?

(a) 20   (b) 18   (c) $16\frac{2}{3}$ (d) $15\frac{2}{3}$

(ii) वर्ष 2002 में बिक्री का वर्ष 2007 में बिक्री के साथ अनुपात है।

(a) 2 : 3   (b) 1 : 3   (c) 1 : 1   (d) 3 : 2

6 दो नल एक हौज को क्रमशः 3 तथा 4 घण्टे में भर सकते हैं तथा एक निकास नल उसे 2 घण्टे में खाली कर सकता है।

(i) यदि पहला और दूसरा नल खोला जाए तथा तीसरा नल बन्द कर दिया जाए, तो हौज कितने समय में भरेगा?

(ii) यदि तीनों नल खोल दिए जाए, तो हौज कितने समय में भरेगा?

7 अड़ोस-पड़ोस (प्रतिदेश) में 100 परिवारों में 50 के पास रेडियो है, 75 के पास टीवी और 25 के पास वीसीआर है। केवल 10 परिवारों के पास सभी तीनों वस्तुएँ हैं और सभी वीसीआर मालिकों के पास टीवी भी हैं। यदि कुछ परिवारों के पास केवल रेडियो है, तो कितनों के पास केवल टीवी है?

8 स्कूल के थैले और जूते के दाम 7 : 5 के अनुपात में हैं। स्कूल के थैले का दाम जूते के दाम से ₹ 200 अधिक है, तो

(i) जूते का दाम क्या है?

(ii) यदि थैले और जूते के दामों को आपस में परिवर्तित कर दिया जाए, तब किसी व्यक्ति को 2 थैले तथा 3 जोड़ी जूते खरीदने के लिए कितने रुपये खर्च करने होंगे?

9 कमल अपनी बहन गीता से 5 गुना बड़ा है, जो अपने भाई राम से 2 वर्ष छोटा है। यदि राम 8 वर्ष का है, तो

(i) कमल की आयु क्या होगी?

(ii) राम, कमल से कितना छोटा है?

10 दण्ड ग्राफ किसी छात्र द्वारा एक परीक्षा में प्रत्येक विषय में 100 अंकों में से प्राप्त अंक दर्शाता है। ग्राफ का अध्ययन करें और प्रश्नों के उत्तर दें।

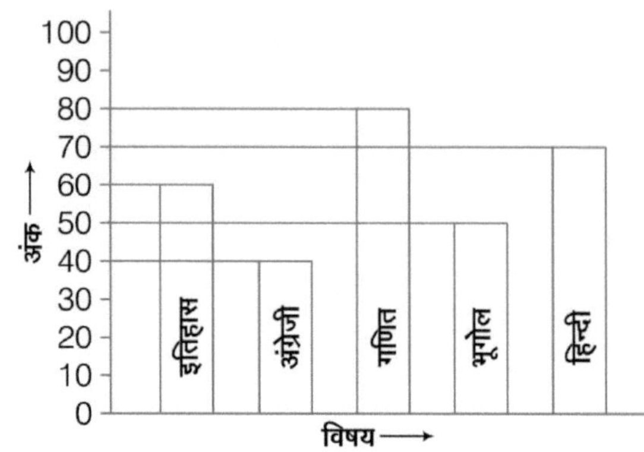

(i) गणित और इतिहास के अंकों का अनुपात है

(a) 6 : 5   (b) 8 : 5

(c) 3 : 4   (d) 4 : 3

(ii) हिन्दी और अंग्रेजी के औसत अंक हैं

(a) 65   (b) 50

(c) 55   (d) 60

11 चार मित्र, रोजी, एन्थोनी, कैटी और शैला डिनर के लिए एक रेस्टोरेन्ट में जाते हैं। कैटी द्वारा दी गई राशि से दोगुनी राशि रोजी देती है। एन्थोनी द्वारा दी गई राशि, रोजी द्वारा दी गई राशि की आधी है। शैला द्वारा दी गई राशि एन्थोनी की आधी है।

(i) किन दो ने एकसमान राशि दी?

(ii) रोजी तथा शैला द्वारा दी गई राशि का अनुपात क्या है?

12 A, B व C किसी कार्य को अलग-अलग क्रमश: 4 दिन, 6 दिन व 10 दिन में समाप्त कर सकते हैं, तो

(i) उसी कार्य को तीनों मिलकर कितने दिन में समाप्त कर देंगे?

(ii) यदि इस कार्य के वह ₹ 310 प्राप्त करते हैं, तो प्राप्त धन में A, B व C के भाग क्या होंगे?

13 चॉकलेट के मूल्यों की सूची निम्नवत् है

इकलेअर = 25 पैसे

किटकेट = 50 पैसे

डेरीमिल्क = ₹ 4

(i) एक बच्चा ₹ 20 में 20 चॉकलेट खरीदना चाहता है, तो चॉकलेटों की उचित संख्या क्या होगी, जोकि बच्चा दी गई धनराशि से खरीद सके?

(ii) यदि कोई बच्चा 8 इकलेअर, 12 किटकेट और 5 डेरीमिल्क खरीदता है, तो उसे कुल कितने रुपये देने होंगे?

14 मेरे पिता मुझसे 21 वर्ष बड़े हैं। 12 वर्ष में उनकी आयु मुझसे दोगुनी हो जाएगी। यह बताइए कि अब मेरी आयु क्या है?

15 निम्नलिखित पाई चार्ट में एक परिवार का भोजन, मकान किराया, वस्त्र, शिक्षा, ईंधन और विविध खर्च दर्शाया गया है। पाई चार्ट का अध्ययन करें और प्रश्नों का उत्तर दें।

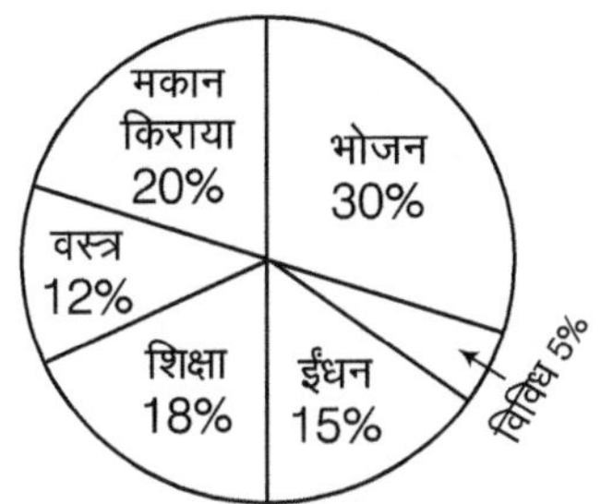

(i) यदि भोजन पर खर्च ₹ 9000 है, तो शिक्षा पर खर्च कितना है?

(a) ₹ 5000   (b) ₹ 5200

(c) ₹ 5400   (d) ₹ 6000

(ii) यदि ईंधन पर खर्च ₹ 3000 है, तो मकान किराया और शिक्षा खर्च को छोड़कर कुल खर्च है

(a) ₹ 11600   (b) ₹ 12000

(c) ₹ 12400   (d) ₹ 12500

BOOK 1

IQ

जाँचें अपना IQ

- टेस्ट 1-15

'जाँचें अपना IQ टेस्ट'

अगर आपने सभी सेक्शन टेस्ट Attempt कर लिए हैं और आप IQ टेस्ट के विभिन्न रूप जैसे– लॉजिक, विजुअल व न्यूमेरिकल आदि के प्रश्नों को आसानी से हल करने में सक्षम हैं, तब आप 'जाँचें अपना IQ टेस्ट' के माध्यम से अपना IQ स्कोर चैक कर सकते हैं।

जाँचें अपना IQ टेस्ट 1

1 निम्न आकृति में प्रश्नचिन्ह (?) के स्थान पर कौन-सी संख्या आएगी?

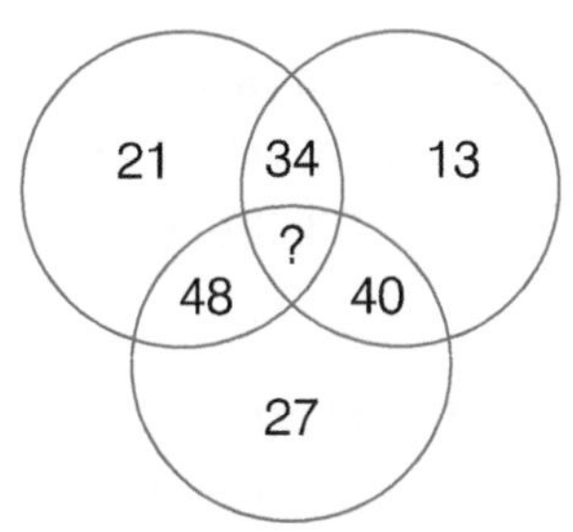

(a) 120 (b) 82 (c) 122 (d) 68

2 किसी विशेष नियमानुसार, 27334 को 18443 तथा 63185 को 54276 लिखा जाता है, उसी आधार पर 78653 को क्या लिखेंगे?

3 निम्न आकृति में छड़ को सन्तुलित करने के लिए प्रश्नचिन्ह (?) के स्थान पर कितने किग्रा वजन रखना चाहिए?

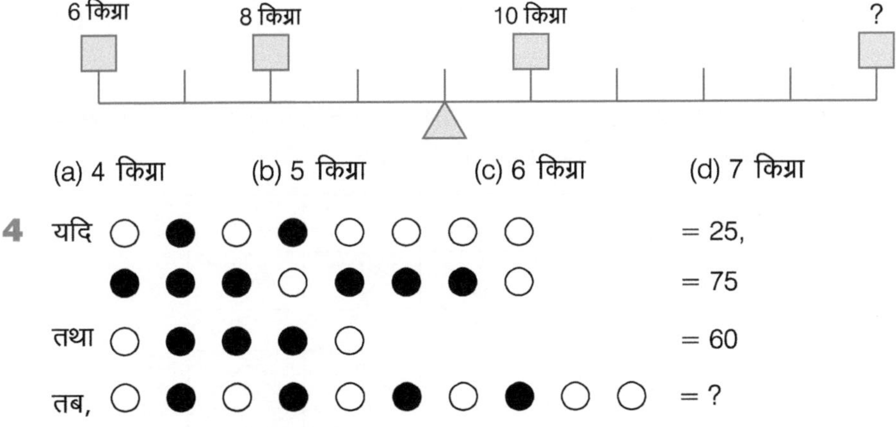

(a) 4 किग्रा (b) 5 किग्रा (c) 6 किग्रा (d) 7 किग्रा

4 यदि ○ ● ○ ● ○ ○ ○ ○ = 25,

● ● ● ○ ● ● ● ○ = 75

तथा ○ ● ● ● ○ = 60

तब, ○ ● ○ ● ○ ● ○ ● ○ ○ = ?

5 यदि 4 + 6 + 2 = 24 08 24,

5 + 6 + 7 = 30 35 36

तथा 2 + 8 + 4 = 16 08 28

तब, 5 + 6 + 5 = ?

6 निम्न आकृति में प्रश्नचिन्ह (?) के स्थान पर कौन-सी संख्या आएगी?

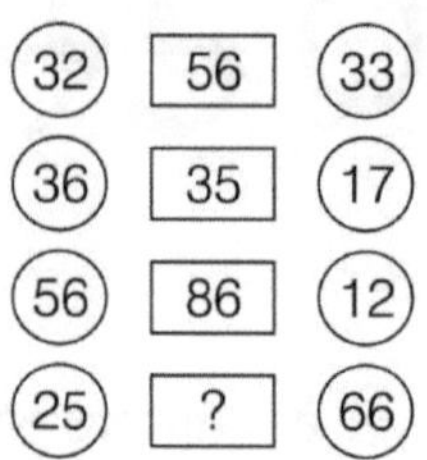

7 10 गेंदों में से कुछ गेंदें लाल रंग की हैं व कुछ गेंदें सफेद रंग की हैं। सभी गेंदों का औसत मूल्य ₹28 है। यदि लाल गेंदों का औसत मूल्य ₹25 हो तथा सफेद गेंदों का औसत मूल्य ₹30 हो, तो सफेद गेंदों की संख्या क्या होगी?

(a) 5   (b) 6   (c) 7   (d) 8

8 PAINTED के सही दर्पण प्रतिबिम्ब का चयन कीजिए।

(a) ꓷƎTNIAꟼ   (b) ꟼAINTED   (c) ꟼAINTED   (d) ꓷƎTNIAꟼ

9 निम्न में से कौन-सी विकल्प आकृति दी गई प्रश्न आकृति को पूरा करेगी?

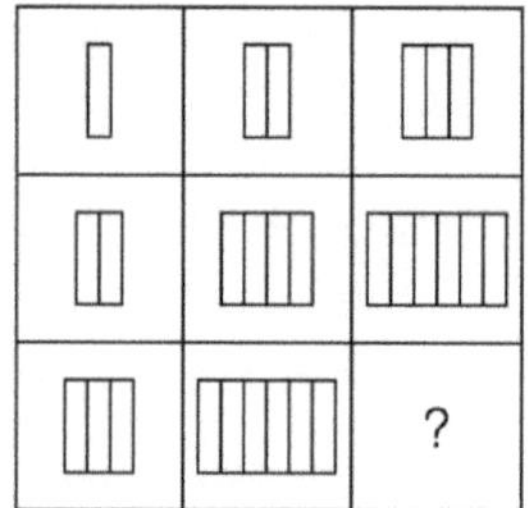 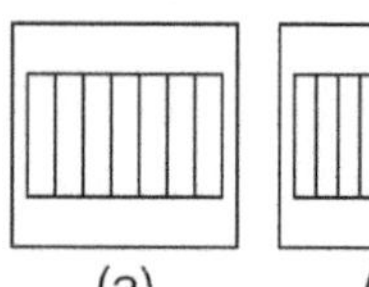 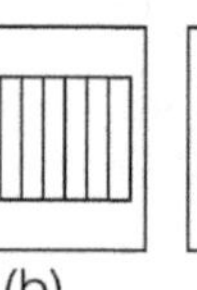 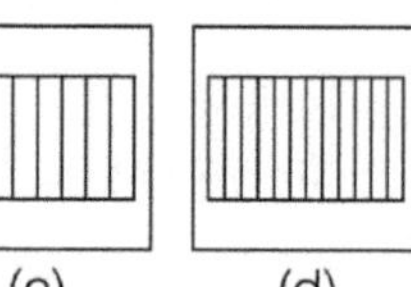

(a)   (b)   (c)   (d)

10 कागज (P) को आकृति (Z) की तरह मोड़कर काटने के पश्चात् खोलने पर जिस आकृति के समान दिखाई देगा, उस विकल्प आकृति का चयन कीजिए।

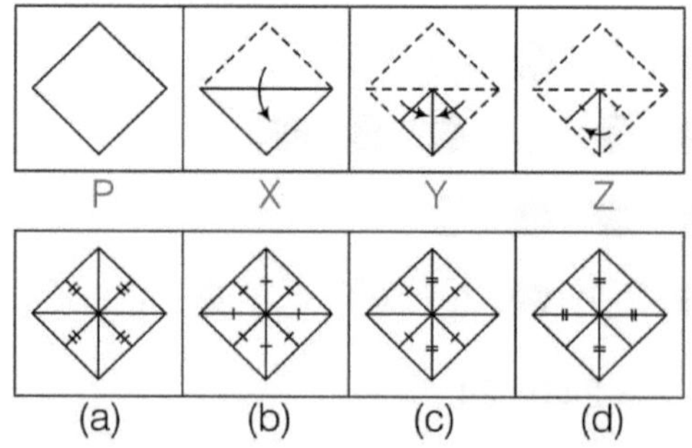

11 A पूर्व की ओर 10 मी जाता है और फिर दाईं ओर मुड़कर 10 मी जाता है। इसके बाद वह प्रत्येक बार अपने बाईं ओर मुड़ता है और क्रमशः 5, 15 व 15 मी चलता है। अब, वह प्रारम्भिक बिन्दु से कितनी दूरी पर है?

(a) 5 मी   (b) 10 मी   (c) 15 मी   (d) 20 मी

12 यदि 4 बुनकर 4 चटाई 4 दिन में बुन सकते हैं, तो 8 बुनकरों द्वारा 8 दिन में कितनी चटाई बुनी जा सकती हैं?

(a) 16   (b) 17   (c) 19   (d) 25

13 निम्न प्रश्न में अक्षरों का कौन-सा समूह खाली स्थानों में क्रमवार रखने से दी गई अक्षरों की श्रृंखला को पूरा करेगा?

a _ bc _ a _ bcda _ ccd _ bcd _

(a) abddbd   (b) acbdbb

(c) adbbad   (d) adbcad

14 नीचे दी गई आकृति में लुप्त आकृति ज्ञात कीजिए।

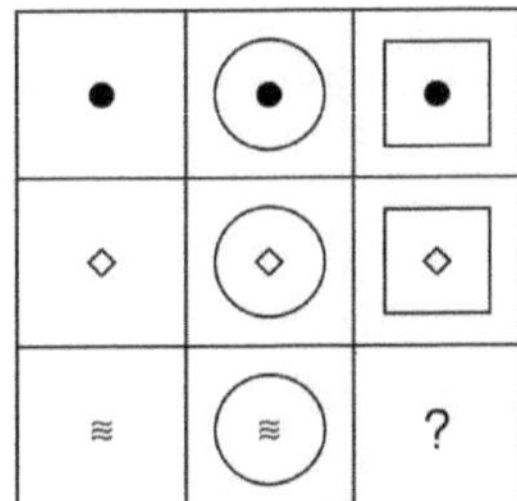   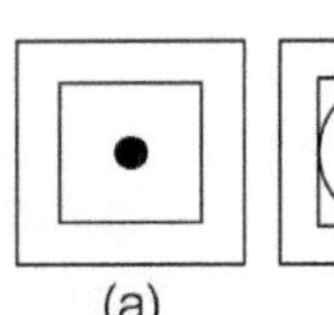 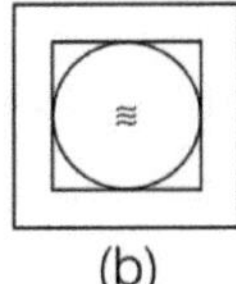 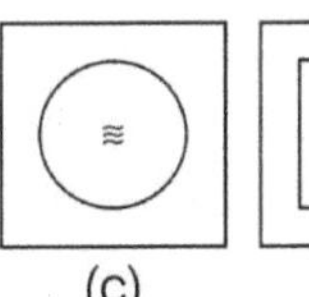 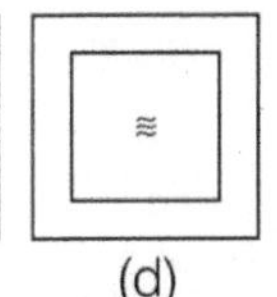

(a)   (b)   (c)   (d)

15 निम्नलिखित जानकारी को ध्यानपूर्वक पढ़िए और उसके बाद नीचे दिए गए प्रश्न का उत्तर दीजिए।

(i) A $ B का अर्थ है — A, B की पत्नी है।

(ii) A # B का अर्थ है — A, B का पुत्र है।

(iii) A % B का अर्थ है — A, B का पिता है।

(iv) A * B का अर्थ है — A, B की बहन है।

यदि H * T # F % L हो, तो निम्न में से कौन-सा कथन सत्य है?

(a) H, L की बहन है   (b) H, L की माँ है

(c) H, L का भाई है   (d) H, L की पत्नी है

16 निम्न आकृति में षट्भुजों की संख्या कितनी है?

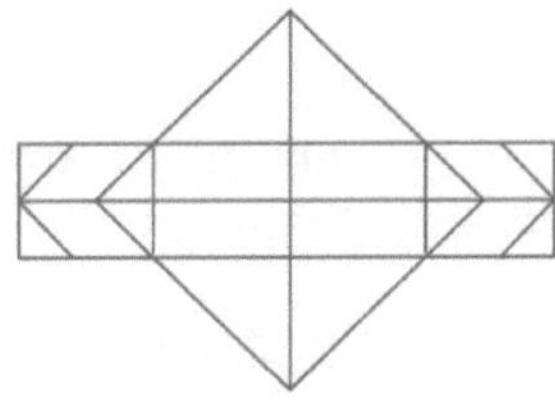

(a) 2   (b) 4

(c) 5   (d) 6

17 निम्न में से कौन-सी विकल्प आकृति, पुरुष, लेखक और शिक्षक के बीच सम्बन्ध को सही प्रकार से दर्शाती है?

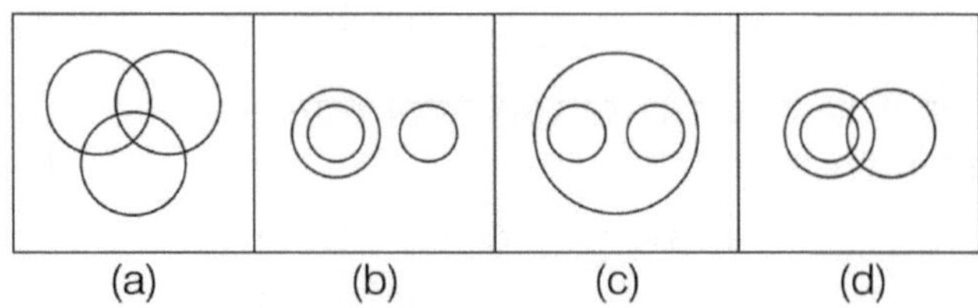

(a)   (b)   (c)   (d)

18 एक दादा, पिता और पोते की आयु का योग 140 वर्ष है। महीनों में पोते की आयु दादा की वर्षों में आयु के समान है। पोते की दिनों में आयु पिता की सप्ताहों में आयु के समान है, तब उन तीनों की आयु क्या है?

19 नीचे दिए गए विकल्पों में से दिए गए शब्द युग्म के समान सम्बन्ध वाले युग्म का चयन कीजिए।

चोट : दर्द :: ?

(a) श्रेणी : योग्यता   (b) तड़ित : गड़गड़ाहट

(c) घूर्णन : मन्थन   (d) विषय-वस्तु : क्षम

निर्देश (प्र.सं. 20) निम्न प्रश्न में, प्रश्न आकृति (1) और (2) एक विशेष नियम के आधार पर एक–दूसरे से सम्बन्धित है। दी गई चार विकल्प आकृतियों में से ऐसी आकृति का चयन कीजिए, जिसे प्रश्न आकृति (4) के स्थान पर रखने से प्रश्न आकृति (3) और (4) के बीच वही सम्बन्ध स्थापित हो जाए।

20

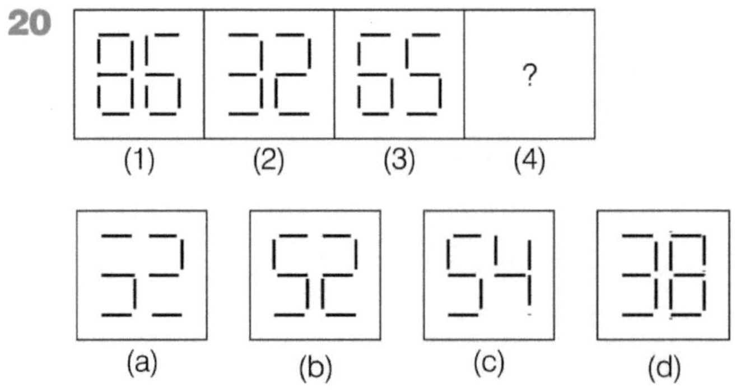

(1)   (2)   (3)   (4)

(a)   (b)   (c)   (d)

21 शहर A से शहर B तक जाने के लिए चार रास्ते हैं तथा शहर B से शहर C तक जाने के लिए छः रास्ते हैं। शहर A से शहर C तक जाने के लिए कुल कितने सम्भव रास्ते हैं?

22 नीचे दिए गए अनुक्रम में ऐसे कितने p हैं जिससे पहले t आया है और उसके बाद p आया है?

p t p t t p p t p t p p p q q p t p t t p p p t

23 नीचे दिए गए खाली बाक्सों में 1-10 तक की संख्याएँ इस प्रकार भरिए, ताकि दी गई पहेली पूर्ण हो जाए, जबकि एक संख्या केवल एक ही बार प्रयुक्त हो।

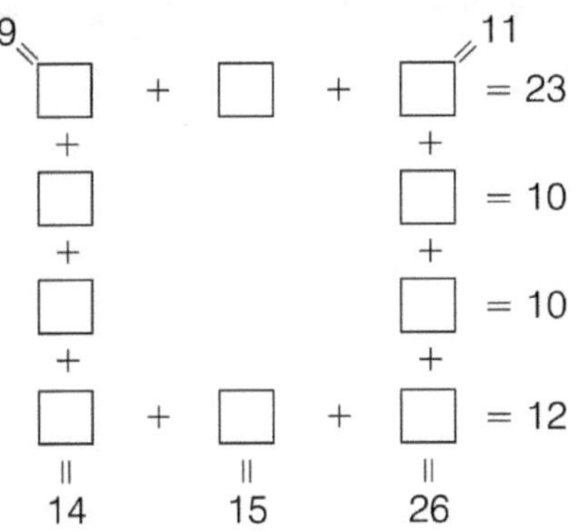

24 दिए गए विकल्पों में से कौन-सा अक्षर नीचे दी गई पहेली को पूर्ण करेगा?

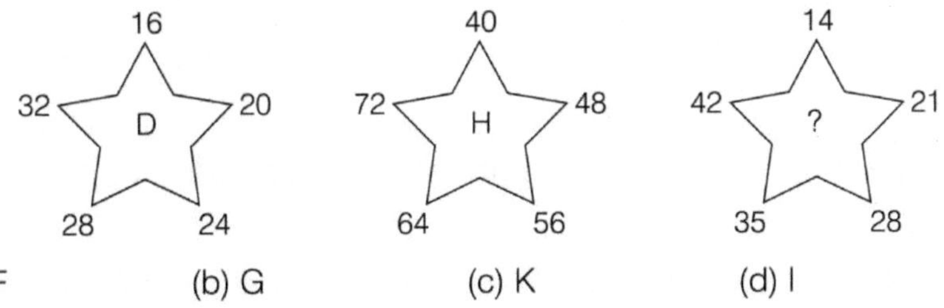

(a) F　　　　(b) G　　　　(c) K　　　　(d) I

25 चार संख्याएँ x, y, z तथा t दी गई हैं। इनमें से कोई तीन संख्याएँ लेकर तथा उनका औसत निकालकर चौथी संख्या में जोड़ दिया जाता है। इस प्रकार संख्याएँ 36, 34, 30 तथा 32 प्राप्त हुई, तब निम्न संख्याओं में से कौन-सी एक संख्या उन चार संख्याओं में से एक होगी?

(a) 19　　　　(b) 21　　　　(c) 13　　　　(d) 17

जाँचें अपना IQ टेस्ट 2

1

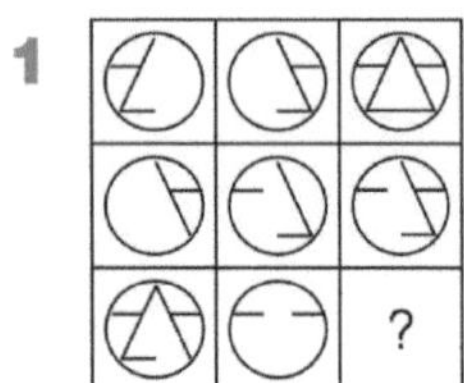

नीचे दी गई आकृतियों में से कौन-सी आकृति प्रश्नचिन्ह (?) के स्थान पर आएगी?

  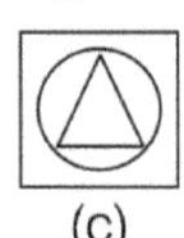 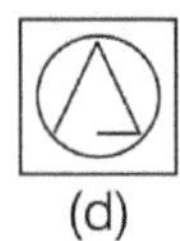 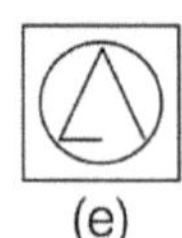

   (a)   (b)   (c)   (d)   (e)

2 यदि चार सेब + पाँच केले = ₹ 59 तथा तीन सेब + सात केले = ₹ 67

तब, एक सेब + एक केले की कीमत क्या होगी?

(a) ₹ 12   (b) ₹ 13   (c) ₹ 14   (d) ₹ 15

3 अपना सुबह का समाचार-पत्र पढ़ते समय आप देखते हैं कि उसमें से चार पेज गायब (लुप्त) हैं। यदि उनमें से एक पेज 10 हो तथा समाचार-पत्र का अन्तिम पेज 32 हो, तब अन्य तीन गायब (लुप्त) पेज कौन-से हैं?

4 निम्न आकृति में प्रश्नचिन्ह (?) के स्थान पर कौन-सी संख्या आएगी?

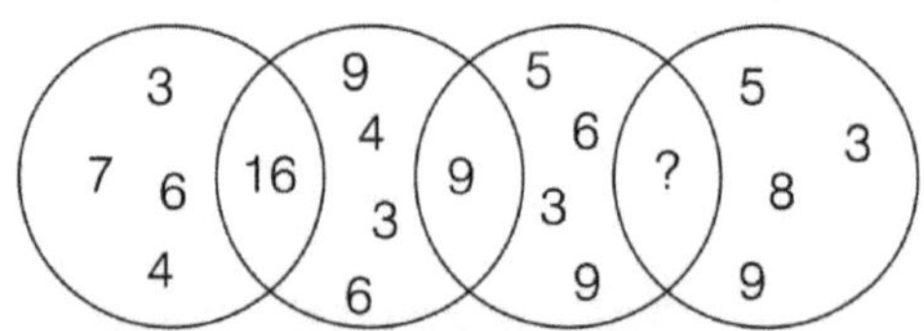

5 यदि प्रातः 9 : 00 बजे से लेकर अपराह्न 2 : 00 बजे तक तापमान में 21°C से 36°C तक एकसमान दर से वृद्धि हुई। तद्नुसार, ठीक दोपहर के समय कितना तापमान था?

(a) 27°C   (b) 30°C   (c) 32°C   (d) 28.5°C

6 एक व्यक्ति एक दीवार को 4 घण्टे में पेन्ट कर सकता है।

दूसरा व्यक्ति उसी दीवार को 5 घण्टे में पेन्ट कर सकता है।

तीसरा व्यक्ति उसी दीवार को 6 घण्टे में पेन्ट कर सकता है।

चौथा व्यक्ति उसी दीवार को 7 घण्टे में पेन्ट कर सकता है।

यदि सभी व्यक्ति पहले की भाँति उसी दर से काम करें, तब उन्हें एकसाथ मिलकर दीवार को पेन्ट करने में कुल कितना समय लगेगा?

7 निम्न आकृतियों में से विषम आकृति का चयन कीजिए।

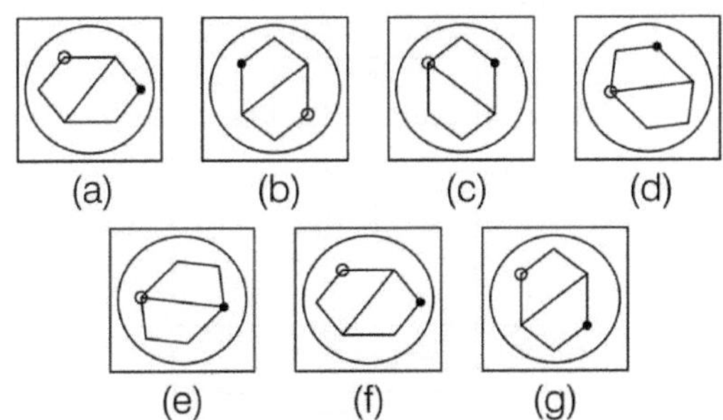

(a)   (b)   (c)   (d)

(e)   (f)   (g)

8 राम और उसके दो बच्चों की औसत आयु 17 वर्ष है, जबकि राम की पत्नी और उन्ही बच्चों की औसत आयु 16 वर्ष है। यदि राम की आयु 33 वर्ष है, तो उसकी पत्नी की आयु है

(a) 31 वर्ष   (b) 32 वर्ष   (c) 35 वर्ष   (d) 30 वर्ष

9 निम्न आकृति में प्रश्नचिन्हों (?) के स्थान पर कौन-सी संख्याएँ आएगी?

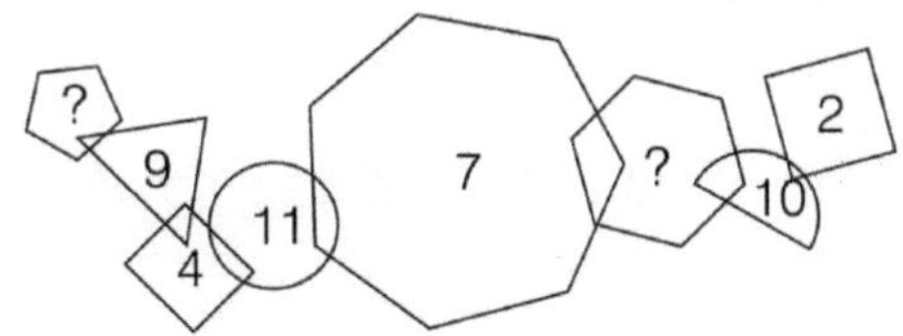

10 कुछ लड़कों ने अकाल राहत फण्ड के लिए ₹ 400 एकत्रित किए। प्रत्येक लड़के ने 25 पैसे के उतने सिक्के दिए जितने कुल लड़के थे। लड़कों की संख्या थी

(a) 40   (b) 16   (c) 20   (d) 100

निर्देश (प्र.सं. 11) *निम्न प्रश्न में प्रश्न आकृति (1) और (2) एक विशेष नियम के आधार पर एक-दूसरे से सम्बन्धित है। दिए गए विकल्पों में से आकृति चुनकर प्रश्न आकृति (3) और (4) के बीच वही सम्बन्ध स्थापित कीजिए।*

11

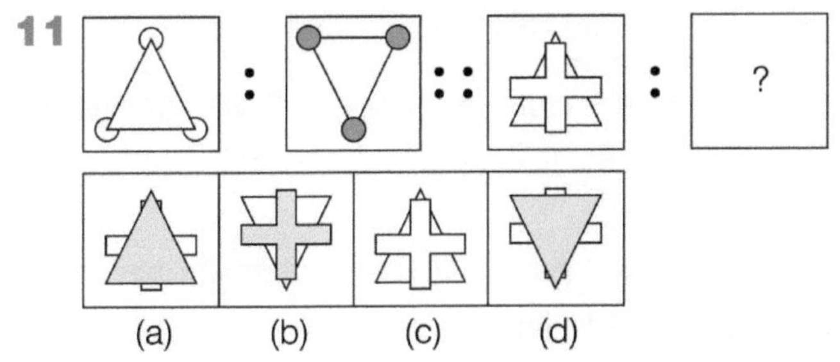

(a)   (b)   (c)   (d)

12 एक व्यक्ति ने ब्राण्ड A की चार कमीजों और ब्राण्ड B की कुछ कमीजों का ऑर्डर दिया। ब्राण्ड A की एक कमीज का मूल्य ब्राण्ड B की एक कमीज से दोगुना था। माल आने से पता चला कि दोनों ब्राण्डों की संख्या आपस में बदल गई है जिससे कि बिल 40% बढ़ गया। मूल ऑर्डर में ब्राण्ड B की कमीजों की संख्या ज्ञात कीजिए।

(a) 8   (b) 10   (c) 12   (d) 14

13 दिए गए रिक्त स्थानों में उपयुक्त चिन्ह एवं संख्या ज्ञात कीजिए।

12	×		=	108
				÷
	=	8		3
÷				=
48	=	12		

14 नीचे दी गई दो संख्या शृंखलाओं में से दो संख्याएँ इस प्रकार हैं कि उनमें से एक संख्या, जोकि पहली शृंखला में है, दूसरी शृंखला में होनी चाहिए और एक संख्या, जोकि दूसरी शृंखला में है, पहली शृंखला में होनी चाहिए। वे दो संख्याएँ कौन-सी हैं जिन्हे आपस में एक-दूसरे से परिवर्तित करने पर शृंखलाओं का अनुक्रम सही हो जाएगा?

    I. 9, 19, 40, 73, 170

    II. 91, 87, 81, 83, 63

15 नीचे दी गई घड़ियों में, घड़ी (iv) में घण्टे वाली सूई की सही स्थिति क्या है?

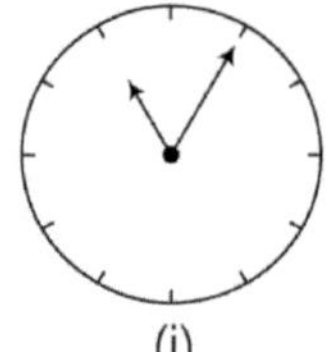 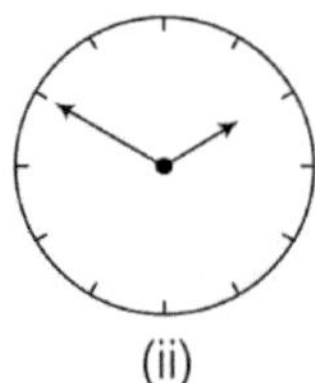 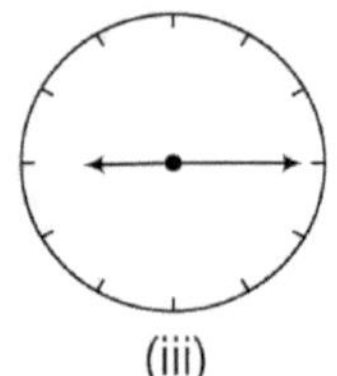 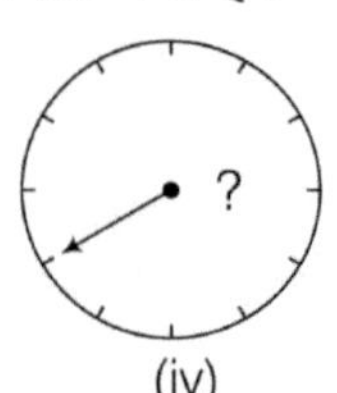

    (i)   (ii)   (iii)   (iv)

16 एक कैदी ने उससे मिलने आए लड़के का परिचय जेलर से कराते हुए कहा, ''यह मेरा कोई भाई या बहन तो नहीं है, यह मेरे पिता के पुत्र का पुत्र है।''
लड़का उसका कौन है?

(a) भतीजा   (b) पुत्र   (c) चचेरा भाई   (d) चाचा

17 प्रतिदिन प्रातः गोल गुम्बद की परछाई बारा कमान के ऊपर पड़ती है और सायं को बारा कमान की परछाई ठीक गोल गुम्बद पर पड़ती है, तो गोल गुम्बद, बारा कमान से किस दिशा में है?

18 नीचे दी गई विकल्प आकृतियों (a), (b) (c) तथा (d) में से कौन-सी आकृति प्रश्न आकृति (X) में फिट करने पर वह एक पूर्ण वर्ग बन जाएगी?

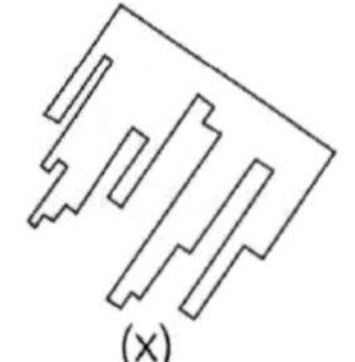 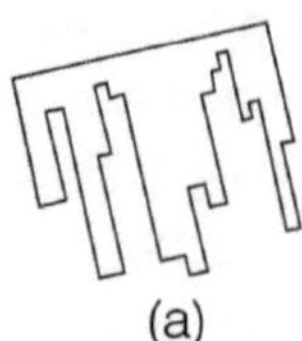 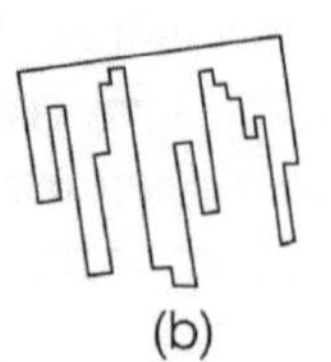 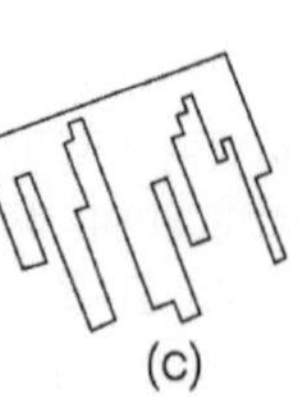 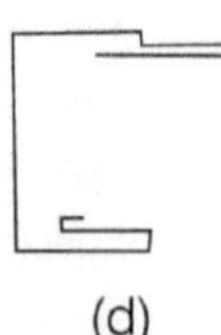

(x)   (a)   (b)   (c)   (d)

19 यदि

    (i) सुनीता, अनीता से लम्बी है।

    (ii) रीना, चित्रा से लम्बी है किन्तु बानु से छोटी है।

    (iii) अनीता, चित्रा से छोटी है।

    (iv) चित्रा, सुनीता से लम्बी है।

    तो, सबसे छोटी कौन है?

20 दी गई आकृति में ब्लॉकों (घन या घनाभ) की न्यूनतम संख्या कितनी है?

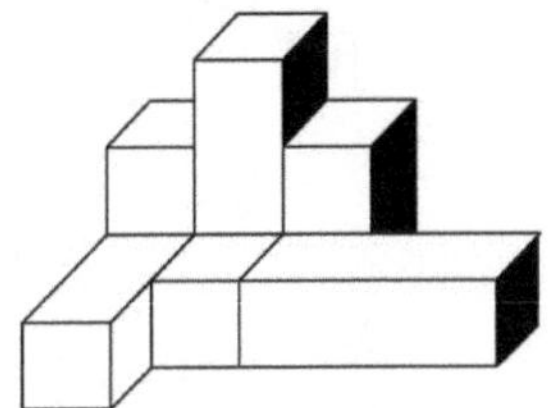

21 विद्यार्थियों के एक समूह में 70% अंग्रेजी बोल सकते हैं तथा 65% हिन्दी बोल सकते हैं। यदि इन विद्यार्थियों में से 27% विद्यार्थी दोनों भाषाओं में से कोई भी भाषा नहीं बोल सकते हैं, तो इस समूह के कितने प्रतिशत विद्यार्थी दोनों भाषाएँ बोल सकते हैं?

(a) 61%   (b) 62%   (c) 63%   (d) 64%

22 निम्न पहेली में प्रश्नचिन्ह (?) के स्थान पर कितने धब्बे (spot) होने चाहिए जिससे कि पहेली पूर्ण हो जाए?

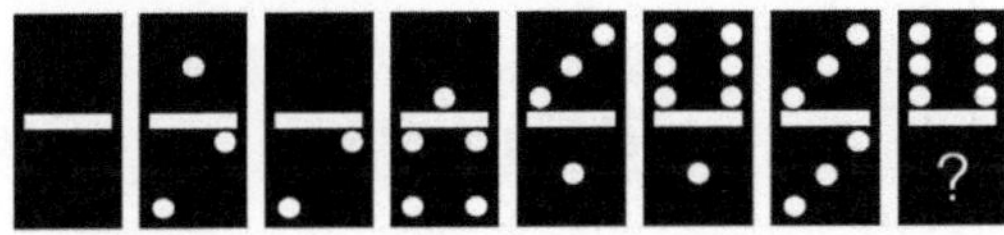

23

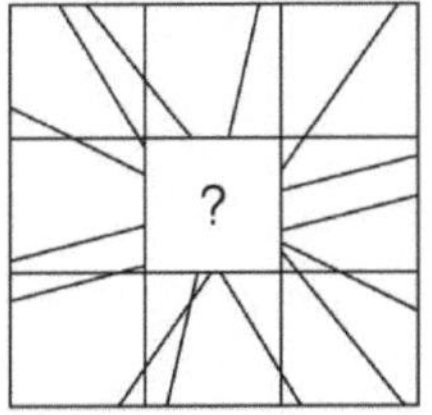

निम्न आकृतियों में से कौन-सी आकृति मध्य में आएगी, जिससे कि सभी रेखाएँ उत्तर से दक्षिण तथा पश्चिम से पूर्व आपस में मिल जाएँ? ध्यान रहे कि सही वर्ग आकृति को मध्य में रखने से पहले इसे घुमाया जाएगा।

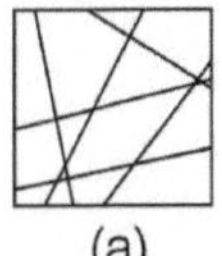
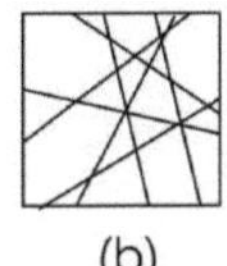
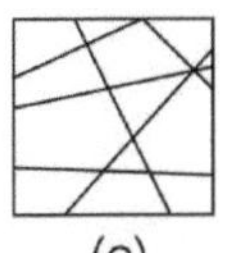
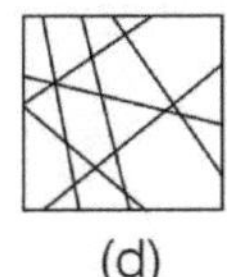
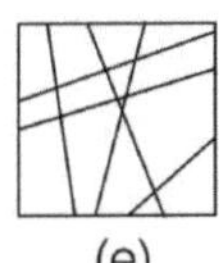

(a)   (b)   (c)   (d)   (e)

24 रामू जितना कार्य एक दिन में करता है, श्याम उसकी तुलना में आधा कार्य ज्यादा कर सकता है। तद्नुसार, यदि रामू अकेला कोई कार्य 18 दिनों में कर सकता हो, तो दोनों मिलकर उस कार्य को कितने दिनों में कर सकते हैं?

(a) $8\dfrac{1}{5}$ (b) $6\dfrac{1}{5}$ (c) $4\dfrac{1}{5}$ (d) $7\dfrac{1}{5}$

25 नीचे दी गई आकृति में A, B, C, D तथा E के स्थान पर कौन-सी संख्याएँ आएँगी, जिससे कि पहेली पूर्ण हो जाए?

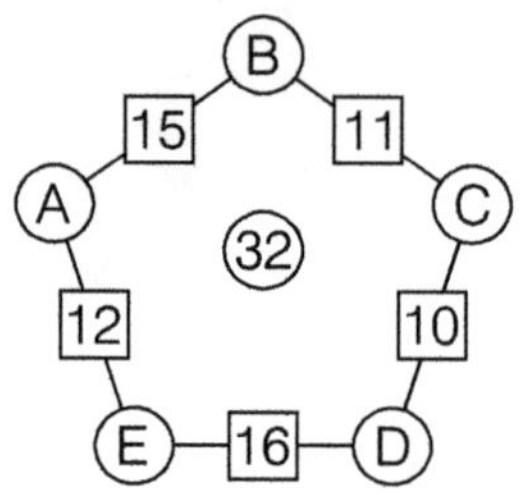

देखें अपना **IQ** स्कोर

स्कोर $\dfrac{}{25}$ **IQ** रेटिंग ______________

- Genius 23-25   - Intelligent 20-22   - Good 16-19
- Average 12-15

जाँचें अपना IQ टेस्ट 3

1 निम्न आकृतियों में से विषम आकृति चुनिए।

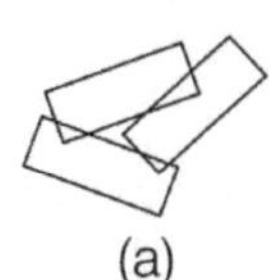 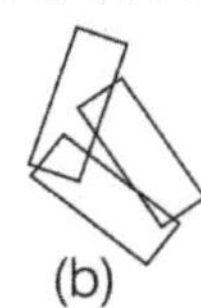 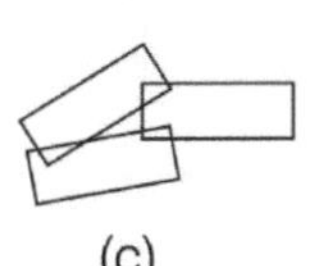 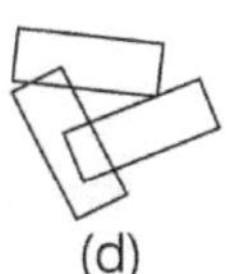 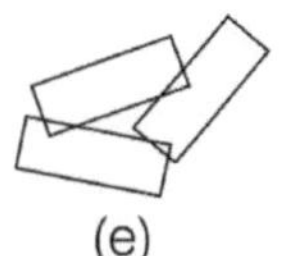

    (a)   (b)   (c)   (d)   (e)

2 चार बच्चे अकरम, बोप्सी, प्रिया और तुलसी सीढ़ी पर हैं। अकरम सीढ़ी पर बोप्सी से ऊपर है। बोप्सी, अकरम और प्रिया के बीच में है। यदि तुलसी अकरम से भी ऊपर है, तो नीचे से दूसरा बच्चा कौन है?

(a) अकरम   (b) बोप्सी   (c) प्रिया   (d) तुलसी

3 नीचे दी गई श्रृंखला में लुप्त पद ज्ञात कीजिए।

J15K, M21N, ..., S39T, V51W

4 नीचे दी गई अनुपातिक सारणी को पूरा कीजिए।

x	—	3	4	16	—	123	—
y	2	—	8	—	36	—	184

5 नीचे दिए गए खानों (Boxes) में चिन्हों तथा संख्याओं को उचित स्थान पर भरिए, जिससे कि उनके द्वारा सही परिणाम ज्ञात किया जा सके।

$$+, \ -, \ \times, \ \div, \ 1, 2, 5, 8$$

•	•	•	•	•	•	•

$= 42$

6 10 वर्ष पहले चार सदस्यों वाले एक परिवार की औसत आयु 24 वर्ष थी। तत्पश्चात् 2 बच्चों के पैदा होने पर आज भी परिवार की औसत आयु उतनी ही है। यदि बच्चों की आयु में दो वर्ष का अन्तर हो, तो छोटे बच्चे की आयु कितनी है?

7 नीचे दिए गए विकल्पों में से ऐसे दो शब्दों का चयन कीजिए, जिन्हें क्रमशः I और II के स्थान पर रखा जाए, तो चिन्ह '::' के दोनों ओर के शब्द युग्मों के एक जैसा सम्बन्ध स्थापित हो।

I : झील :: पत्थर : II

I. (1) ग्लेशियर   (2) नदी   (3) समुद्र   (4) महादेश

II. (A) ग्रेनाइट   (B) पहाड़   (C) चट्टान   (D) कंकड़

8 निम्न आकृति में प्रश्नचिन्ह (?) के स्थान पर कौन-सी संख्या आएगी?

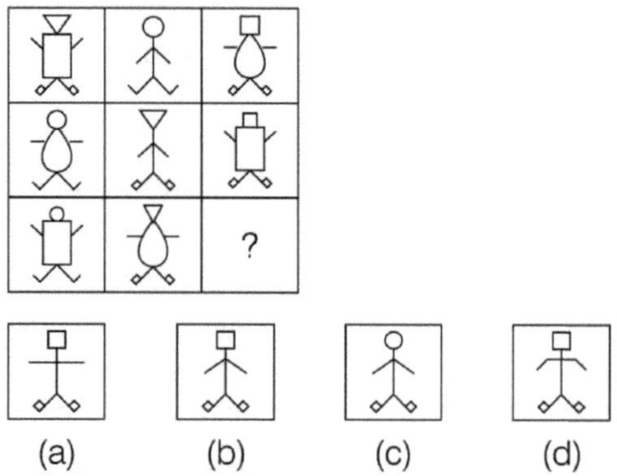

9 दी गई अंक शृंखला में कितने 4 ऐसे हैं, जिनसे पहले अभाज्य अंक आया है लेकिन बाद में नहीं?

4, 1, 4, 1, 5, 4, 2, 6, 4, 1, 8, 3, 4, 9, 2, 4, 8, 3, 4, 8, 2, 8, 4, 5, 4, 8, 7, 4, 6, 4, 5, 4

10 निम्न में से कौन-सी विकल्प आकृति दी गई प्रश्न आकृति को पूरा करेगी?

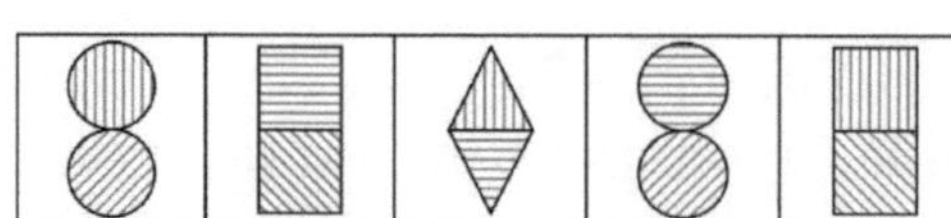

11 शशि और सुनील बिन्दु O से आरम्भ करके विपरीत दिशाओं में यात्रा करते हैं। शशि पश्चिम की ओर 3 किमी चलकर A तक पहुँचती है और सुनील पूर्व की ओर 4 किमी चलकर B तक पहुँचता है। फिर सुनील दाएँ मुड़कर 3 किमी चलकर D तक पहुँचता है और शशि दाएँ मुड़कर 4 किमी चलकर C तक पहुँचती है, तब दोनों एक-दूसरे से कितनी दूरी पर पहुँच जाते हैं?

(a) 11 किमी   (b) 10 किमी   (c) 12 किमी   (d) 20 किमी

12

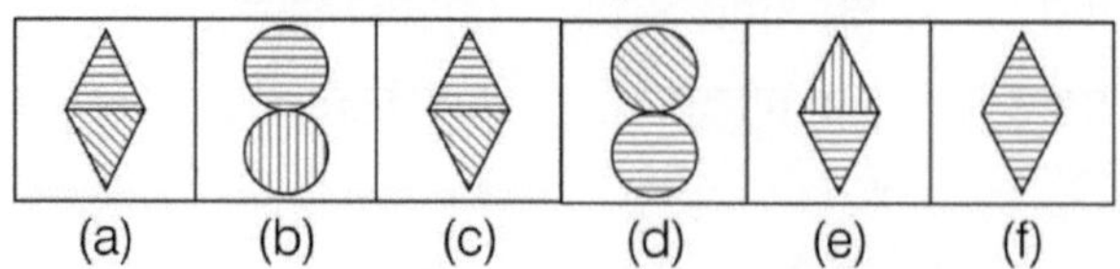

उपरोक्त अनुक्रम में अगली आकृति कौन-सी आएगी?

13 12 व्यक्ति एक मीटिंग के पश्चात् आपस में एक-दूसरे से हाथ मिलाते हैं। कुल कितनी बार हाथ मिलाए गए?

(a) 132   (b) 133

(c) 135   (d) 140

14 गंगा और सरस्वती अलग-अलग किसी खेत की कटाई क्रमशः 8 तथा 12 घण्टे में पूरी कर सकती हैं। यदि गंगा द्वारा पूर्वाह्न 9 बजे कटाई आरम्भ करते हुए वे बारी-बारी से एक-एक घण्टे की समयावधि में कार्य करें, तो पूरी कटाई का कार्य कब पूरा होगा?

(a) अपराह्न 6 : 30   (b) पूर्वाह्न 6 : 31

(c) पूर्वाह्न 6 : 40   (d) अपराह्न 7 : 32

15 निम्न में प्रश्नचिन्ह (?) के स्थान पर कौन-सी घड़ी आएगी?

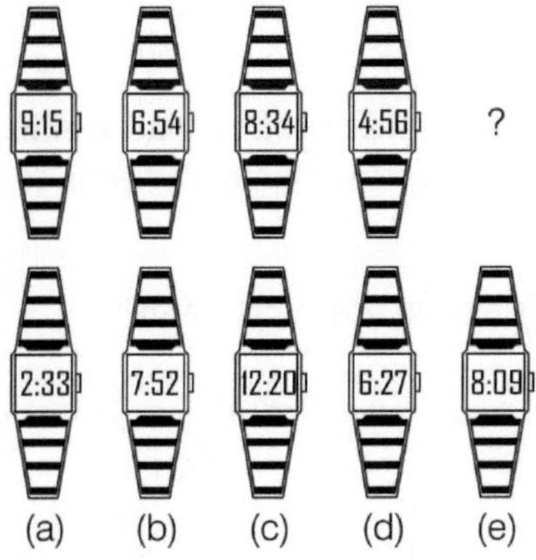

16 रघु तथा बाबू जुड़वाँ हैं। बाबू की बहन रीमा है। रीमा का पति राजन है। रघु की माँ लक्ष्मी है। लक्ष्मी का पति, राजेश है। तद्नुसार, राजेश का राजन से क्या सम्बन्ध है?

(a) पिता   (b) पुत्र   (c) ससुर   (d) भाई

17 नीचे दिया गया ग्राफ एक सप्ताह के दौरान दिल्ली के तापमान को दर्शाता है

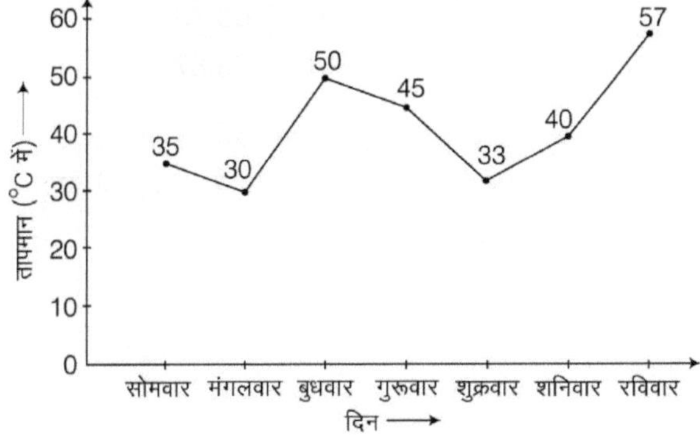

रविवार का तापमान मंगलवार के तापमान से कितने प्रतिशत अधिक था?

18 किसी परीक्षा में एक उम्मीदवार को प्रत्येक सही उत्तर के लिए 2 अंक मिलते हैं तथा प्रत्येक गलत उत्तर के लिए 1 अंक कम हो जाता है। एक उम्मीदवार ने परीक्षा में पूछे गए सभी 100 प्रश्नों के उत्तर दिए, तो उसे कुल 80 अंक प्राप्त हुए। उसने कुल कितने प्रश्नों के सही उत्तर दिए?

(a) 10   (b) 30

(c) 50   (d) 60

19

जिस प्रकार, ⌐⌐ समान है, ⌐⌐ के, उसी प्रकार, ⌐⌐ समान है

(a)   (b)   (c)   (d)   (e)

20 अनिल किसी स्थान पर शुक्रवार को पहुँचा। उसे पता चला कि वह नियत दिन से तीन दिन पहले आ गया है। यदि वह वहाँ अगले रविवार को पहुँचता, तो वह कितने दिन बाद या पहले पहुँचता?

21 नीचे दी गई पहेली को कौन-सी संख्या पूर्ण करेगी?

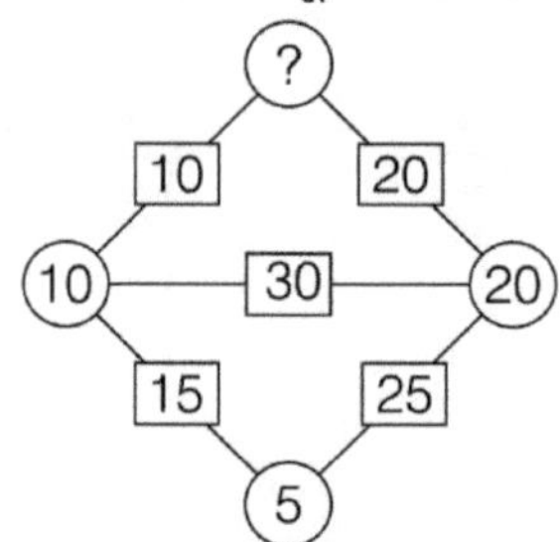

22 एक आदमी ने 13 वस्तुएँ, प्रत्येक ₹ 70 दाम वाली खरीदी, 15 वस्तुएँ ₹ 60 दाम वाली और 12 वस्तुएँ ₹ 65 दाम वाली। प्रति वस्तु औसत दाम कितना हुआ?

(a) ₹ 64.75   (b) ₹ 63.73

(c) ₹ 65.42   (d) ₹ 63.87

23 एक दूधिये ने 70 लीटर दूध ₹ 630 में खरीदा और उसमें 5 लीटर पानी मिला दिया। तत्पश्चात्, यदि वह उसे ₹ 9 प्रति लीटर की दर से बेचे, तो उसे कितने प्रतिशत लाभ होगा?

(a) 30%   (b) 40%

(c) 50%   (d) $7\frac{1}{7}$%

24 एक विवाह के प्रीतिभोज में कुछ बाराती शाकाहारी थे, कुछ अन्य माँसाहारी थे। एक और समूह के माँसाहारी होते हुए भी गोश्त नहीं खाते थे, परन्तु एक-दूसरे समूह वाले गोश्त खाते थे परन्तु मछली नहीं खाते थे।

निम्नलिखित उत्तर आकृतियों में से किसके द्वारा ये आँकड़े प्रदर्शित किए गए हैं?

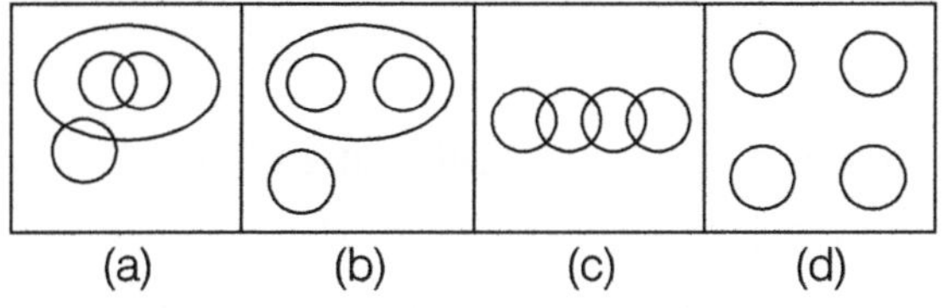

(a)   (b)   (c)   (d)

25 एक बल्लेबाज ने 110 रन बनाए, जिनमें 3 चौके तथा 8 छक्के सम्मिलित थे। खिलाड़ी ने अपने रनों के कुल योग के कितने प्रतिशत रन विकेटों के बीच दौड़कर बनाए?

देखें अपना IQ स्कोर

स्कोर (25)

IQ रेटिंग [ ]

- Genius 23-25
- Intelligent 20-22
- Good 16-19
- Average 12-15

जाँचें अपना IQ टेस्ट 4

1 नीचे दिए गए विकल्पों में चार अंकों का कौन-सा समूह अन्तिम आकृति में आएगा?

3 8 4 2	5 2 1 7	7 6 8 4
1 7 9 7	0 8 3 6	• • • •
5 6 3 9	4 3 8 1	1 9 7 9

(a)	(b)	(c)	(d)
5 7 0 5	5 0 7 5	9 5 4 8	8 4 5 9

2 निम्न आव्यूह में X का मान क्या है?

1	2	3	4	5	6	7	8
7	14	1	2	2	1	8	7
10	3	4	18	2	1	8	6
8	5	11	12	2	21	3	4
2	11	6	3	13	1	2	10
2	5	5	1	6	10	2	X

3 एक किले में 50 दिनों के लिए भोजन सामग्री है। यदि 10 दिनों के बाद 500 व्यक्ति और आ जाने पर शेष भोजन 35 दिनों के लिए पर्याप्त होता है, तो किले में प्रारम्भ में कितने व्यक्ति थे?

(a) 3000 (b) 3500 (c) 4000 (d) 4500

4 यदि 'सफेद' को 'लाल' कहा जाए, 'लाल' को 'नीला' कहा जाए, 'नीला' को 'पीला' कहा जाए, 'पीला' को 'काला' कहा जाए, 'काला' को 'हरा' कहा जाए तथा 'हरा' को 'धूसर' कहा जाए, तो स्वच्छ आकाश का रंग क्या होगा?

(a) लाल (b) पीला (c) सफेद (d) काला

5 किसी व्यक्ति से उसकी आयु बताने को कहा गया। उसका उत्तर इस प्रकार था ''तीन वर्ष के बाद की मेरी आयु लीजिए, उसे 3 से गुणा कीजिए, गुणनफल में से तीन वर्ष पहले की मेरी आयु के तीन गुने को घटाइए और फिर आपको उत्तर प्राप्त हो जाएगा कि मेरी वर्तमान आयु क्या है।'' उस व्यक्ति की वर्तमान आयु क्या थी?

(a) 14 वर्ष (b) 15 वर्ष (c) 18 वर्ष (d) 17 वर्ष

6 कौन-सी संख्या पहेली को पूरा करेगी?

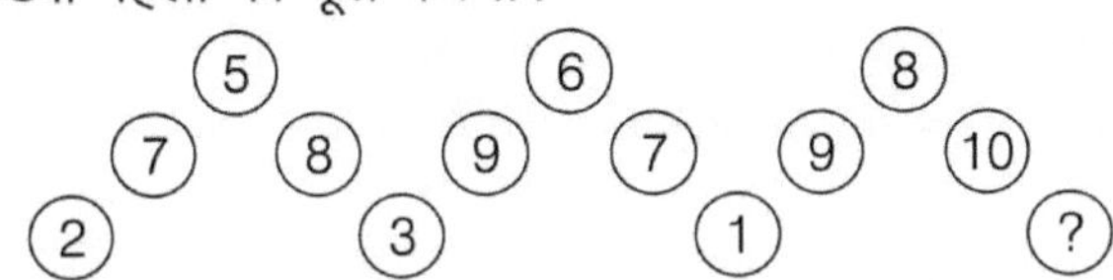

7 एक विधानसभा के चुनाव में एक उम्मीदवार को कुल वैध मतों के 55% मत मिले, उसमें कुल वैध मतों के 2% मत अवैध घोषित कर दिए गए। तद्नुसार, यदि मतदाताओं की कुल संख्या 104000 रही हो, तो उस उम्मीदवार के पक्ष में कुल कितने वैध मत पड़े?

(a) 56060   (b) 56056   (c) 36000   (d) 59939

8 नीचे दी गई आकृति को बनाने के लिए आवश्यक सीधी रेखाओं की न्यूनतम संख्या ज्ञात कीजिए।

9 ऐसी विकल्प आकृति का चयन कीजिए, जिसमें बिन्दु रखने पर वही प्रतिबन्ध पूरा हो जाए, जैसा कि आकृति (X) में है।

(X)   (a)   (b)   (c)   (d)

10 निम्न आकृति में प्रश्नचिन्ह (?) के स्थान पर कौन-सी संख्या आएगी?

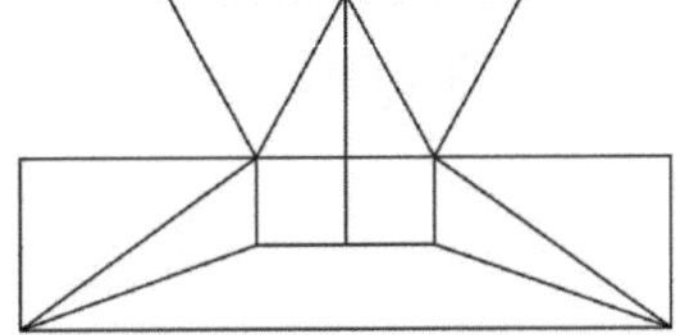

(a) 78   (b) 80   (c) 82   (d) 81

11 एक बर्तन में एक ऐसा तरल पदार्थ भरा है, जिसमें तीन हिस्सा जल है और पाँच हिस्सा सिरप है। उस मिश्रण में से कितना भाग निकालकर उसके बदले जल डाला जाए, ताकि उसमें जल तथा सिरप का हिस्सा आधा-आधा हो जाए?

12 यदि दी गई संख्याओं 4 व 5 तथा चिन्ह '+' व '×' को आपस में बदला जाता है, तब निम्नलिखित में से कौन-सा कथन सत्य है?

(a) $5 \times 4 + 20 = 40$ (b) $5 \times 4 + 20 = 65$

(c) $5 \times 4 + 20 = 140$ (d) $5 \times 4 + 20 = 95$

13 एक क्लब के सदस्यों में कुछ महिला चिकित्सक हैं, तब निम्नलिखित आकृतियों में से कौन-सी ऐसी है, जो इस वक्तव्य का समर्थन नहीं करती?

(यहाँ, M = सदस्य, F = महिला और D = चिकित्सक)

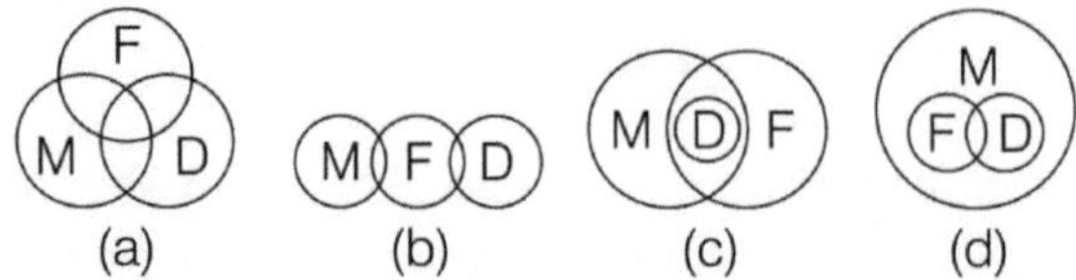

14 कार्तिक, हिना के पिता हैं। ऊमा, तान्या की माता है। हिना व तान्या की बहन नेहा है। निम्न में कौन-सा कथन निश्चित रूप से सत्य है?

(a) ऊमा, नेहा की माता है। (b) हिना, नेहा की बहन है।

(c) ऊमा की तीन पुत्रियाँ हैं। (d) तान्या, कार्तिक का पुत्र है।

15 निम्न आकृतियों में से विषम आकृति चुनिए।

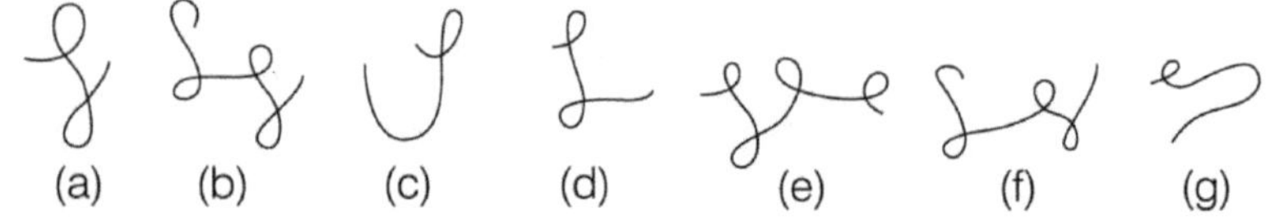

16 कुछ लड़कों तथा लड़कियों के एक समूह में से 15 लड़कियाँ चली गईं। उसके बाद प्रत्येक लड़की के लिए दो लड़के रह गए। उसके बाद 45 लड़के चले गए और तब प्रत्येक लड़के के लिए 5 लड़कियाँ रह गईं। लड़कियों की प्रारम्भिक संख्या क्या थी?

17 छ: मित्र एक घेरे में बैठे हैं और ताश खेल रहें हैं। कैनी, डैनी के बाईं ओर है। बॉबी और जॉनी के बीच में माइकल है। कैनी और बॉबी के बीच में राजर है। माइकल के दाईं ओर कौन बैठा है?

18 निम्न में प्रश्नचिन्ह (?) के स्थान पर कौन-सा वृत्त आएगा?

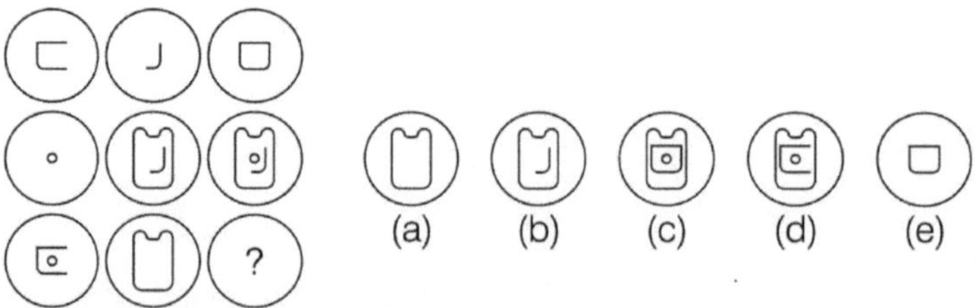

19 एक लड़के ने सूर्य की ओर अपनी पीठ करके चलना आरम्भ किया। कुछ समय पश्चात् वह बाईं ओर मुड़कर, दाईं ओर मुड़ा तथा फिर बाईं ओर मुड़ा। अब, वह किस दिशा में जा रहा है?

(a) पूर्व (b) पश्चिम

(c) उत्तर (d) दक्षिण

20 जिस प्रकार, 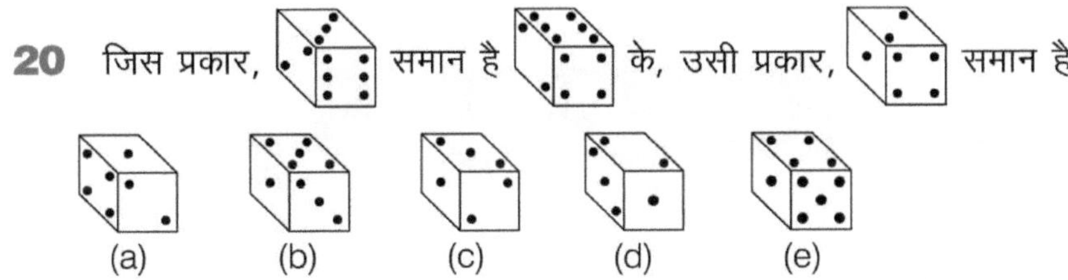 समान है के, उसी प्रकार, समान है

(a)   (b)   (c)   (d)   (e)

21 136 वाहन किसी पार्किंग क्षेत्र में एक पंक्ति में खड़े किए गए हैं। पहली कार के बाद एक स्कूटर है, दूसरी कार के बाद दो स्कूटर हैं। तीसरी कार के बाद तीन स्कूटर हैं। इसी प्रकार आगे क्रम जारी रहता है, तो पंक्ति के दूसरे आधे हिस्से में स्कूटरों की संख्या ज्ञात कीजिए।

22 आकृति (X) की प्रतिबिम्ब आकृति ज्ञात कीजिए, जब प्रतिबिम्ब रेखा AB के अनुदिश रखा हो।

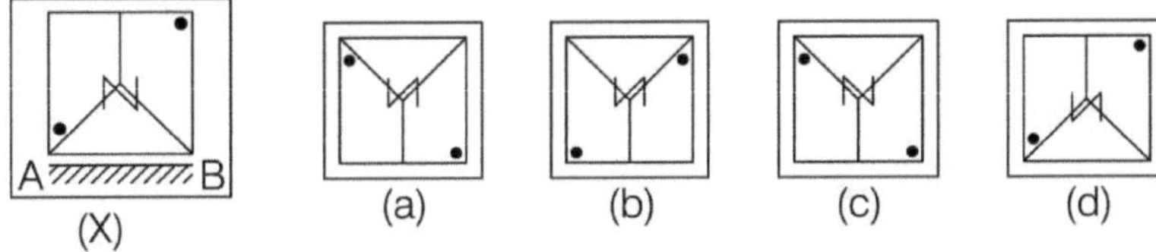

(X)   (a)   (b)   (c)   (d)

23 किसी बल्लेबाज ने अपनी बारहवीं पारी में 63 रन बनाए, जिससे उसके रनों का औसत 2 अधिक हो जाता है। बारहवीं पारी के बाद उसके रनों का औसत कितना है?

24 नीचे दी गई आकृति के अनुसार चार घूर्णियाँ आपस में एक-दूसरे से बेल्ट द्वारा जुड़ी हैं। यदि ऊपर की बाईं घूर्णी को घड़ी की सूई की दिशा में घुमाया जाता है, तो कौन-सी घूर्णी अन्य सभी से विपरीत दिशा में घूमेगी?

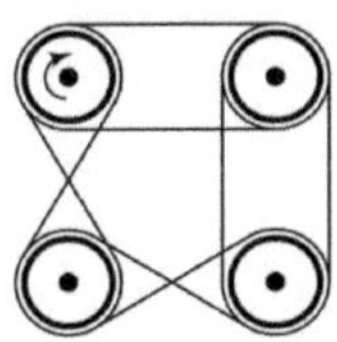

25 एक व्यक्ति के पास दो थैलों में कुछ गोलियाँ हैं तथा थैलों में गोलियों की संख्या का अनुपात 2 : 3 है। यदि उसने दूसरे थैले से 5 गोलियाँ निकालकर पहले थैले में डाल दी, तब प्रत्येक थैले में गोलियों की संख्या बराबर हो गई। प्रत्येक थैले में गोलियों की संख्या कितनी है?

जाँचें अपना IQ टेस्ट 5

1 निम्न आकृति में प्रश्नचिन्हों (?) के स्थान पर उचित संख्या भरिए।

?	+	7	=	16
×		×		÷
2	×	2	=	?
=		=		=
?	−	14	=	4

2 रवि कुछ टॉफियाँ ₹1 में 2 की दर से खरीदता है और उन्हें ₹1 में 5 की दर से बेचता है। उसे कितने प्रतिशत हानि हुई?

(a) 30%   (b) 40%   (c) 60%   (d) 50%

3 उद्यान के निम्न चित्र में, वर्ग उस क्षेत्र को दर्शाता है, जहाँ कटहल के पेड़ लगाए गए हैं, वृत्त आम के पेड़ों को दर्शाता है और त्रिभुज नारियल के पेड़ों को। उस साझे क्षेत्र को कौन-सी संख्या दर्शाती है, जिसमें सभी प्रकार के पेड़ लगाए गए हैं?

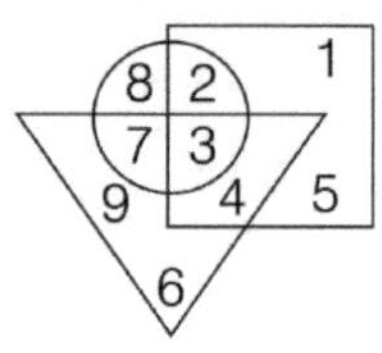

4 निम्न में से भिन्न शब्द चुनिए।

(a) स्पाइसजेट   (b) किंगफिशर   (c) एयर इण्डिया   (d) इण्डिगो

5 एक टीवी का अंकित मूल्य ₹12000 है। कुछ छूट देने के बाद, यदि उसे ₹10500 में बेचा गया, तो कितने प्रतिशत छूट दी गई?

6 निम्न आकृतियों में से विषम आकृति चुनिए।

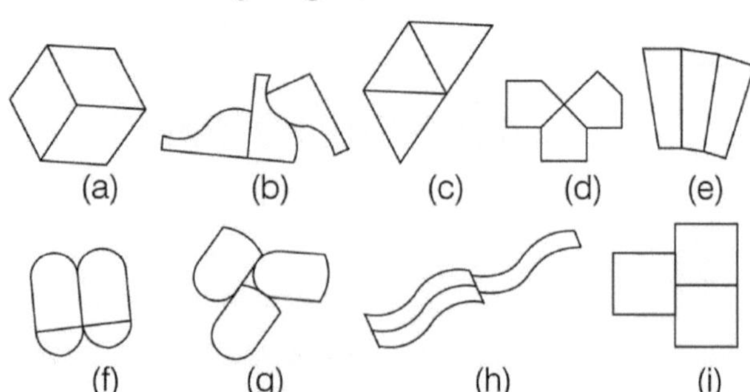

7 यदि 6 बर्नरों को 6 घण्टे प्रतिदिन जलाने पर 8 दिन का गैस का खर्च ₹ 450 आता है, तो ₹ 625 में 10 दिन तक 5 घण्टे प्रतिदिन कितने बर्नर जलाए जा सकते हैं?

8 A, B, C और D के स्थान पर कौन-सी संख्या वाले वृत्त आएँगे?

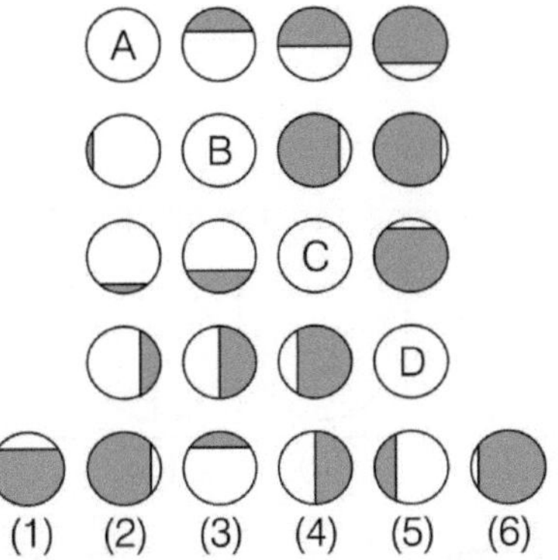

9 पाँच पक्षी—कौवा, कबूतर, छोटा कबूतर, बड़ा कौवा और गरुड़ एक पेड़ की शाखा से एक के बाद एक उड़ते हैं। बड़ा कौवा, कौवा के बाद उड़ा, लेकिन गरुड़ से आगे है। कबूतर, कौवा और बड़ा कौवा के बीच में है। छोटा कबूतर, कौवा के आगे है। सबसे पीछे कौन-सा पक्षी उड़ रहा है?

10 निम्न आकृति में प्रश्नचिन्ह (?) के स्थान पर कौन-सा अंक आएगा?

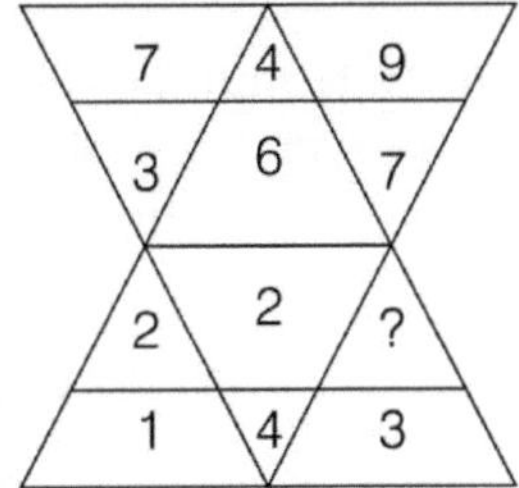

11 नीचे दिए गए आरेख में एक ही ब्लॉक की छ: फलकों को हरे, पीले, लाल, काले, गुलाबी और सफेद रंगों से रंगा गया है। यदि गुलाबी रंग को ऊपरी फलक पर कर दिया जाए, तो निचले फलक पर कौन-सा रंग होगा?

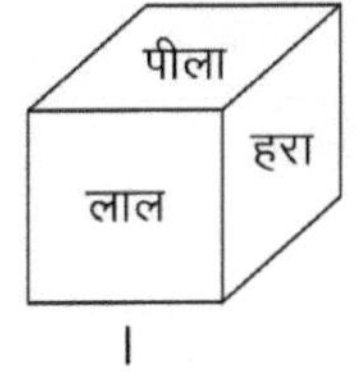

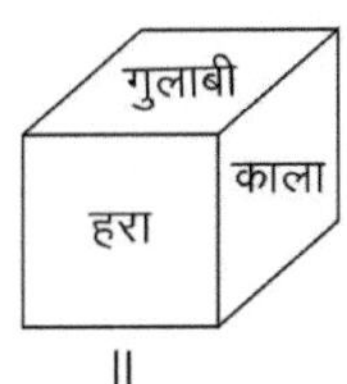

12

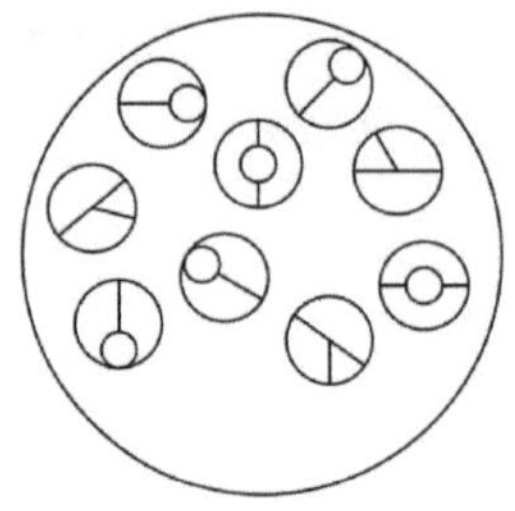

निम्न में से कौन-सी आकृति ऊपर दिए गए बड़े वृत्त में लुप्त है?

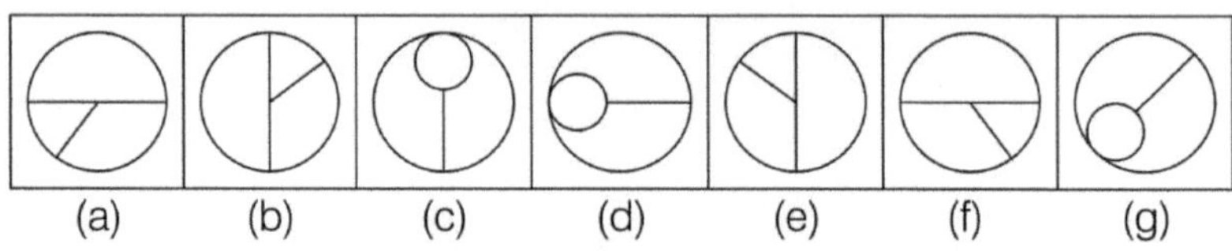

| (a) | (b) | (c) | (d) | (e) | (f) | (g) |

13 नीचे दी गई शृंखला एक निश्चित नियम के आधार पर आगे बढ़ती है। शृंखला का लुप्त पद ज्ञात कीजिए।

| 6 | 13 | 25 | 51 | 101 | ? |

14 यदि × का अर्थ −, ÷ का अर्थ +, + का अर्थ × है, तब निम्नलिखित समीकरण का मान है

$$(16 \times 5) \div 5 + 3 = ?$$

(a) 62   (b) 10   (c) 2   (d) 26

15 प्रताप को ठीक-ठीक याद है कि उसकी माता का जन्मदिन 23 अप्रैल से पहले, लेकिन 19 अप्रैल के बाद है, जबकि उसकी बहन को ठीक से याद है कि उनकी माता का जन्मदिन 22 अप्रैल को या उसके बाद नहीं है। अप्रैल के किस दिन निश्चित रूप से उनकी माता का जन्मदिन है?

(a) 20   (b) 21   (c) 20 या 21   (d) 22

16 निम्न त्रिभुज आकृति में किन तीन वृत्तों का स्थान परिवर्तित करने पर त्रिभुज का सिरा (शीर्ष) ऊपर की ओर हो जाएगा?

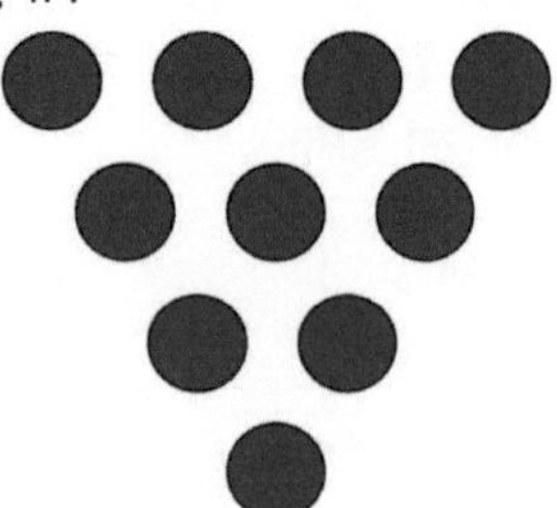

17 40 लड़कियों की एक पंक्ति में, जब कमल को उसके बाईं ओर 4 स्थान बदलकर बैठाया गया, तो पंक्ति की बाईं ओर से उसका नम्बर 10 हो गया। यदि सुजाता, कमल की मूल स्थिति से दाईं ओर तीन स्थान पर थी, तो सुजाता का पंक्ति की दाईं ओर से कौन-सा नम्बर था?

18 निम्न में से कौन-सी विकल्प आकृति में प्रश्न आकृति (X) सन्निहित है?

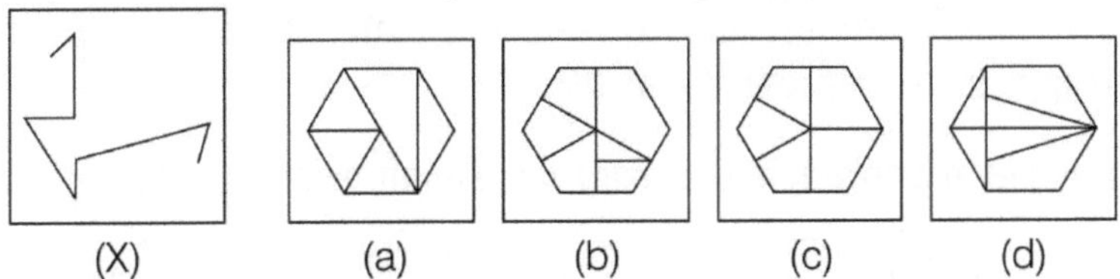

    (X)   (a)   (b)   (c)   (d)

19 नीचे दी गई आकृति में, यदि सभी वृत्तों के केन्द्रों को क्षैतिज और ऊर्ध्वाधर रेखाओं द्वारा जोड़ा जाए, तो कितने वर्ग बनाए जा सकते हैं?

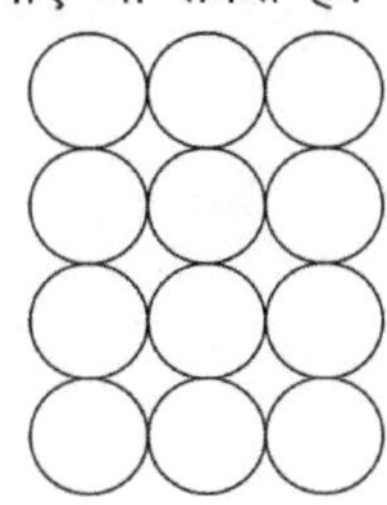

20

जिस प्रकार,

2	7	3
1	5	2
6	4	5

समान है

7	2	3
5	6	8
6	3	4

के,

उसी प्रकार,

5	1	3
2	6	8
4	7	2

समान है

?	?	?
?	?	?
3	9	4

को।

तब, प्रश्नचिन्ह (?) के स्थान पर कौन-सी संख्याएँ आएँगी?

21 दिए गए विकल्पों में से सम्बन्धित शब्द चुनिए।

        कोयला : काला हीरा : : पेट्रोलियम : ?

(a) ठोस सोना   (b) काला सोना   (c) द्रव सोना   (d) श्वेत सोना

22 सबसे नीचे वाली स्केल में कौन-सा फल लुप्त है, जो इसे सन्तुलित बनाए रखता है?

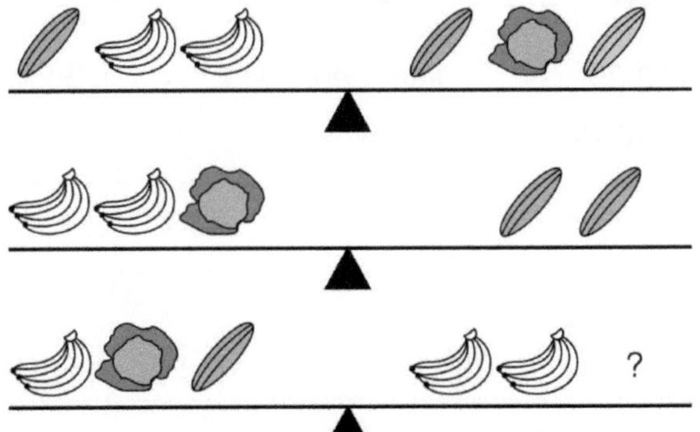

23 एक सिपाही किसी चोर के पीछे जाता है, जोकि 100 मी की दूरी पर है। यदि सिपाही 8 मिनट में 1 किमी भागे और चोर 10 मिनट में 1 किमी, तो चोर के पकड़े जाने से पहले उसके द्वारा तय की गई दूरी कितनी है?

24 निम्न आकृति में प्रश्नचिन्ह (?) के स्थान पर कौन-सी संख्या आएगी?

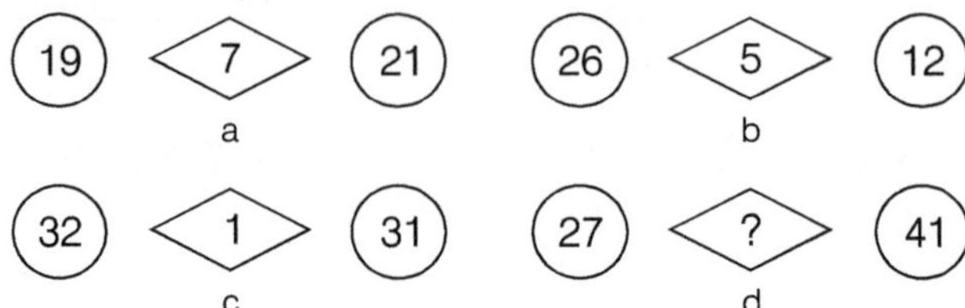

25 एक आकृति श्रृंखला के प्रथम दो पद निम्न प्रकार हैं

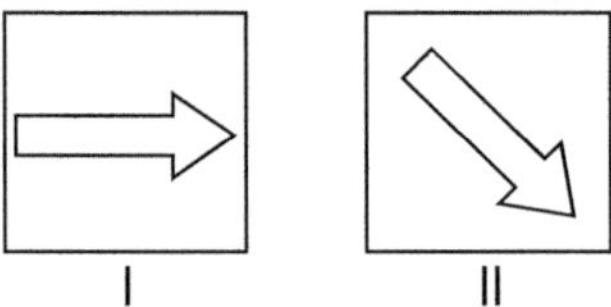

प्रथम पद के बाद प्रत्येक पद तीर को 45° दक्षिणावर्त घुमाने पर प्राप्त होता है। इस श्रृंखला का 7वाँ पद कौन-सा होगा?

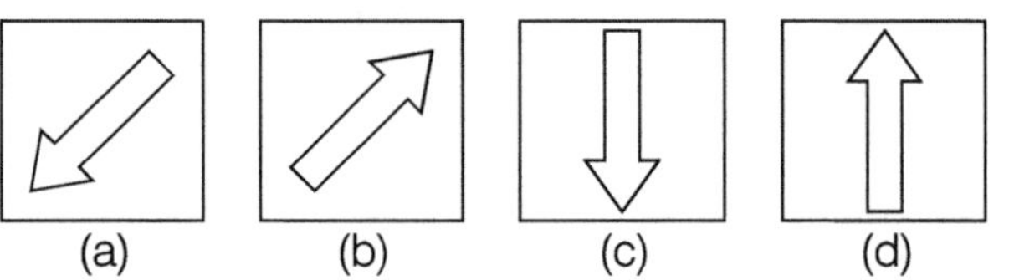

देखें अपना IQ स्कोर

स्कोर $\frac{}{25}$ IQ रेटिंग

- Genius 23-25
- Intelligent 20-22
- Good 16-19
- Average 12-15

जाँचें अपना IQ टेस्ट ⑥

1 निम्न आकृतियों में से विषम आकृति चुनिए।

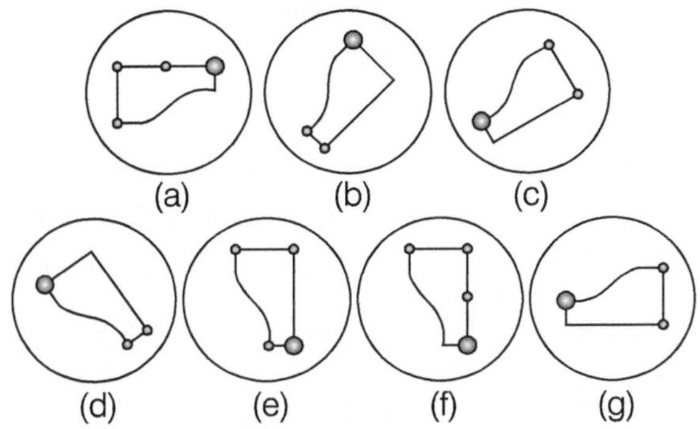

(a)   (b)   (c)

(d)   (e)   (f)   (g)

2 परसों किरण का जन्मदिन है। अगले सप्ताह उसी दिन 'शिवरात्रि' है। आज सोमवार है। बताइए कि 'शिवरात्रि' के बाद कौन-सा दिन पड़ेगा?

(a) सोमवार   (b) मंगलवार   (c) बुधवार   (d) बृहस्पतिवार

3 निम्न आकृति में कुल कितने वर्ग तथा त्रिभुज हैं?

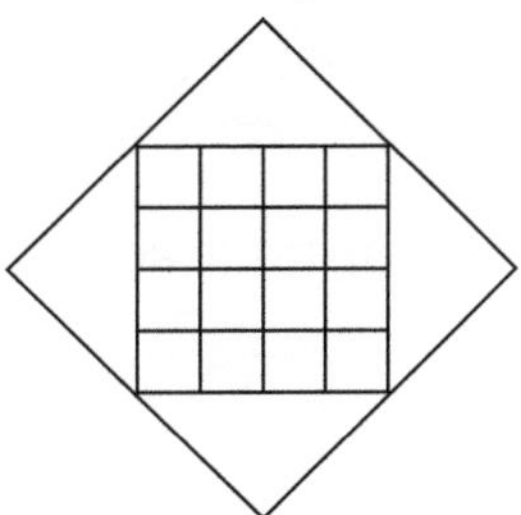

4 यदि एक व्यक्ति उत्तर की ओर अभिमुख होकर सिर के बल खड़ा होता है, तब उसका बायाँ हाथ किस दिशा की ओर होगा?

(a) उत्तर-पूर्व   (b) उत्तर

(c) पूर्व   (d) उत्तर-पश्चिम

5 

निम्न में से कौन-सी शील्ड (ट्रॉफी) के अवयव दी गई ट्रॉफी के अवयवों के समान है?

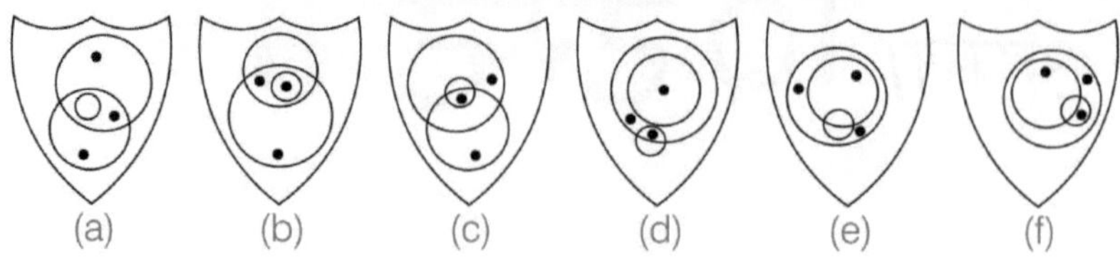

6 यदि (i) A $ B का अर्थ है 'A, B का भाई है।'

(ii) A @ B का अर्थ है 'A, B की पत्नि है।'

(iii) A # B का अर्थ है 'A, B की बेटी है।'

(iv) A ★ B का अर्थ है 'A, B का पिता है।'

तो निम्न में से कौन-सा कथन इंगित करता है कि U, P का सुसर है?

(a) P @ Q $ T # U ★ W

(b) P @ W $ Q ★ T # U

(c) P @ Q $ W ★ T # U

(d) P @ Q $ T # W ★ U

7 नीचे दिया गया वर्ग 5 बराबर आयतों में विभक्त है, जिसमें से 3 सफेद तथा 2 काले हैं। वर्ग का कितना भाग काला है?

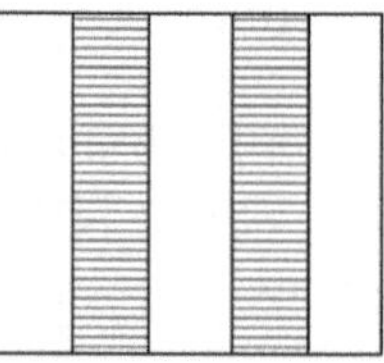

8 दो आदमी एक ही स्थान से एक ही दिशा में एक वृत्ताकार पार्क का चक्कर लगाना प्रारम्भ करते हैं। यदि पूरा चक्कर लगाने में उनमें से एक 10 मिनट तथा दूसरा 15 मिनट का समय लेता है, तो वे कितने समय बाद पुनः उसी स्थान पर मिलेंगे?

9 नीचे दी गई संख्याओं में से कौन-सी संख्या मध्य वाले वृत्त में आएगी?

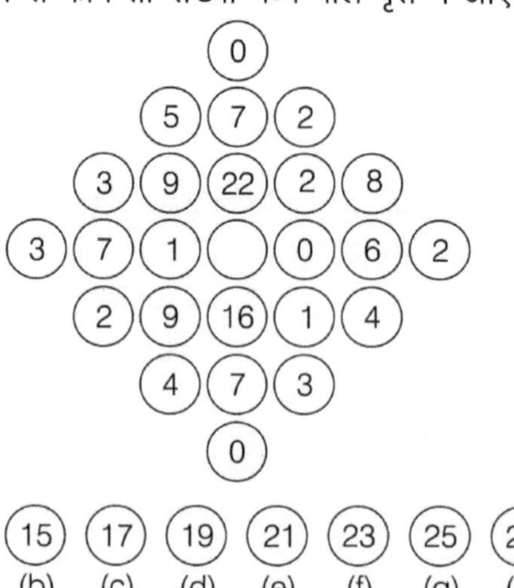

10 निम्न संख्या शृंखला में प्रश्नचिन्ह (?) के स्थान पर कौन-सी संख्या आएगी?

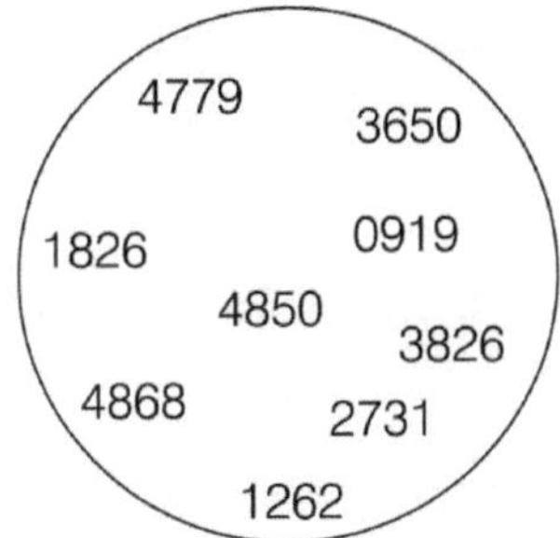

5	7
7	10
11	16
19	28
35	52
67	?

11 एक परीक्षा में जैक दस 2-अंकीय संख्याओं का औसत ज्ञात करता है। संख्याओं की नकल करने में वह गलती से एक संख्या को उसके परस्पर बदले हुए अंकों वाली संख्या लिख लेता है। परिणामस्वरूप उसका उत्तर सही उत्तर से 1.8 कम आता है। जिस संख्या को लिखने में उसने गलती की थी, उसके अंकों का अन्तर कितना होगा?

12 दिए गए वृत्त में कौन-सी संख्या भिन्न है?

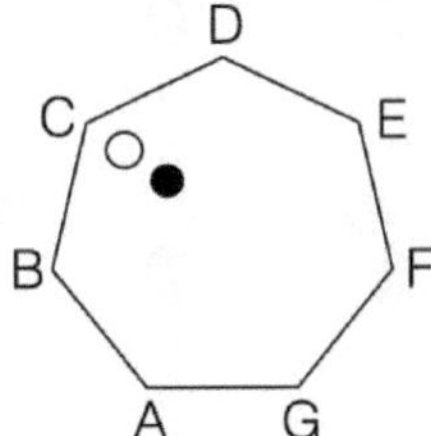

13 राम को अंग्रेजी में विज्ञान की तुलना में दोगुने अंक मिले। उसके अंग्रेजी, विज्ञान तथा गणित के कुल प्राप्तांक 180 थे। तद्नुसार, यदि उसके अंग्रेजी तथा गणित के प्राप्तांकों का अनुपात 2 : 3 हो, तो उसके विज्ञान में कितने अंक थे?

(a) 25   (b) 30   (c) 35   (d) 40

14 निम्न चित्र में, काली गेंद एक बार में एक स्थान दक्षिणावर्त दिशा में खिसक जाती है। सफेद गेंद एक बार में दो स्थान वामावर्त दिशा में खिसक जाती है। यदि इन्हें एकसाथ खिसकाना प्रारम्भ किया जाता है, तो
  (i) वे कितने परिवर्तन के पश्चात् पुनः एकसाथ होंगी?
  (ii) वे किस शीर्ष पर होंगी?

15 शैलेश की शादी 8 वर्ष पहले हुई थी। उसकी वर्तमान आयु शादी के समय उसकी आयु से $1\frac{1}{4}$ गुना है। शैलेश के पुत्र की आयु उसकी वर्तमान आयु का $\frac{1}{10}$ गुना है। उसके पुत्र की आयु कितनी है?

(a) 2 वर्ष　　　　(b) 3 वर्ष　　　　(c) 4 वर्ष　　　　(d) 5 वर्ष

16 नीचे रिक्त वर्ग में कौन-सा डिजाइन आएगा?

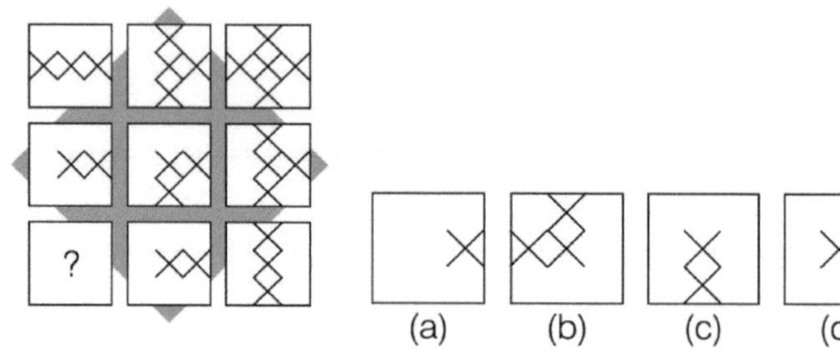

17 दिए गए समीकरण को सन्तुलित करने तथा ★ चिन्हों को प्रतिस्थापित करने के लिए गणितीय चिन्हों का सही क्रम समूह होना चाहिए।

28 ★ 4 ★ 9 ★ 16

(a) ÷ + =　　　　(b) + ÷ =　　　　(c) − × +　　　　(d) − = ×

18 एक दूध वाला 60 लीटर दूध में से 6 लीटर दूध निकालकर उसके स्थान पर पानी मिला देता है। यह प्रक्रिया दो बार और दोहरायी गई। तदनुसार, पीपे में शेष दूध की मात्रा कितनी रह गई?

19 नये बजट में मिट्टी के तेल का मूल्य 25% बढ़ गया। कोई व्यक्ति मिट्टी के तेल की खपत में कितने प्रतिशत कमी करें कि उसका इस पर खर्च न बढ़े?

(a) 20%　　　　(b) 30%　　　　(c) 40%　　　　(d) 50%

20 जिस प्रकार, 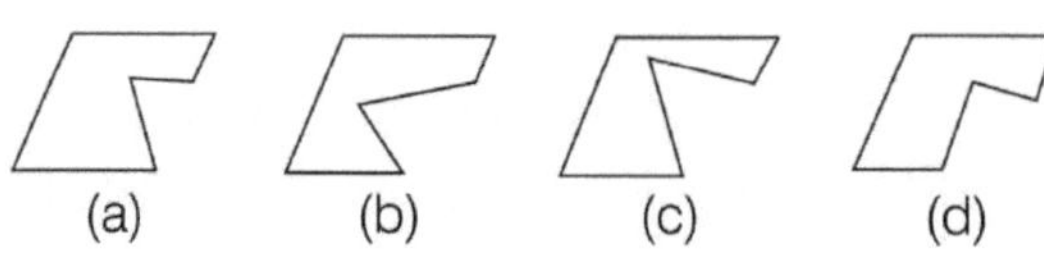 का सम्बन्ध से है, उसी प्रकार का सम्बन्ध है

21 निम्न में से किन दो तीलियों की स्थिति में परिवर्तन करके कुल 7 वर्ग बनाए जा सकते हैं?

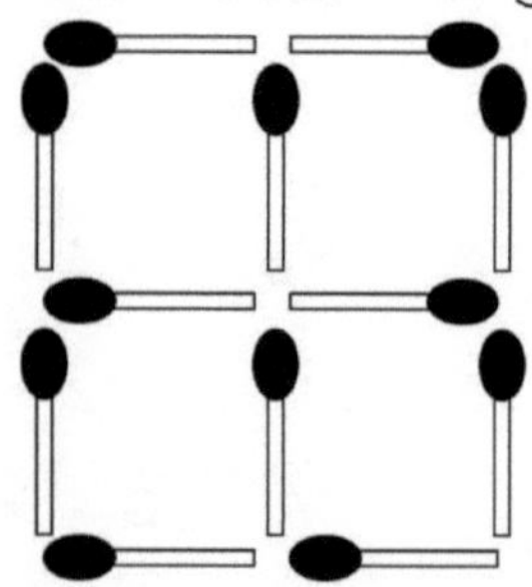

22 आठ व्यक्ति P, Q, R, S, T, V, W और Z केन्द्रोमुख होकर वृत्त के इर्द-गिर्द बैठे हैं। T, R के दाएँ दूसरा है, जो P के दाएँ तीसरा है। S, P के बाएँ दूसरा है और Q के दाएँ चौथा है। Z, V के दाएँ तीसरा है, जो P का निकटतम पड़ोसी नहीं।

निम्न में से किस संयोजन में पहला व्यक्ति दूसरे और तीसरे व्यक्ति के बीच बैठा है?

(a) V T S   (b) T Z S   (c) Q R V   (d) V R T

23 निम्न में से कौन-सा विकल्प नीचे दिए गए शब्दों का सार्थक क्रम दर्शाता है?

चिकित्सक, बुखार, दवाई, दवाई की दुकान

(a) दवाई की दुकान–दवाई–बुखार–चिकित्सक

(b) बुखार–चिकित्सक–दवाई की दुकान–दवाई

(c) चिकित्सक–दवाई की दुकान–दवाई–बुखार

(d) दवाई–चिकित्सक–दवाई की दुकान–बुखार

24 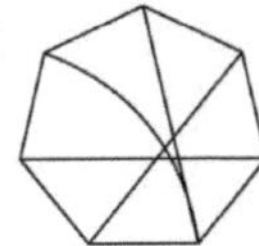 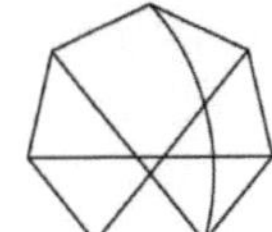 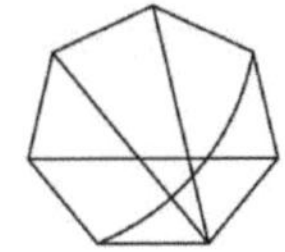

ऊपर दी गई आकृति श्रृंखला में अगली आकृति कौन-सी है?

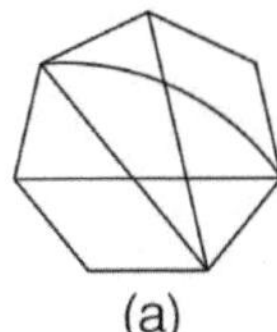 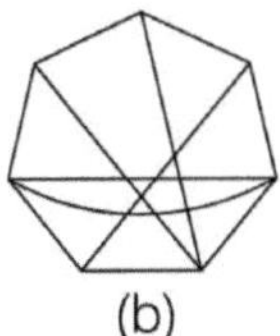 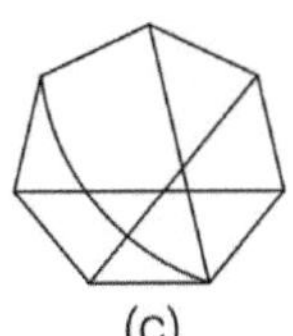 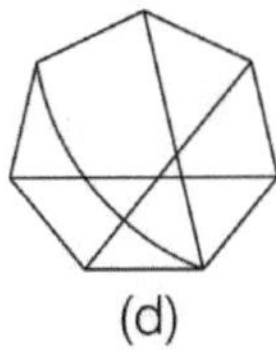 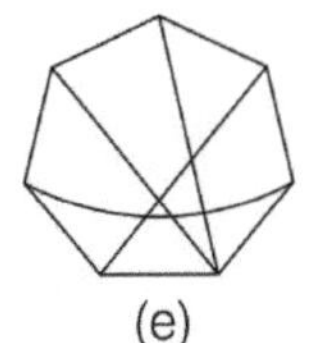

     (a)   (b)   (c)   (d)   (e)

25 किसी सांकेतिक भाषा में, 'रम पम पो' का अर्थ है 'लड़का पागल है', 'टम पो टो' का अर्थ है 'लड़की सुन्दर है' तथा 'दम पम को' का अर्थ है 'वे पागल है।' उस भाषा में किस शब्द का अर्थ 'लड़का' है?

देखें अपना IQ स्कोर

स्कोर (25)

IQ रेटिंग

- Genius 23-25
- Intelligent 20-22
- Good 16-19
- Average 12-15

जाँचें अपना IQ टेस्ट 7

1 निम्न में प्रश्नचिन्ह (?) के स्थान पर कौन-सी संख्या आएगी?

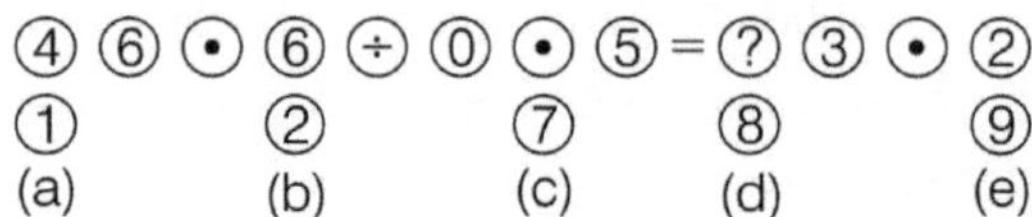

④ ⑥ • ⑥ ÷ ⓪ • ⑤ = ⑦ ③ • ②

① ② ⑦ ⑧ ⑨
(a) (b) (c) (d) (e)

2 एक बस डिपो से चेन्नई के लिए प्रत्येक 30 मिनट बाद बस छूटती है। वहीं पूछताछ कर्मचारी ने एक यात्री को बताया कि चेन्नई की बस 10 मिनट पहले जा चुकी है, अगली बस प्रातः 10 : 30 बजे जाएगी। यह बताइए कि जब पूछताछ कर्मचारी ने यह सूचना दी, तो समय क्या था?

3 विद्यार्थी

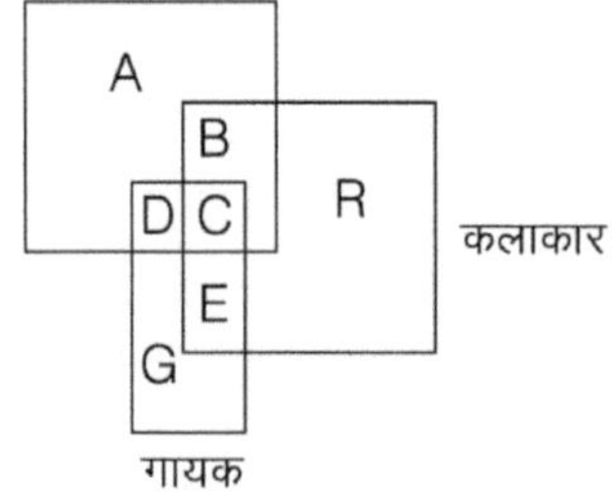

ऊपर चित्र में विद्यार्थी, कलाकार और गायक दिखाए गए हैं। आरेख का अध्ययन कीजिए और उस क्षेत्र की पहचान कीजिए, जो उन विद्यार्थियों को दर्शाता है, जो सिर्फ कलाकार हैं लेकिन गायक नहीं।

(a) A   (b) B   (c) F   (d) E

4 कौन-सी संख्या नीचे दी गई शृंखला को पूरा करेगी?

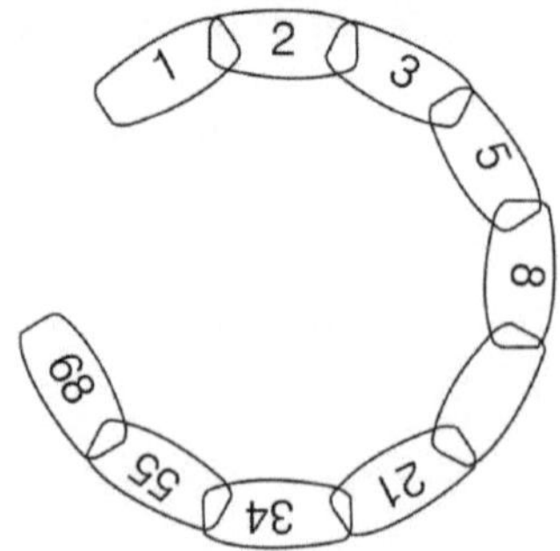

5 विकल्प आकृति में उस आकृति को चुनिए, जिसमें आकृति (X) के समान बिन्दु रखने पर वहीं प्रतिबन्ध पूरा हो जाए।

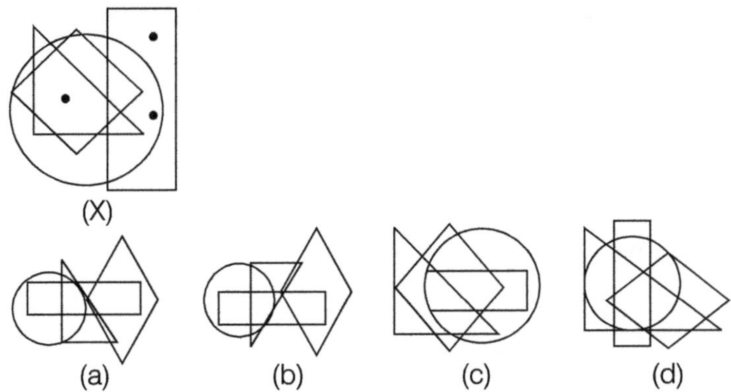

6 निम्न प्रश्न में एक अनुक्रम दिया है, जिसमें एक/दो अक्षर लुप्त हैं। दिए गए विकल्पों में से वह सही विकल्प चुनिए, जो अनुक्रम को पूरा करे।

MNOABCPQRDEFST??

(a) GK   (b) UV   (c) GH   (d) UG

7 आकृति (X) को घन के रूप में मोड़ने पर कौन-सी विकल्प आकृति बनेगी?

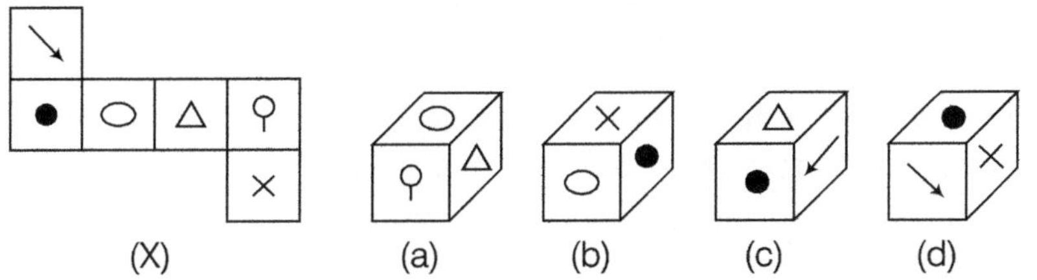

8 नीचे दिए गए कथनों के आधार पर यह ज्ञात कीजिए कि P का चाचा कौन है?

(i) K, J का भाई है।   (ii) M, K की बहन है।
(iii) P, N का भाई है।   (iv) N, J की पुत्री है।

9 निम्न आकृति में कितने घन हैं?

10 दो रेलवे स्टेशनों के बीच प्रथम व द्वितीय श्रेणी के किरायों का अनुपात 4 : 1 तथा प्रथम व द्वितीय श्रेणी में यात्रा करने वाले यात्रियों की संख्या का अनुपात 1 : 40 है। यदि किसी दिन कुल किराया ₹ 1100 प्राप्त हुआ हो, तो इसमें प्रथम श्रेणी के यात्रियों से लिया गया किराया कितना है?

(a) ₹ 100　　　　(b) ₹ 200　　　　(c) ₹ 300　　　　(d) ₹ 400

11 प्रत्येक आकृति में कौन-सी संख्या भिन्न है?

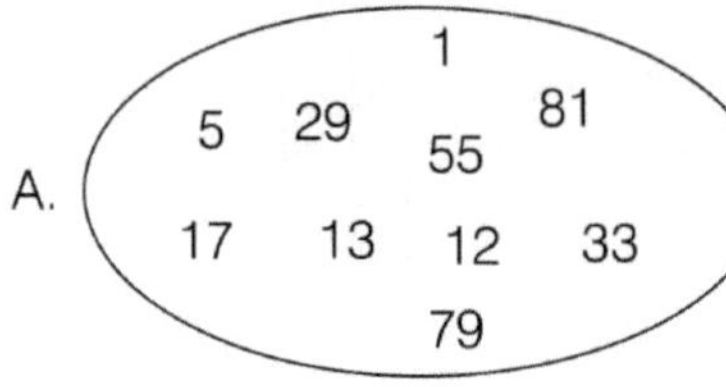

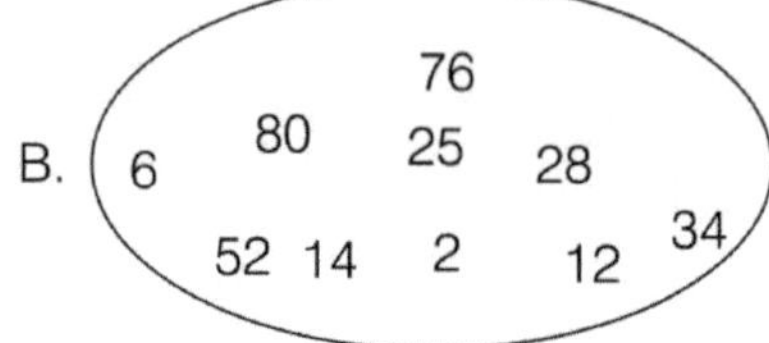

12 नीचे दर्शाए गए पारदर्शी कागज (X) को बिन्दु रेखा के अनुदिश मोड़ा जाए, तो दी गई चार विकल्प आकृतियों में से कौन-सी आकृति प्राप्त होगी?

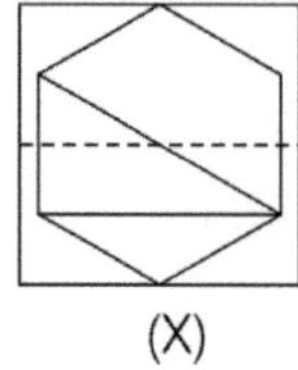
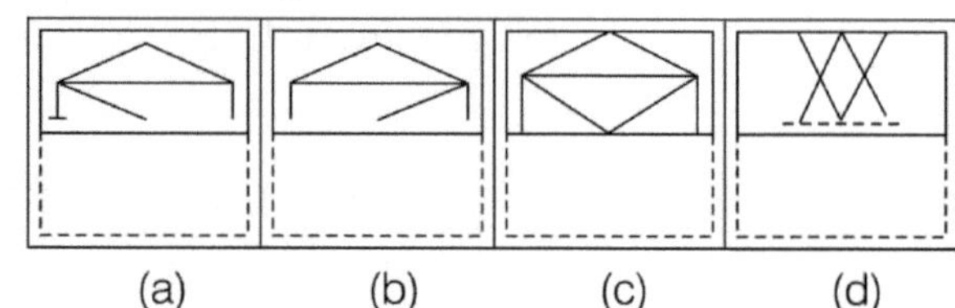

13 यदि शेषन का कद अम्मू से लम्बा है, लेकिन राजू से छोटा है तथा अम्मू और नितिन की लम्बाई बराबर है, परन्तु अम्मू, किशोर से लम्बी है, तो नितिन

(a) शेषन के बराबर लम्बा है　　　　(b) अम्मू से छोटा है

(c) राजू से लम्बा है　　　　(d) शेषन से छोटा है

14 निम्न आकृति में प्रश्नचिन्ह (?) के स्थान पर कौन-सी संख्या आएगी?

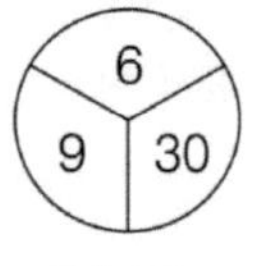

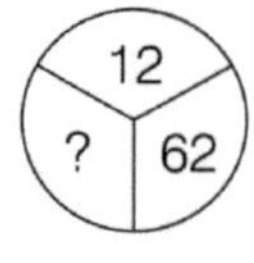

(a) 9　　　　(b) 19　　　　(c) 17　　　　(d) 21

15 यदि किसी कोड भाषा में '1986' को '∧○∆ >' लिखा जाता है और '2345' को '+ × ◊ □' लिखा जाता है, तो ∆ > □ × + ◊ किसका कोड है?

(a) 865324　　　　(b) 896542

(c) 864325　　　　(d) 869243

16
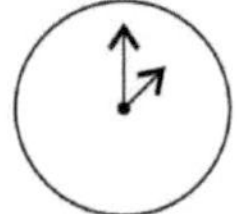
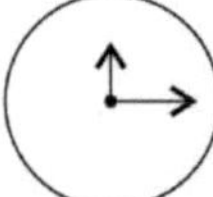

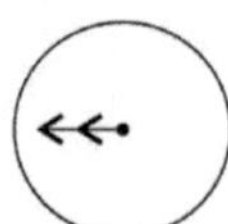
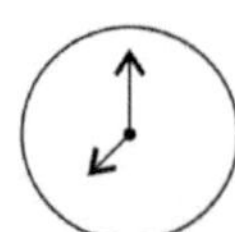

दी गई शृंखला में निम्न में से कौन-सा वृत्त लुप्त है?

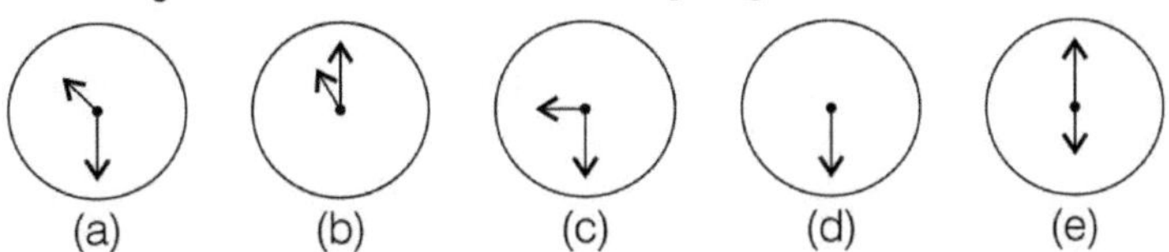

17 श्रीमान कपूर अपनी कुल आय का 20% मकान किराये के रूप में खर्च करते हैं और शेष का 70% घरेलू चीजों पर खर्च करते हैं। इसके पश्चात् उनके पास ₹1800 बचते हैं, तो उनकी कुल आय कितनी है?

(a) ₹ 7200   (b) ₹ 7300   (c) ₹ 7500   (d) ₹ 7700

18 निम्न आकृतियों में से कौन-सी आकृति विषम है?

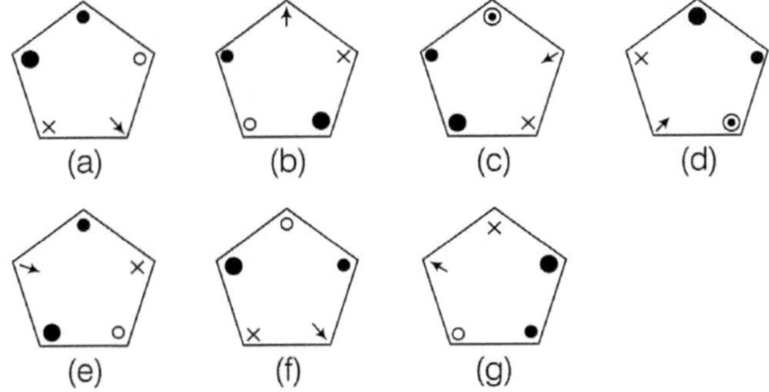

19 किसी फैक्ट्री में कामगारों का कुल साप्ताहिक वेतन ₹1534 है। एक कामगार का औसत साप्ताहिक वेतन ₹118 है, तो फैक्ट्री में कामगारों की संख्या कितनी है?

(a) 14   (b) 15   (c) 12   (d) 13

20 दी गई विकल्प आकृतियों में से आकृति (X) की सबसे सही प्रतिबिम्ब आकृति चुनिए।

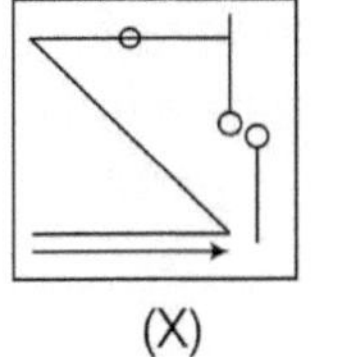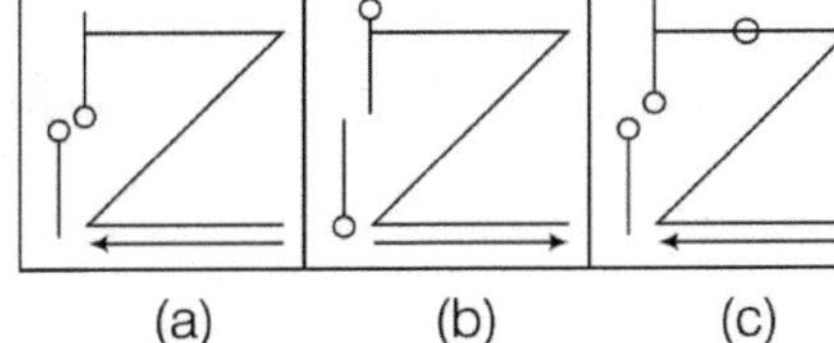

21 एक अध्यापक अपने विद्यार्थियों को एक बराबर संख्या में पंक्तियों और स्तम्भों (कॉलम) में बैठाना चाहता है। यदि विद्यार्थियों की कुल संख्या 1369 है, तो प्रत्येक पंक्ति में कितने विद्यार्थी होंगे?

(a) 37   (b) 42   (c) 53   (d) 23

22 दी गई विकल्प आकृतियों में से उस आकृति का चयन कीजिए, जो दिए गए आकृति आव्यूह को पूरा करेगी।

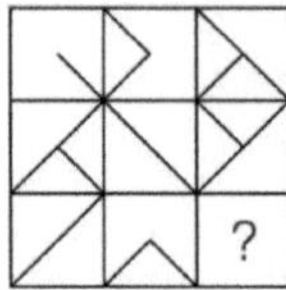 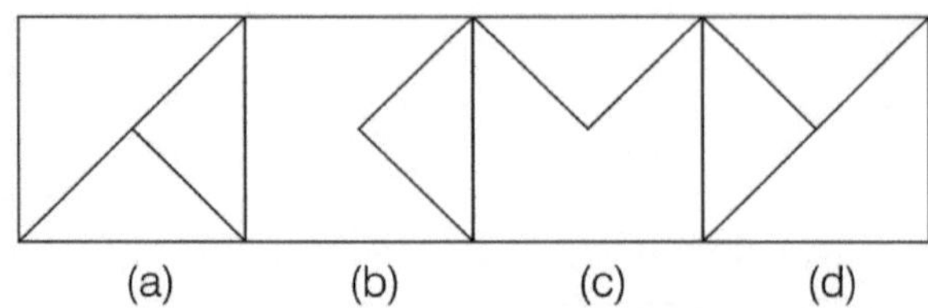

           (a)   (b)   (c)   (d)

23 राजेश एक पार्टी के लिए ब्रेड रोल और बन (मीठी रोटी) खरीदने का प्रभारी है। बन के प्रत्येक बॉक्स में 10 बन और ब्रेड रोल के प्रत्येक बॉक्स में 8 ब्रेड रोल हैं। यदि राजेश बन और ब्रेड रोल बराबर संख्या में खरीदना चाहता है, तो उसे बन के कम-से-कम कितने बॉक्स खरीदने पड़ेंगे?

(a) 5   (b) 7   (c) 1   (d) 4

24 नीचे दिए गए ग्राफ में कुछ बच्चों द्वारा स्कूल तक जाने में तय दूरी को दर्शाया गया है

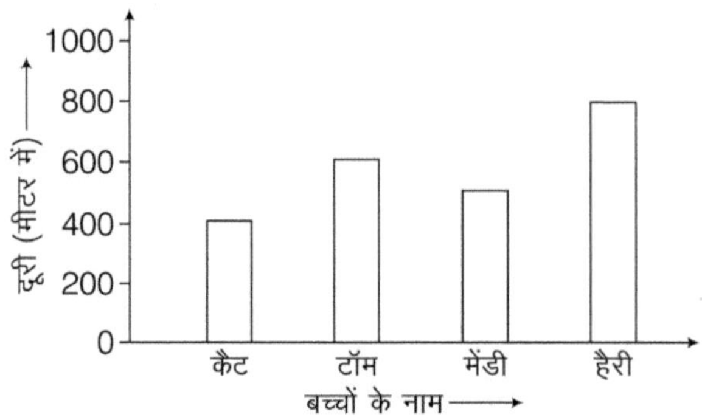

टॉम और मेंडी द्वारा तय की गई दूरी तथा कैट द्वारा तय की गई दूरी का क्या अनुपात है?

25 एक कछुआ 4 घण्टे में 1 किमी चलता है। प्रत्येक किमी के बाद वह 20 मिनट विश्राम करता है। यह बताइए कि 3.5 किमी की दूरी तय करने में उसे कितना समय लगेगा?

(a) 14 घण्टे   (b) 15 घण्टे   (c) 12 घण्टे   (d) 13 घण्टे

देखें अपना IQ स्कोर

स्कोर $\left(\dfrac{}{25}\right)$ IQ रेटिंग

- Genius 23-25   Intelligent 20-22   Good 16-19
- Average 12-15

जाँचें अपना IQ टेस्ट (8)

1 निम्न आकृति में प्रश्नचिन्हों (?) के स्थान पर कौन-सी संख्याएँ आएँगी?

4	9	4	7
5	5	6	2
6	9	?	6
7	3	12	?

2 यदि 1 का अर्थ दौड़ना,

2 का अर्थ रुकना,

3 का अर्थ जाना,

4 का अर्थ बैठना,

तथा 5 का अर्थ प्रतीक्षा हो

तब, नीचे दी गई शृंखला के क्रम से आगे बढ़ने पर अगला निर्देश क्या होगा?

4 4 5 4 5 3 4 5 3 1 4 5 3 1 2 4 5 4 5 3 4 5 3

3

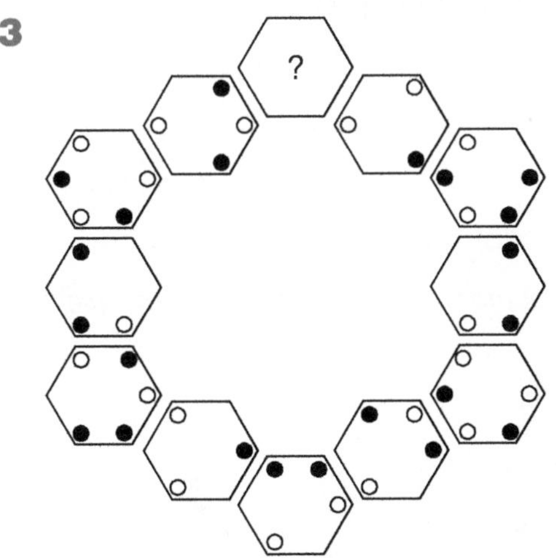

निम्न में से कौन-सा षट्भुज सबसे ऊपर आएगा?

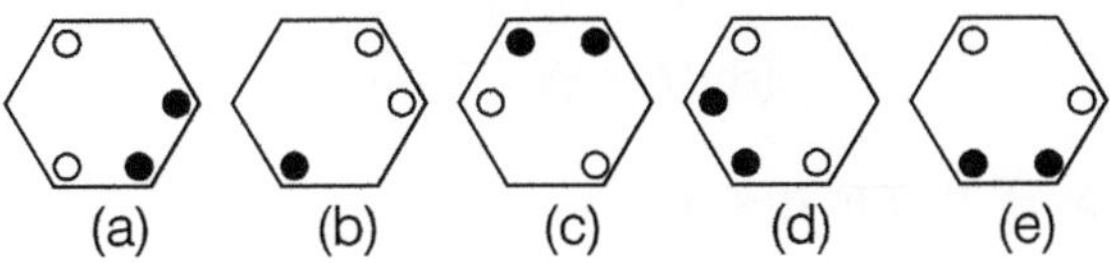

(a)　　(b)　　(c)　　(d)　　(e)

4 निम्न आकृतियों में से कौन-सी आकृति भिन्न है?

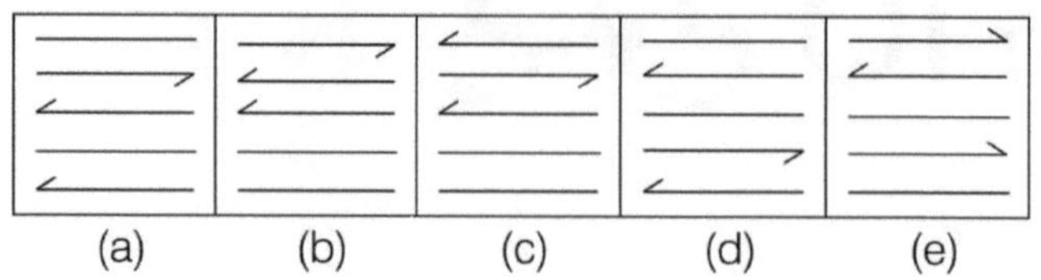

| (a) | (b) | (c) | (d) | (e) |

5 एक रेलवे-लाइन को 3 महीनों में बिछाने के लिए 75 व्यक्तियों को काम पर लगाया जाता है। किसी आपात स्थिति के कारण रेलवे-लाइन को 18 दिनों में बिछाया जाना है। 18 दिनों में कार्य पूरा करने के लिए कितने और व्यक्तियों को शामिल करना चाहिए?

(a) 200　　　　　(b) 300　　　　　(c) 400　　　　　(d) 500

6 नीचे दी गई आकृति में कितने त्रिभुज और समान्तर चतुर्भुज हैं?

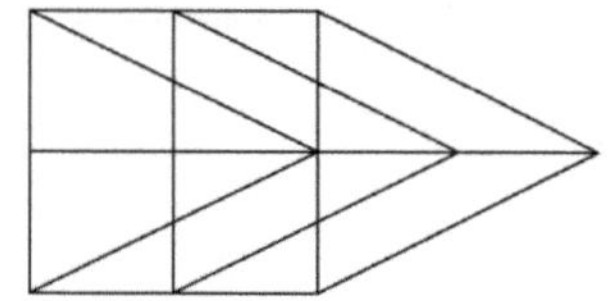

7 किसी चर्च की घड़ी 12 घण्टे बजाने में 22 सेकण्ड का समय लेती है, तो वह 6 घण्टे बजाने में कितना समय लगाएगी?

(a) 10 सेकण्ड　　　(b) 12 सेकण्ड　　　(c) 15 सेकण्ड　　　(d) 20 सेकण्ड

8 प्रश्न आकृति (X) कौन-सी विकल्प आकृति में सन्निहित है?

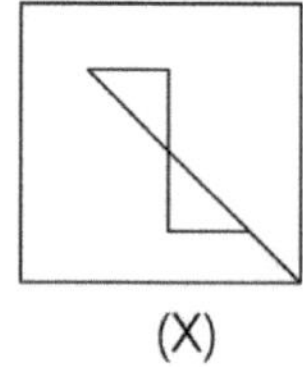 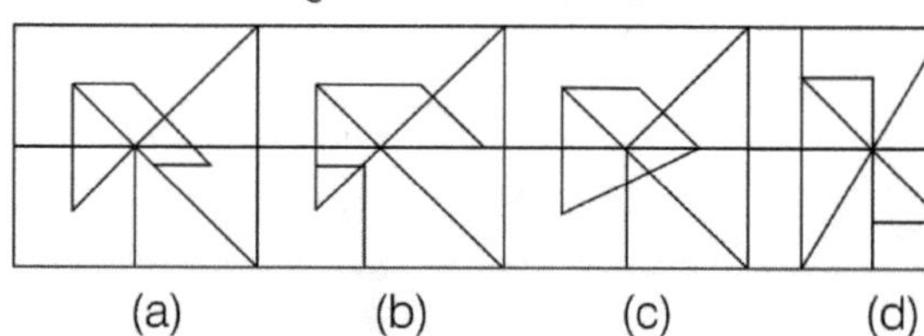

| (X) | (a) | (b) | (c) | (d) |

निर्देश (प्र.सं. 9-10) *नीचे दी गई जानकारी को ध्यानपूर्वक पढ़िए और इस पर आधारित प्रश्नों के उत्तर दीजिए।*

　　(i) P×Q का अर्थ है 'Q का पिता P है।'
　　(ii) P – Q का अर्थ है 'Q की बहन P है।'
　　(iii) P + Q का अर्थ है 'Q की माता P है।'
　　(iv) P ÷ Q का अर्थ है 'Q का भाई P है।'

9 निम्न में से कौन-सा यह दर्शाता है कि M का भतीजा R है?

(a) M ÷ K × T – R　　　　　　　(b) M ÷ J + R – N

(c) R – M × T ÷ W　　　　　　　(d) M × W – E ÷ T

10 B + D × M ÷ N में M का B से क्या सम्बन्ध है?

(a) पोती　　　　　(b) पुत्र　　　　　(c) पोता　　　　　(d) पोती या पोता

11 आकृति (X) से दिए गए टुकड़ों से कौन-सी आकृति बनाई जा सकती है?

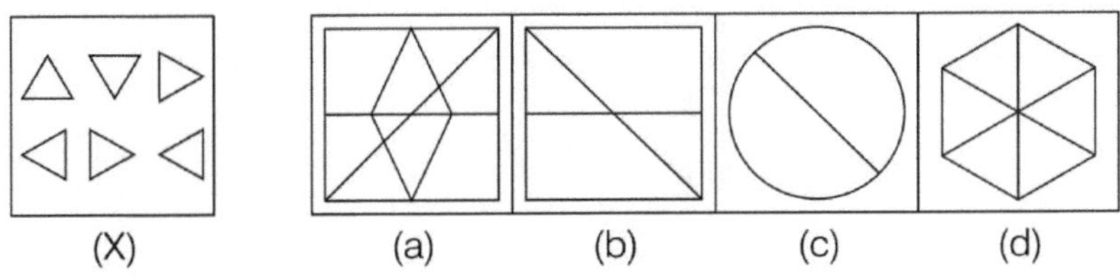

12 राणा अपनी मोटरसाइकिल से 8 मील पश्चिम की ओर गया, फिर 6 मील उत्तर की ओर, फिर 3 मील पूर्व की ओर और फिर 6 मील उत्तर की ओर। अब, वह अपने आरम्भिक स्थान से कितनी दूर है?

(a) 12 मील   (b) 13 मील   (c) 15 मील   (d) 17 मील

13 निम्न आकृति में प्रश्नचिन्ह (?) के स्थान पर कौन-सी संख्या आएगी?

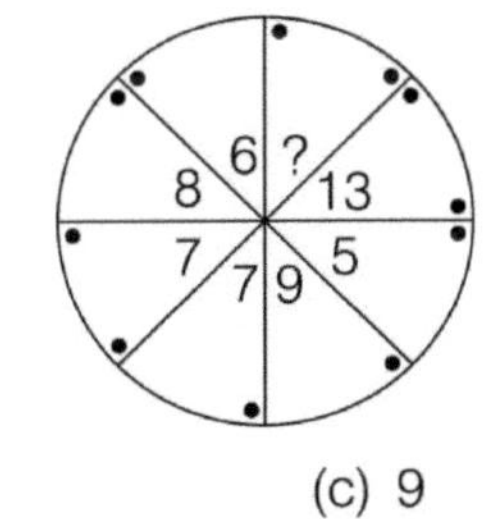

(a) 1   (b) 6   (c) 9   (d) 3

14 दो महिला और दो पुरुष ताश खेल रहे हैं तथा एक मेज के उत्तर, पूर्व, दक्षिण तथा पश्चिम में बैठे हैं। किसी भी महिला का मुख पूर्व के सामने नहीं है। आमने-सामने बैठे व्यक्ति एक ही लिंग के नहीं हैं। एक पुरुष का मुख दक्षिण के सामने है, तो महिलाओं के मुख किस दिशा के सामने हैं?

15 एक ऑफिस में 108 मेजें और 132 कुर्सियाँ हैं। उनमें यदि $\frac{1}{6}$ मेजें और $\frac{1}{4}$ कुर्सियाँ टूट जाएँ, तो उस ऑफिस में प्रत्येक को एक मेज और एक कुर्सी की आवश्यकतानुसार कितने लोग कार्य कर सकते हैं?

(a) 80   (b) 90   (c) 100   (d) 110

16 निम्न आकृति में प्रश्नचिन्ह (?) के स्थान पर कौन-सी संख्या आएगी?

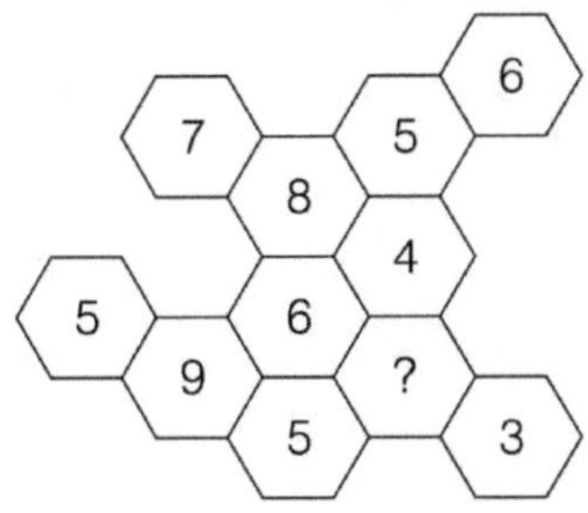

17 नीचे दी गई आकृतियों में से प्रत्येक आकृति का एक बार प्रयोग करके तीन समूहों में वर्गीकृत कीजिए।

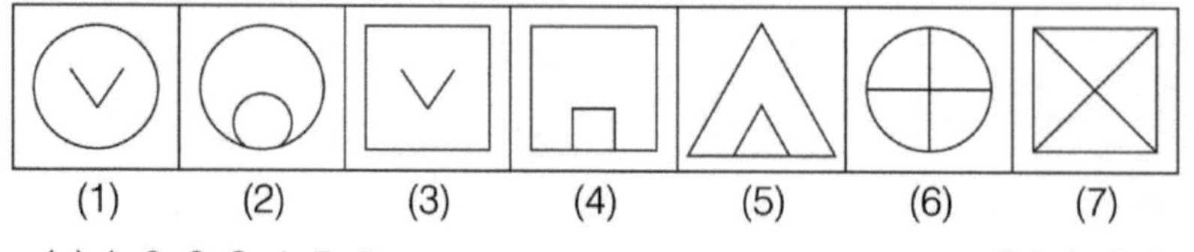

(1)　　(2)　　(3)　　(4)　　(5)　　(6)　　(7)

(a) 1, 2, 6, 3, 4, 7, 5　　　　　　　　　　(b) 1, 3, 2, 6, 4, 5, 7

(c) 1, 2, 6, 7, 3, 4, 5　　　　　　　　　　(d) 1, 3, 2, 4, 5, 6, 7

18 निम्न में से विषम शब्द चुनिए।

(a) पहाड़　　　　(b) किला　　　　(c) नदी　　　　(d) समुद्र

19

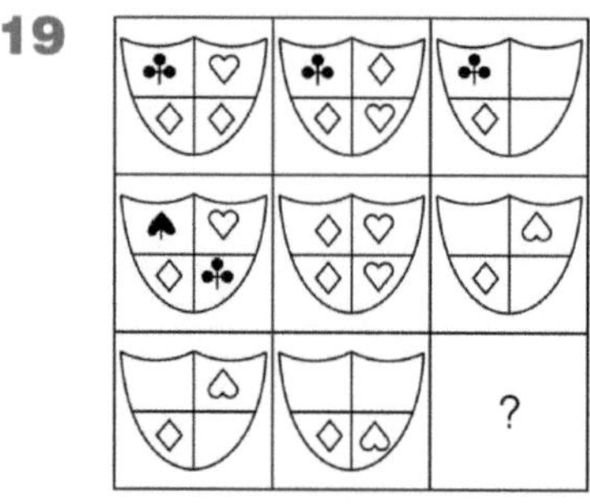

(X)

प्रश्नचिन्ह (?) के स्थान पर निम्न में से कौन-सी आकृति आएगी?

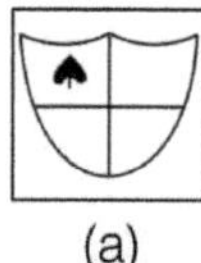　　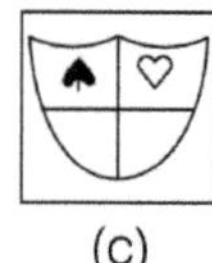　　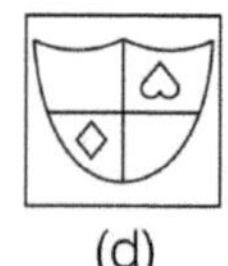

(a)　　　　(b)　　　　(c)　　　　(d)

20 एक दूध विक्रेता दूध को खरीद मूल्य पर बेचने का दावा करता है, लेकिन वह दूध में पानी मिलाकर बेचता है और 20% का लाभ कमाता है। उसके प्रति 3 लीटर मिश्रण में कितना भाग पानी मिला होता है?

21 नीचे एक ही पासे के दो प्रारूपों को दर्शाया गया है। इस पासे के ऊपरी फलक पर जब बिन्दुओं की संख्या 3 होगी, तो इसके निचले फलक पर बिन्दुओं की संख्या कितनी होगी?

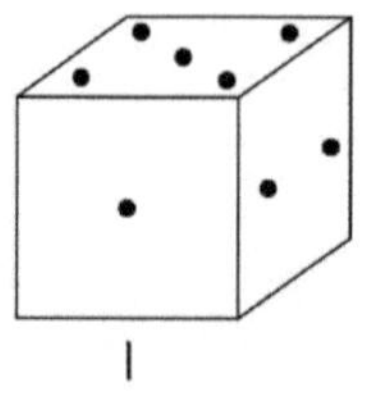　　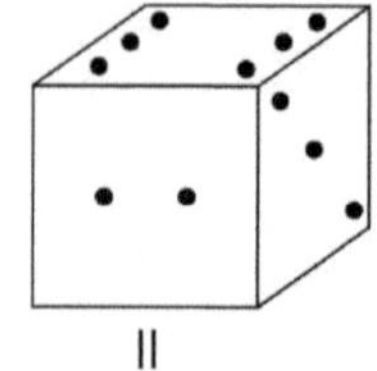

I　　　　　　　　II

22 एक लड़का स्विमिंग पुल में 10 किमी/घण्टा की गति से तैर सकता है। यदि नदी की गति 5 किमी/घण्टा हो, तो लड़के को नदी की धारा में 60 किमी तक तैरने में कितना समय लगेगा?

(a) धारा के विरुद्ध 4 घण्टे   (b) धारा के साथ 12 घण्टे

(c) धारा के विरुद्ध 6 घण्टे   (d) धारा के साथ 4 घण्टे

23 दी गई रेखाकृतियों में से वह एक चुनिए, जो दिए हुए तीनों वर्गों को प्रदर्शित करती है। 18 वर्ष से कम आयु वाले मतदाता सूची में नामांकित व्यक्ति तथा मतदान कर चुके व्यक्ति,

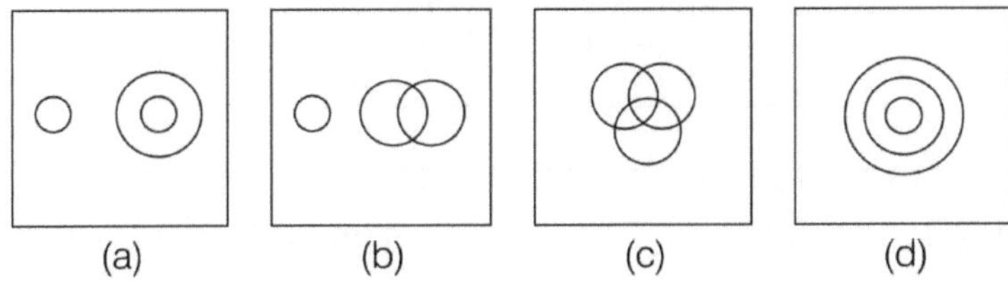

     (a)   (b)   (c)   (d)

24 एक टोकरी में कुछ फूल हैं और प्रत्येक मिनट बाद वे दोगुने हो जाते हैं। 30 मिनट बाद टोकरी भर जाती है, तो कितने मिनट बाद टोकरी आधी भरी हुई थी?

25 सीता और गीता के पास एकसमान गिलासों में कुछ दूध है। सीता, गीता से कहती है ''अपने गिलास से आधा दूध मुझे दे दो, तो मेरा गिलास भर जाएगा।'' गीता, सीता को कहती है ''तुम अपने गिलास से एक-चौथाई दूध मुझे दे दो, तो मेरा गिलास भर जाएगा।'' उनके गिलासों में दूध की मात्रा का अनुपात ज्ञात कीजिए।

(a) 2 : 3   (b) 2 : 5   (c) 3 : 2   (d) 5 : 2

देखें अपना IQ स्कोर

स्कोर (**25**)   IQ रेटिंग [   ]

- Genius 23-25   • Intelligent 20-22   • Good 16-19
- Average 12-15

जाँचें अपना IQ टेस्ट ⑨

1 नीचे दी गई आकृति में प्रश्नचिन्ह (?) के स्थान पर कौन-सी संख्या आएगी?

8	10	7
6	8	?

7	8	4
2	3	1

2 किसी स्थान पर कुछ लड़के और कुछ कुत्ते हैं। यदि सिरों की कुल संख्या 7 तथा पैरों (टाँगों) की कुल संख्या 20 हो, तो बताइए कि वहाँ कितने लड़के और कितने कुत्ते हैं?

3 नीचे दी गई प्रश्न आकृति में (::) के बाईं ओर दी गई दो आकृतियों में किसी प्रकार का सम्बन्ध है। वही सम्बन्ध (::) के दाईं ओर स्थापित करने के लिए दी गई विकल्प आकृतियों में से प्रश्नचिन्ह (?) के स्थान पर आने वाली उचित आकृति का चयन कीजिए।

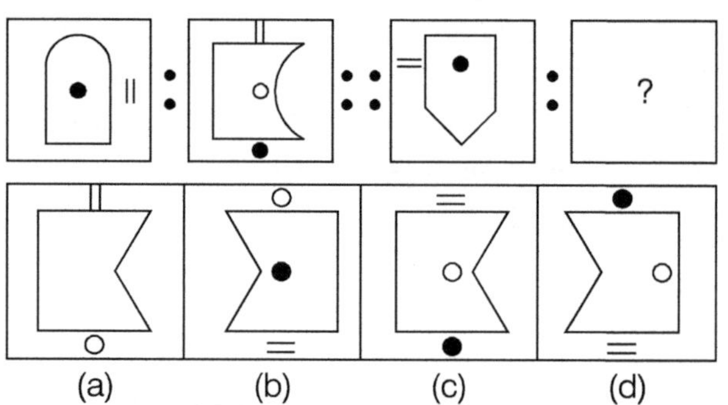

(a) (b) (c) (d)

4 नीचे दी गई आकृति में प्रश्नचिन्ह (?) के स्थान पर कौन-सी संख्या आएगी?

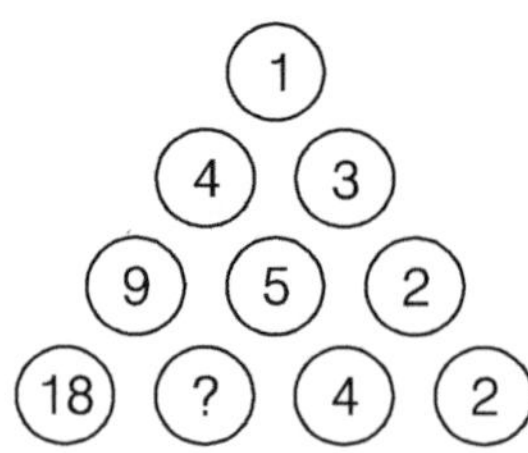

5 किसी कक्षा में 1001 पेन और 910 पेन्सिलें इस प्रकार बाँटी गई कि प्रत्येक को समान संख्या में पेन मिले तथा प्रत्येक को समान संख्या में पेन्सिलें मिलें, तो उस कक्षा में विद्यार्थियों की अधिकतम संख्या क्या थी?

6 नीचे दो डिस्क दी गई हैं

(12) (8)

इन दोनों संख्याओं का योग 20 है।

अब, ऊपर दी गई डिस्क के पीछे वे संख्याएँ लिखिए जिससे कि इन्हें आपस में जोड़ने पर योग 19, 20, 21 व 22 प्राप्त हो।

7 एक सर्वेक्षण में, सर्वेक्षित लोगों में से 70% के पास कार थी और 75% के पास टीवी (टेलीविजन) था। यदि 55% के पास कार और टेलीविजन दोनों थे, तो सर्वेक्षित लोगों में से कितने प्रतिशत के पास कार या टेलीविजन में से कोई भी नहीं था?

8 नीचे आकृतियों के दो समूह दिए गए हैं। एक प्रश्न आकृतियों का समूह तथा दूसरा उत्तर आकृतियों का समूह है। प्रश्न आकृति एक शृंखला में व्यवस्थित है। यदि यही क्रम जारी रहे, तो दी गई उत्तर आकृतियों में से कौन-सी आकृति प्रश्न आकृतियों की शृंखला में अगली आकृति होगी?

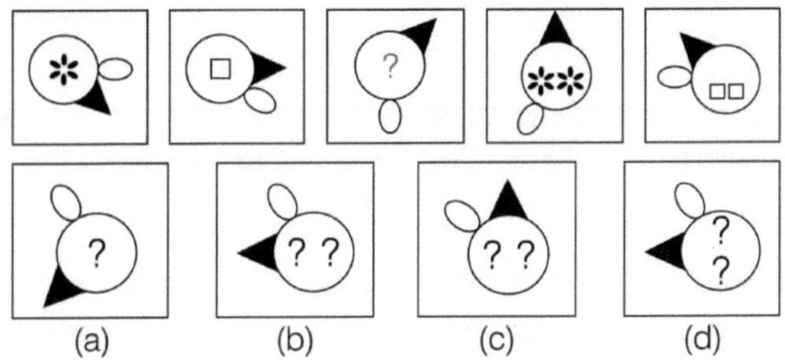

(a)   (b)   (c)   (d)

9 पाँच व्यक्ति A, B, C, D और E एक अखबार पढ़ते हैं। सबसे पहले पढ़ने वाला व्यक्ति C को अखबार दे देता है। जिस व्यक्ति ने अन्त में अखबार पढ़ा था, उसने यह A से लिया था। E अखबार पढ़ने वाला पहला या अन्तिम व्यक्ति नहीं था। B और A के बीच दो पाठक थे। उस व्यक्ति को ज्ञात कीजिए, जिसने सबसे अन्त में अखबार पढ़ा था।

(a) A   (b) B   (c) C   (d) D

10 निम्न आकृति में लुप्त संख्या ज्ञात कीजिए।

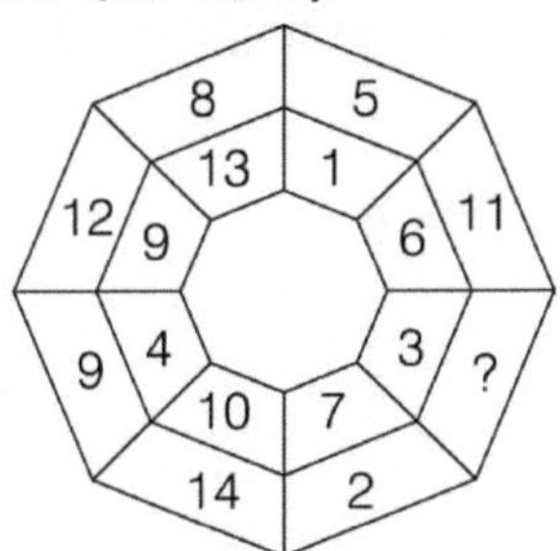

11 एक घन की छ: सतहें इस प्रकार रंगी गई हैं कि

(i) लाल के विपरीत काला

(ii) लाल और काले के बीच हरा

(iii) नीला रंग सफेद सतह की बगल में

(iv) भूरा रंग नीली सतह की बगल में

(v) नीचे की सतह लाल रंग से

ऊपर के विवरण के आधार पर बताइए कि भूरे रंग के विपरीत कौन-सा रंग है?

12 एक पेड़ पर पाँच पक्षी बैठे हैं। कबूतर, तोते के दाईं ओर है। गोरैय्या, तोते से ऊपर है। कौवा कबूतर से अगला है सारस, कौवा से नीचे है। कौन-सा पक्षी बीच में है?

13

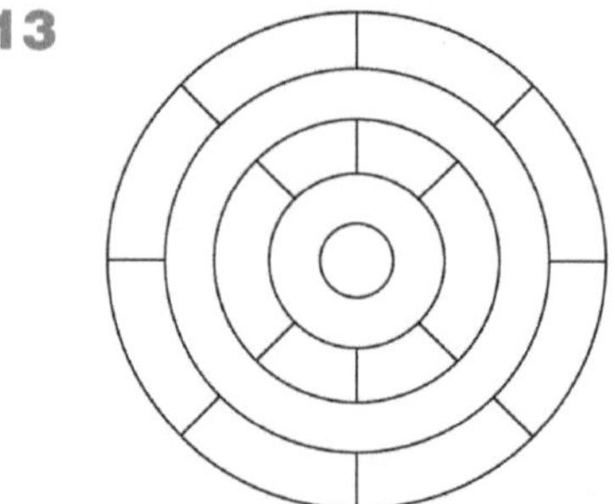

ऊपर दी गई आकृति में, यदि किन्हीं भी दो निकटवर्ती क्षेत्रों में एक जैसा रंग नहीं भरना हो, तो इस आकृति में रंग भरने के लिए कम-से-कम कितने अलग-अलग रंगों की जरूरत होगी?

14 यदि मोहन अपने घर से सूर्य को मन्दिर के पीछे से उगता हुआ देखता है और उसे रेलवे स्टेशन के पीछे डूबते हुए देखता है, तो रेलवे स्टेशन से मन्दिर किस दिशा में है?

(a) पूर्व   (b) पश्चिम   (c) उत्तर   (d) दक्षिण

15 एक प्लेटफॉर्म पर 225 मी लम्बी रेलगाड़ी 'A' रुक जाती है, जिससे 375 मी लम्बी रेलगाड़ी 'B' निकल जाए। रेलगाड़ी 'B' की गति 90 किमी/घण्टा है। रेलगाड़ी 'B' को रेलगाड़ी 'A' को पूर्ण रूप से पार करने में कितना समय लगेगा?

(a) 21 सेकण्ड   (b) 23 सेकण्ड   (c) 24 सेकण्ड   (d) 25 सेकण्ड

16 एक रेलगाड़ी 3 मिनट विलम्ब से चल रही है और आगे वह प्रत्येक मिनट 3 सेकण्ड विलम्ब होती जा रही है। बताइए कि यह ट्रेन कितने मिनटों के बाद पूरा एक घण्टा विलम्ब हो जाएगी?

17 निम्न में से कौन-सी आकृति भिन्न है?

(a)   (b)   (c)   (d)   (e)

18 अमिता, बाबू, चन्दा, दिवाकर एवं ईशू पाँच व्यक्ति एक ट्रेन में यात्रा कर रहे हैं। अमिता, चन्दा की माता है तथा चन्दा, ईशू की पत्नि है। दिवाकर, अमिता का भाई है एवं बाबू, अमिता का पति है, तो बाबू का ईशू से क्या सम्बन्ध है?

(a) पिता   (b) ससुर

(c) पुत्र   (d) चाचा

19  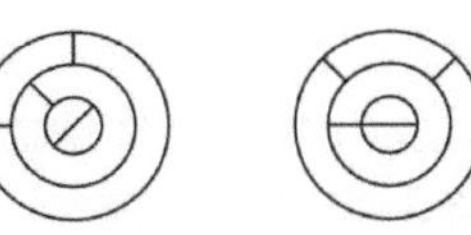 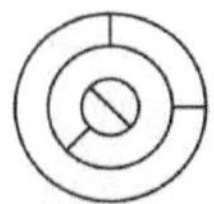

उपरोक्त शृंखला को निम्न में से कौन-सी आकृति पूर्ण करेगी?

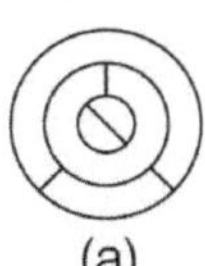 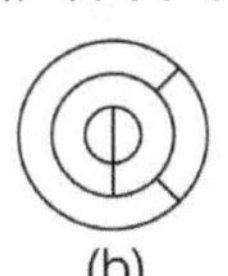 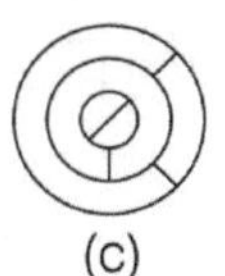 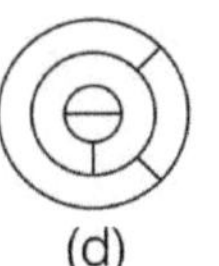 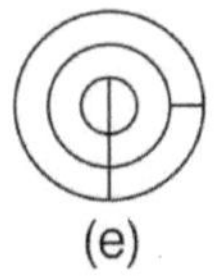

(a)   (b)   (c)   (d)   (e)

20 नीचे दी गई आकृति (X) को घन के आकार में मोड़ने पर किस विकल्प आकृति के समान आकृति प्राप्त होगी?

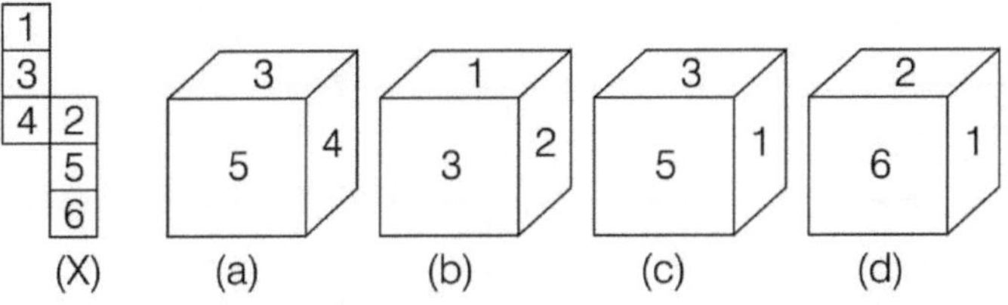

(X)   (a)   (b)   (c)   (d)

21 20 ओवर के एक मैच में, उसे जीतने के लिए जरूरी रनों की दर 7.2 है। यदि 15वें ओवर के अन्त तक रनों की दर 6 रहती है, तो शेष ओवरों में मैच जीतने के लिए कितने रनों की दर जरूरी होगी?

(a) 10.8   (b) 12.4

(c) 8.9   (d) 11.7

22 आकृति (X) के प्रतिबिम्ब के समान आकृति का चयन कीजिए।

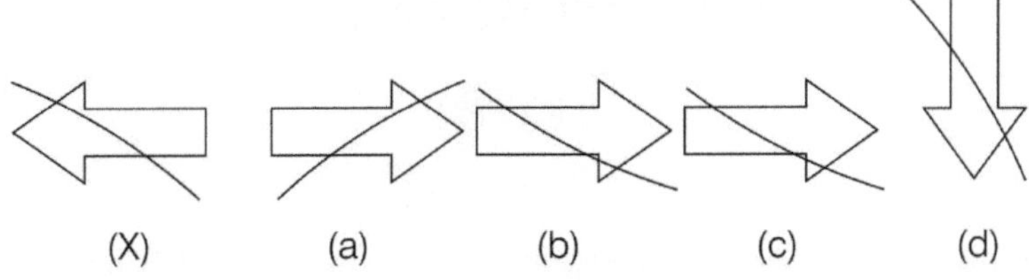

(X)   (a)   (b)   (c)   (d)

23 किसी दूसरे ग्रह पर मृदा, जल, प्रकाश, वायु और आकाश के लिए स्थानीय शब्दावली क्रमशः आकाश, प्रकाश, वायु, जल और मृदा है। यदि वहाँ किसी को प्यास लगे, तो क्या पीएँगे?

24 शान 55 वर्ष का है, साथिया, शान से 5 वर्ष छोटा है और बालन से 6 वर्ष बड़ा है। बालन का सबसे छोटा भाई देवन है, जो उससे 7 वर्ष छोटा है। देवन और शान के बीच आयु में कितना अन्तर है?

(a) 15 वर्ष   (b) 18 वर्ष   (c) 23 वर्ष   (d) 26 वर्ष

25 नीचे दिए गए ग्रिड (आव्यूह) में प्रत्येक 9 वर्गों को 1A से 3C तक चिन्हित किया गया है। इन सभी वर्गों में वे सभी रेखाएँ और संकेत होने चाहिए जोकि प्रत्येक स्तम्भ में सबसे ऊपर दिए गए अक्षर तथा प्रत्येक पंक्ति में सबसे बाईं ओर दिए गए संख्या वाले वर्गों में उपस्थित हों। जैसे कि 3C में वे सभी रेखाएँ और संकेत होने चाहिए, जोकि 3 और C में उपस्थित हों। इनमें से एक वर्ग अनुचित है, वह कौन-सा है?

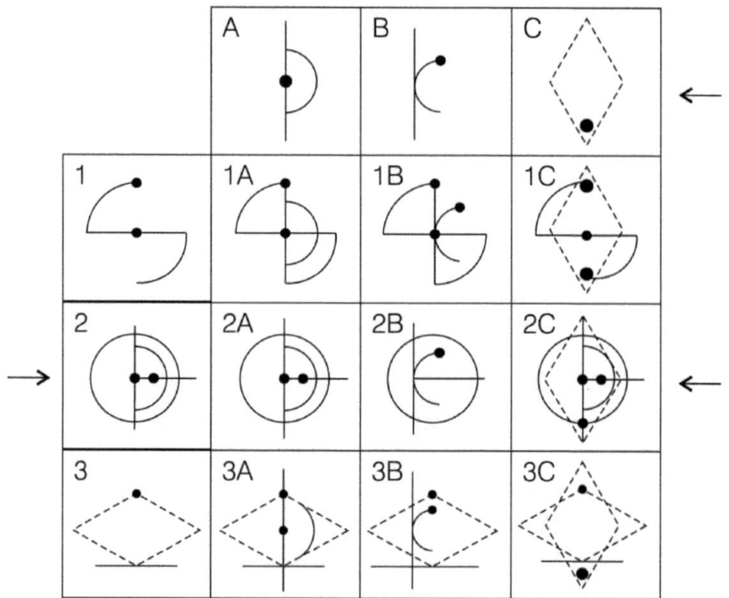

देखें अपना IQ स्कोर

स्कोर   25   IQ रेटिंग

- Genius 23-25   • Intelligent 20-22   • Good 16-19
- Average 12-15

जाँचें अपना IQ टेस्ट 10

1 निम्न में कौन-से फलक दिए गए क्रम को पूरा करेंगे?

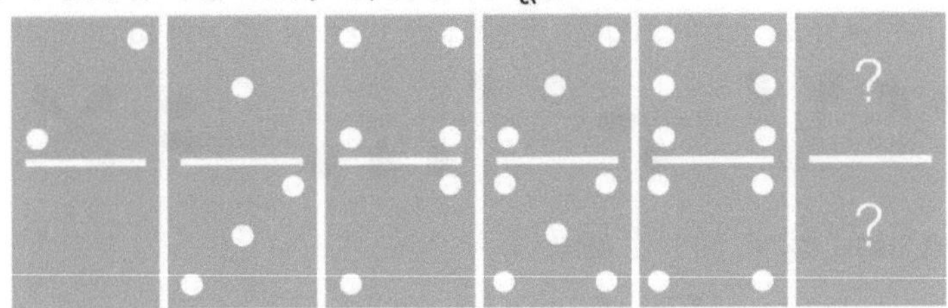

2 दीपक अपने घर से बस स्टॉप के लिए सामान्य से 15 मिनट पहले निकला। बस स्टॉप पहुँचने में उसे 10 मिनट लगते हैं। वह 8:40 प्रातः बस स्टॉप पर पहुँचा। वह सामान्यतः कितने बजे बस स्टॉप के लिए निकलता है?

3 निम्न आकृति में प्रश्नचिन्ह (?) के स्थान पर कौन-सी संख्या आएगी?

71	63	4	2	19
32	8	16	25	34
9	12	43	61	7
4	35	26	18	?

(a) 52   (b) 42   (c) 23   (d) 27

4 शाहिद और रोहित एक ही स्थान से विपरीत दिशा में चलना प्रारम्भ करते हैं। प्रत्येक 1 किमी के बाद, शाहिद हमेशा बाईं ओर मुड़ता है और रोहित हमेशा दाईं ओर मुड़ता है, तो वे कितनी दूरी चल लेने के बाद एक-दूसरे से पुनः मिलेंगे?

5

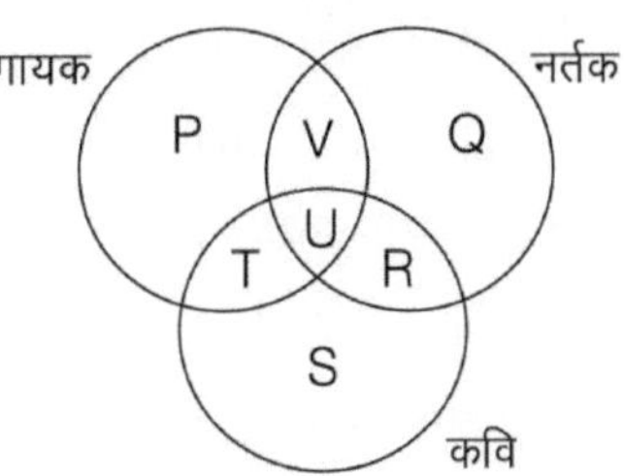

उस क्षेत्र की पहचान कीजिए, जो उन विद्यार्थियों को दर्शाता है, जो कवि भी हैं और गायक भी किन्तु नर्तक नहीं हैं।

6 नीचे दी गई आकृति में कितने घन अदृश्य हैं?

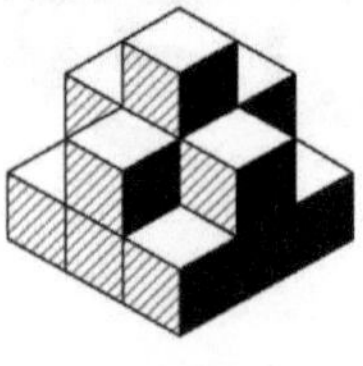

(a) 5　　　　(b) 6　　　　(c) 10　　　　(d) 15

7 किन दो तीलियों का स्थान परिवर्तित करके दिए गए योग को सही किया जा सकता है?

8 कौन-सा अक्षर पहेली को पूर्ण करता है?

9 निम्न आकृति में प्रश्नचिन्ह (?) के स्थान पर क्या आएगा?

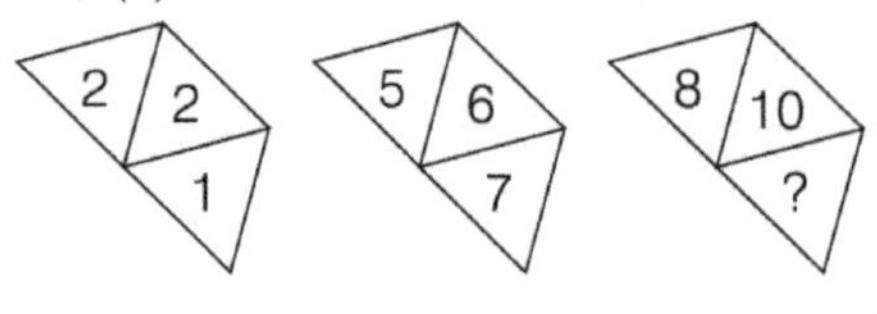

(a) 11　　　　(b) 9　　　　(c) 13　　　　(d) 7

10 अन्तिम घड़ी में कितना समय होना चाहिए?

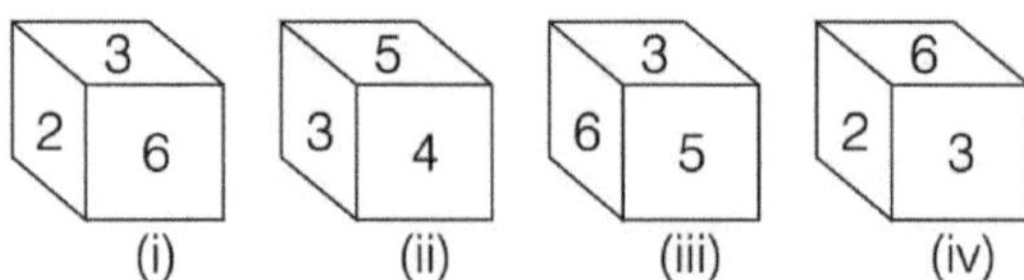

11 यदि 3 पुरुष या 4 महिलाएँ किसी खेत को 43 दिनों में जोत सकते हैं, तो 7 पुरुष और 5 महिलाएँ उस खेत को जोतने में कितना समय लगाएँगे?

(a) 10 दिन　　　　(b) 12 दिन　　　　(c) 13 दिन　　　　(d) 16 दिन

12

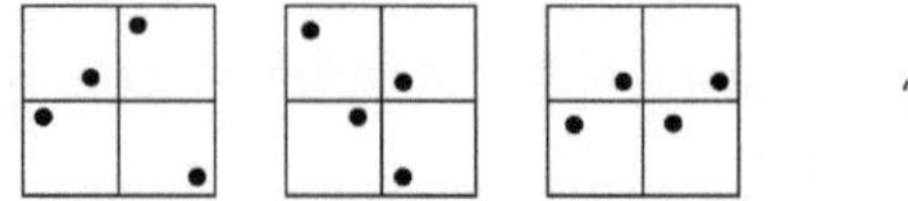

संख्या 3 के विपरीत फलक पर कौन-सी संख्या होगी?

(a) 4　　　　(b) 2　　　　(c) 6　　　　(d) 1

13 नीचे दी गई श्रृंखला में अगली आकृति कौन-सी होगी?

?

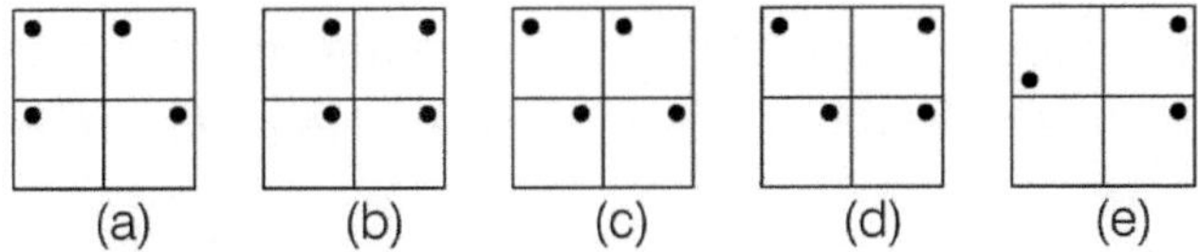

14 24 कैरेट सोना शुद्ध स्वर्ण है, 18 कैरेट सोना 3/4 स्वर्ण है तथा 20 कैरेट सोना 5/6 स्वर्ण है, तो 18 कैरेट सोने का 20 कैरेट सोने के साथ क्या अनुपात होगा?

15 निम्नलिखित आकृतियों में से विषम आकृति को चुनिए।

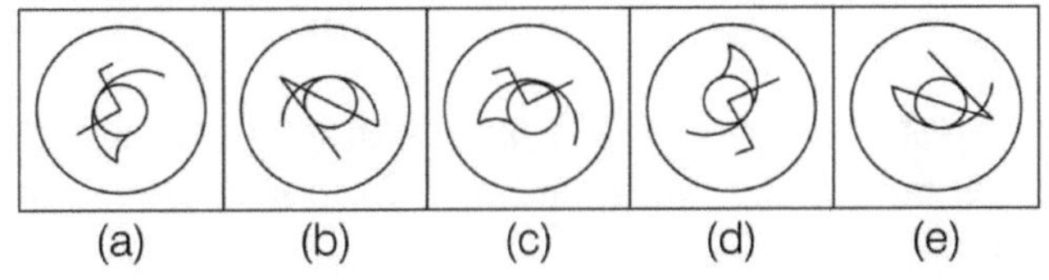

16 एक कक्षा में 19 लड़कों की औसत आयु 21 वर्ष है। यदि शिक्षक की आयु को भी सम्मिलित कर लिया जाए, तो औसत आयु 22 वर्ष हो जाती है, तो शिक्षक की आयु ज्ञात कीजिए।
(a) 41 वर्ष   (b) 42 वर्ष   (c) 55 वर्ष   (d) 60 वर्ष

17 निम्न प्रश्न में बाईं ओर एक प्रश्न आकृति तथा दाईं ओर चार उत्तर आकृतियाँ दी गई हैं। किस उत्तर आकृति में प्रश्न आकृति के सभी अवयव मौजूद हैं?

प्रश्न आकृति   उत्तर आकृतियाँ

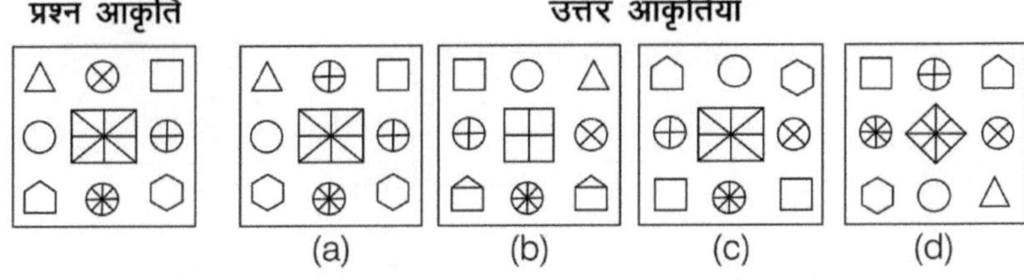

18 एक व्यापारी शुरू में किसी वस्तु को उसकी लागत से 10% की वृद्धि करते हुए बेचता है। उसके बाद वह उसकी कीमत में 10% की कमी कर देता है। उक्त व्यवसाय में व्यापारी पर कितना नेट प्रभाव पड़ा?
(a) 1% लाभ   (b) 1% हानि   (c) 2% लाभ   (d) 2% हानि

19

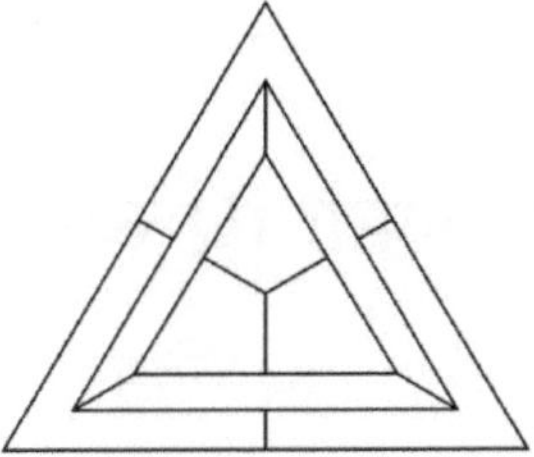

ऊपर दी गई आकृति में, यदि किन्हीं भी दो निकटवर्ती क्षेत्रों में एक जैसा रंग नहीं भरना हो, तो इस आकृति में रंग भरने के लिए कम-से-कम कितने अलग-अलग रंगों की जरूरत होगी?

20 एक मित्र मण्डली में 8 सदस्य हैं, उन्होंने दीपावली पर शुभकामना कार्ड भेजकर एक-दूसरे को बधाई दी है। यह बताइए कि उक्त मित्र मण्डली द्वारा कितने शुभकामना कार्डों का प्रयोग किया जाएगा?

21 आकृति (X) किस विकल्प आकृति में सन्निहित है?

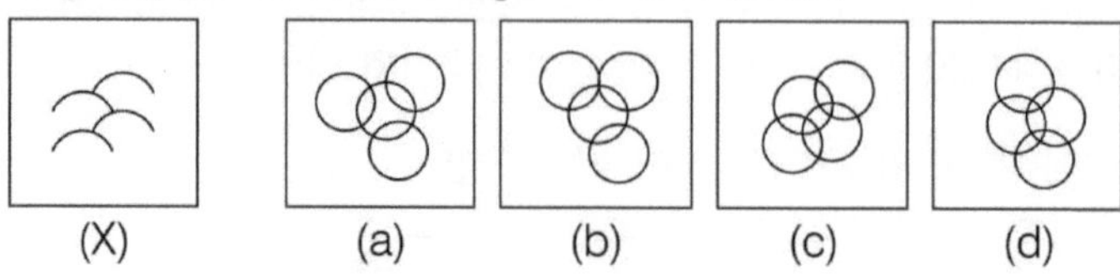

22 कागज के एक बड़े पत्र को दो बराबर टुकड़ों में काटा जाता है। इन दो आधे टुकड़ों को एक-दूसरे के ऊपर रखा जाता है और फिर से आधे-आधे दो टुकड़ों में काटा जाता है। ऐसे दस बार काटने पर कितने टुकड़े होंगे?

23 यदि रानी के पिता के चाचा अनूप के पिता के पोते हैं तथा अनूप अपने पिता का इकलौता पुत्र है, तो अनूप का रानी से क्या सम्बन्ध है?

24 निम्न में से कौन-सी विकल्प आकृति प्रश्न आकृति को पूरा करेगी?

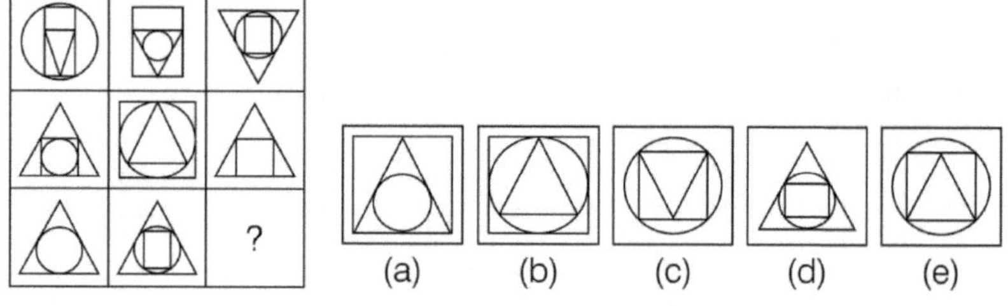

25 एक फल बेचने वाली स्त्री पहले ग्राहक को कुल टोकरी के आधे सेब और एक आधा सेब बेचती है और दूसरे ग्राहक को टोकरी में शेष का आधा और एक आधा सेब बेचती है। इसी प्रकार, वह यही प्रक्रिया दोहराकर तीसरे और चौथे ग्राहकों को सेब बेचती है। अन्त में उसके पास 15 सेब शेष रह जाते हैं। शुरुआत में उसकी टोकरी में कितने सेब थे?

(a) 125   (b) 225   (c) 255   (d) 300

देखें अपना IQ स्कोर

स्कोर (25)   IQ रेटिंग

- Genius 23-25
- Intelligent 20-22
- Good 16-19
- Average 12-15

जाँचें अपना IQ टेस्ट 11

1 निम्न आकृतियों में अन्तिम वृत्त में प्रश्नचिन्ह (?) के स्थान पर कौन-सी संख्या आएगी?

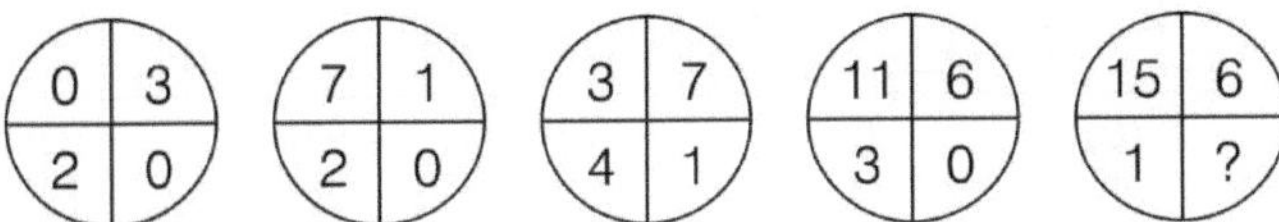

2 नीचे दी गई आकृति में कितने षट्भुज हैं?

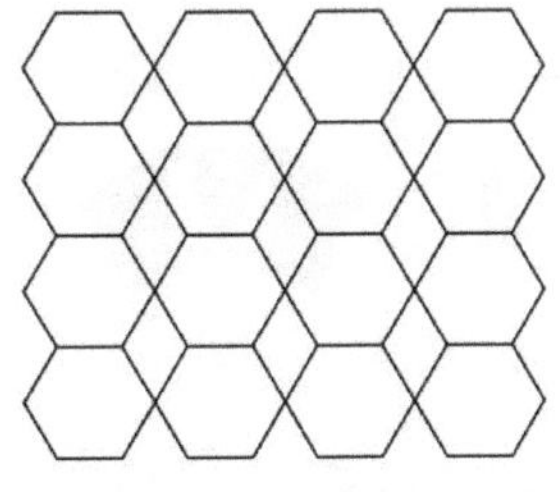

(a) 21   (b) 22   (c) 23   (d) 24

3 एक बाल्टी जब पूरी तरह से पानी से भरी हो, तो उसका वजन 17 किग्रा है। यदि बाल्टी आधी भरी होने पर उसका वजन 13.5 किग्रा है, तो खाली बाल्टी का वजन कितना है?

(a) 10 किग्रा   (b) 12 किग्रा   (c) 15 किग्रा   (d) 20 किग्रा

4 नीचे दी गई आकृति शृंखला को जारी रखने के लिए प्रश्नचिन्ह (?) के स्थान पर कौन-सी विकल्प आकृति आएगी?

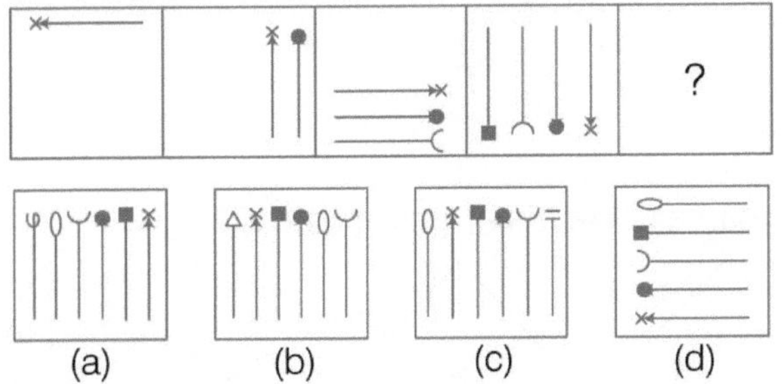

5 नीचे दी गई शृंखला में कौन-सी संख्या तार्किक रूप से लुप्त है?

348269, 284315, ..., 8438, 4811, 842, 86

6 प्रश्नचिन्ह (?) के स्थान पर कौन-सी विकल्प आकृति आएगी, जो श्रृंखला को पूरा करेगी?

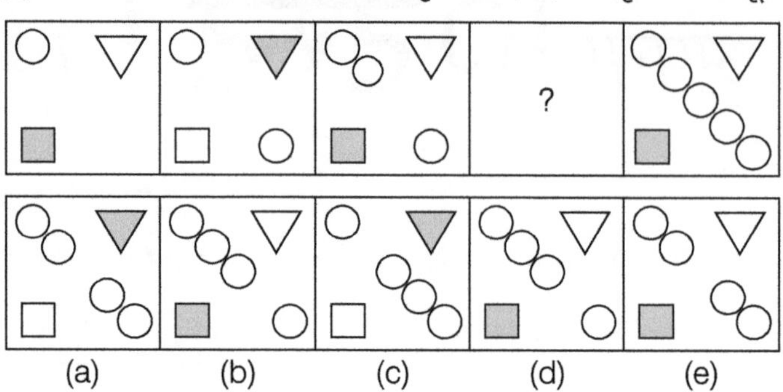

(a)   (b)   (c)   (d)   (e)

7 निम्न में से कौन-सी संख्या भिन्न है?

586414, 239761, 523377, 816184, 436564

8 निम्न आकृतियों में से कौन-सी आकृति विषम है?

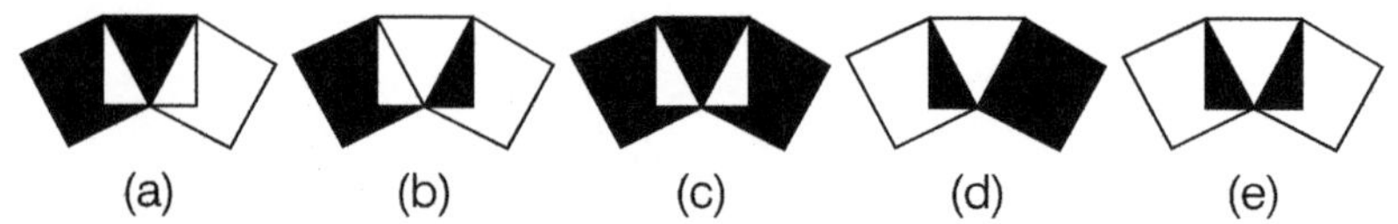

(a)   (b)   (c)   (d)   (e)

9 निम्न समीकरण को सन्तुलित करने और ★ चिन्हों के स्थान पर प्रतिस्थापित करने के लिए गणितीय चिन्हों का सही क्रम समूह चुनिए।

$$12 \star 3 \star 4 = 6 \star 8 \star 8$$

(a) $+, \times, -, \times$ (b) $\times, +, -, \times$

(c) $\times, +, \times, -$ (d) $\times, -, \times, +$

10

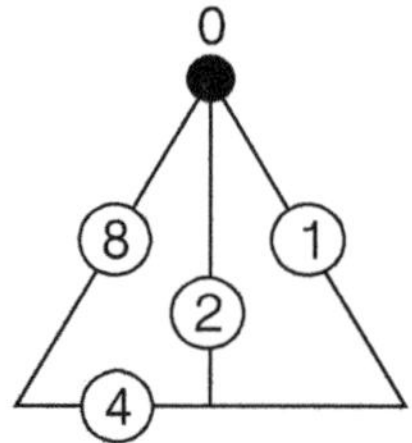

यदि संख्या 1943 को निम्न संकेतों द्वारा दर्शाया जाता है।

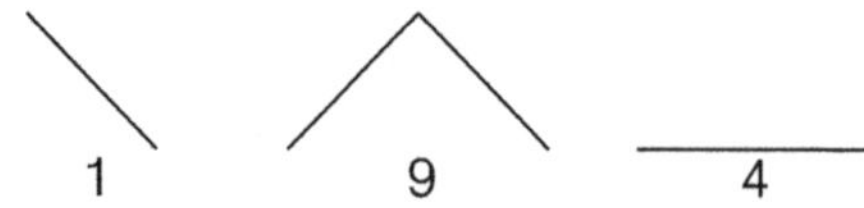

तो, निम्न संकेतों द्वारा किस संख्या को दर्शाया जाएगा?

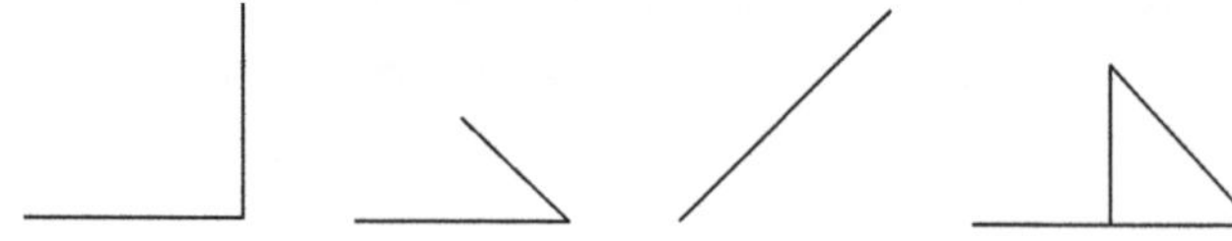

11 एक व्यक्ति ने 250 कुर्सियाँ बेंची और उन पर 50 कुर्सियों के बिक्री मूल्य के बराबर लाभ प्राप्त किया। तद्नुसार, उसके लाभ का प्रतिशत कितना था?

(a) 20%　　　　(b) 25%　　　　(c) 30%　　　　(d) 35%

12 निम्न आकृति में प्रश्नचिन्ह (?) के स्थान पर कौन-सी संख्या आएगी?

			14	
	22			
			34	
41				
		53		?

13 एक फल विक्रेता के पास 24 आडू, 36 खूबानी और 60 केले हैं। वह इन्हें कुछ पंक्तियों में इस प्रकार रखना चाहता है कि प्रत्येक पंक्ति में समान संख्या में केवल एक प्रकार के फल हों। ऐसा करने के लिए पंक्तियों की न्यूनतम संख्या कितनी होनी चाहिए?

(a) 9　　　　(b) 10　　　　(c) 11　　　　(d) 12

14 निम्न ग्राफ का ध्यानपूर्वक अध्ययन कीजिए और उसके नीचे दिए गए प्रश्न का उत्तर दीजिए।

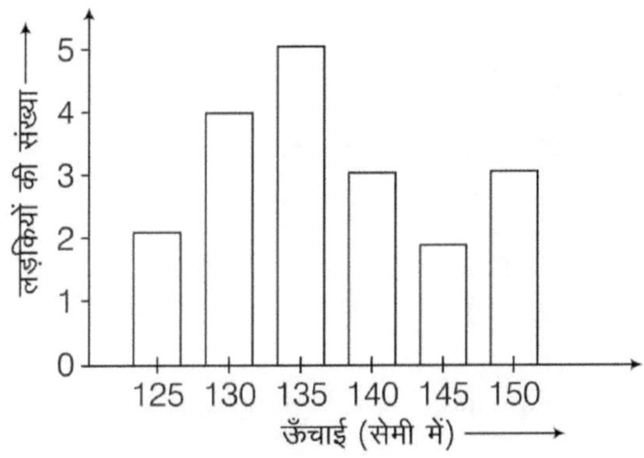

सभी लड़कियों की औसत ऊँचाई कितनी है?

15 निम्न संकेतों के आधार पर नीचे दिए गए प्रश्न का उत्तर दीजिए।

O = से अधिक

+ = के बराबर

Δ = के बराबर नहीं

ϕ = से अधिक नहीं या बराबर

× = से कम नहीं या बराबर

▱ = से कम

निम्न में से कौन-सा सम्भव है, यदि p Δ q O r ?

(a) p × q × r　　　(b) p × q ▱ r　　　(c) p ▱ q ϕ r　　　(d) p ϕ ϕ r

16 नीचे दिए गए आकृति आव्यूह में प्रश्नचिन्ह (?) को उचित विकल्प आकृति से परिवर्तित कीजिए।

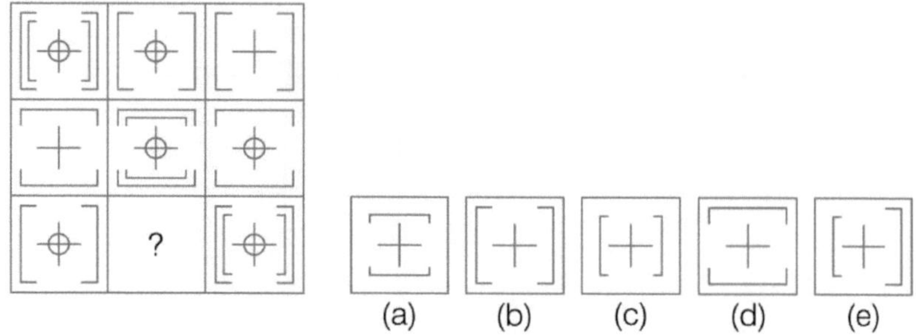

(a)   (b)   (c)   (d)   (e)

17 अमर एक मारूति वैन द्वारा और एन्थोनी एक रेसिंग कार द्वारा मुम्बई से पुणे आते हैं। मारूति वैन की रफ्तार 120 किमी और रेसिंग कार की रफ्तार 210 किमी/घण्टा है। 12 मिनट तक चलने के बाद दोनों के बीच कितनी दूरी का अन्तर हो जाएगा?

(a) 16 किमी   (b) 17 किमी   (c) 18 किमी   (d) 19 किमी

18 नीचे दी गई विकल्प आकृतियों में कौन-सी आकृति, आकृति (X) की सही दर्पण प्रतिबिम्ब आकृति है?

(X)   (a)   (b)   (c)   (d)

19 रवि के जीवन का एक-चौथाई भाग एक लड़के की तरह पाँचवाँ भाग एक किशोर की तरह, एक-तिहाई भाग एक पुरुष की तरह और 13 वर्ष बुढ़ापे में बीते। उसकी वर्तमान आयु क्या है?

(a) 60 वर्ष   (b) 45 वर्ष   (c) 69 वर्ष   (d) 14 वर्ष

20

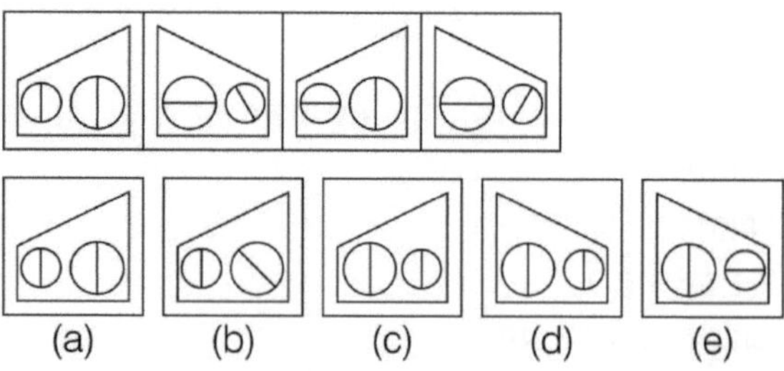

(a)   (b)   (c)   (d)   (e)

21 किसी कार्य को एक आदमी, एक औरत से दोगुनी तेजी से करता है और एक औरत, एक लड़के से दोगुनी तेजी से करती है। यदि आदमी, औरत और लड़का मिलकर उस कार्य को 7 दिन में पूरा कर सकते हैं, तो लड़का अकेला उस कार्य को कितने दिन में पूरा करेगा?

22 निम्न प्रश्न में बाईं ओर एक प्रश्न आकृति तथा दाईं ओर चार उत्तर आकृतियाँ दी गई हैं। किस उत्तर आकृति में प्रश्न आकृति के सभी अवयव मौजूद हैं?

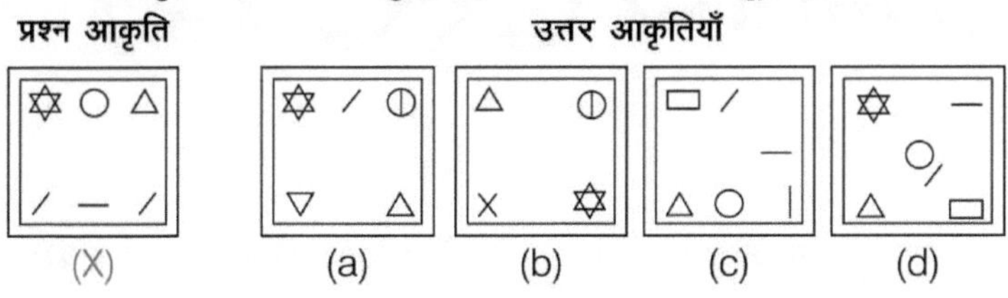

23 छ: व्यक्ति M, N, O, P, Q और R दो पंक्तियों में प्रत्येक में तीन-तीन करके बैठे हैं। Q किसी भी पंक्ति के अन्त में नहीं है। P की स्थिति R के बाईं ओर दूसरी है। O की स्थिति Q के पड़ोस में है। इस जानकारी के आधार पर बताइए कि N के सामने कौन बैठा है?

(a) P   (b) Q   (c) R   (d) O

24 निम्न चित्र में एक वृत्त, एक आयत और एक त्रिभुज है।

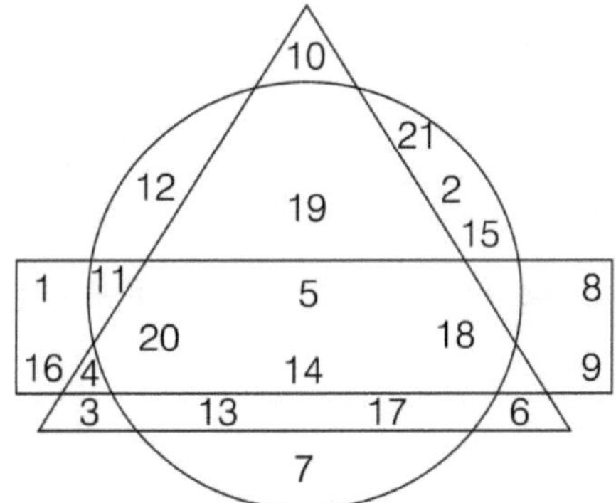

यदि वृत्त को 'आयत' कहें, आयत को 'त्रिभुज' कहें और त्रिभुज को 'वृत्त' कहें, तो कौन-सी संख्या केवल त्रिभुज में होगी, किन्तु अन्य दो आरेखों में नहीं?

(a) 1   (b) 10   (c) 7   (d) 6

25 एक नगर की जनसंख्या 311250 है। उसमें स्त्रियों तथा पुरुषों का अनुपात 43 : 40 है। तद्नुसार, यदि पुरुषों में साक्षरों की संख्या 24% और स्त्रियों में 8% हो, तो उस नगर में साक्षरों की कुल संख्या कितनी है?

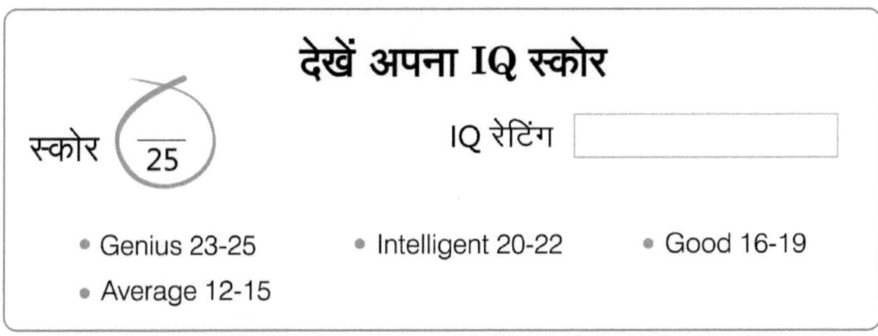

जाँचें अपना IQ टेस्ट 12

1 नीचे दिए गए वृत्त में कौन-सा भाग सबसे छोटा तथा कौन-सा भाग सबसे बड़ा है?

2 निम्न में से कौन-सी संख्या विषम है?

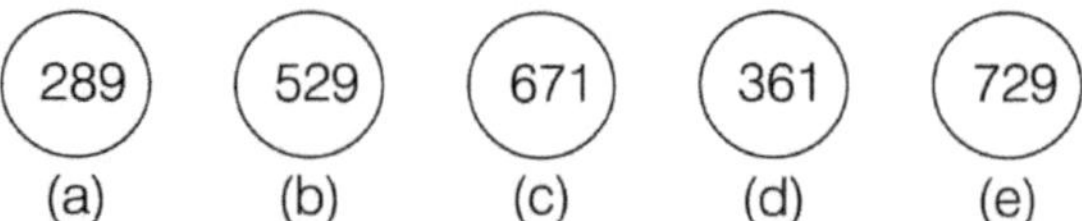

3 एक कक्षा में सोहन का स्थान ऊपर से सातवाँ है और नीचे से छब्बीसवाँ है। कक्षा में कुल कितने विद्यार्थी हैं?

(a) 30   (b) 31

(c) 32   (d) 33

4 नीचे दी गई आकृति में प्रश्नचिन्ह (?) के स्थान पर कौन-सी संख्या आएगी?

9		19		18		14		10		16
	276				216				?	
7		14		6		9		14		7

5 8 : 50 से 20 मिनट पहले बैठक स्थल पर पहुँचते हुए सतीश को यह मालूम हुआ कि वह 40 मिनट देर से आने वाले व्यक्ति से 30 मिनट पहले आ गया है। बताइए कि बैठक का निर्धारित समय क्या था?

(a) 8 : 10 बजे   (b) 10 : 00 बजे

(c) 9 : 20 बजे   (d) 8 : 20 बजे

6 नीचे एक ही पासे के दो प्रारूपों को दर्शाया गया है। जब दिल ♥ की आकृति ऊपर के फलक पर स्थित हो, तो नीचे के फलक पर कौन-सी आकृति होगी?

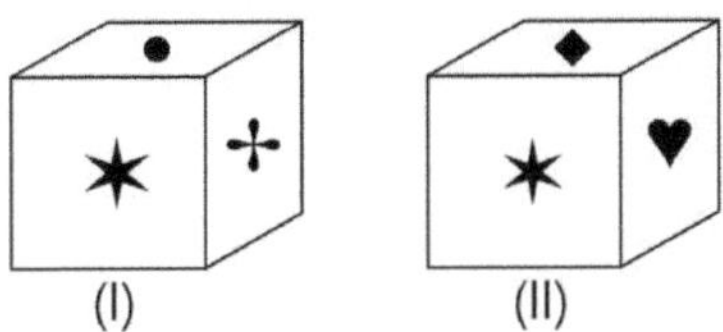
(I)　　　(II)

7 यदि किसी तालाब में एक बत्तख के आगे दो बत्तखें हैं और एक बत्तख के पीछे दो बत्तखें हों और दो बत्तखों के बीच में एक बत्तख हो, तो बताइए तालाब में कम-से-कम कितनी बत्तखें हैं?

8 A, B, C, D, E में कौन-सी आकृति भिन्न है?

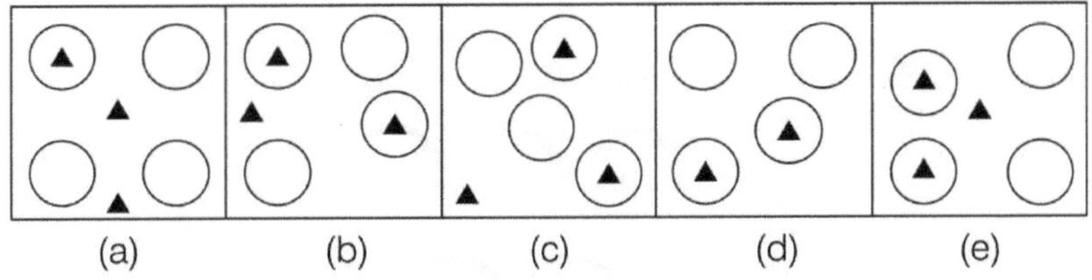
(a)　　　(b)　　　(c)　　　(d)　　　(e)

9 निम्न शृंखला में लुप्त संख्या ज्ञात कीजिए।

2, 12, 1112, ?, 132112, 1113122112

10 निम्न आकृति में प्रश्नचिन्ह (?) के स्थान पर कौन-सा प्रतीक आएगा?

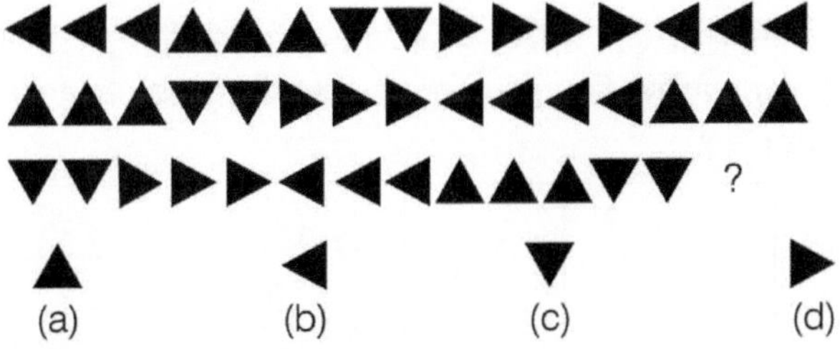
(a)　　　(b)　　　(c)　　　(d)

11 एक सुबह सूर्योदय के बाद मंजीत और संगीता एक-दूसरे के आमने-सामने पार्क में घूम रहे थे। यदि मंजीत की परछाई संगीता के ठीक दाईं ओर थी, तो मंजीत का मुँह किस दिशा की ओर था?

(a) पूर्व　　　(b) उत्तर
(c) पश्चिम　　　(d) दक्षिण

12 नीचे दी गई आकृतियों में प्रश्नचिन्ह (?) के स्थान पर '+' या '–' चिन्ह इस प्रकार रखिए जिससे कि दोनों आकृतियों में बराबर मान प्राप्त हो।

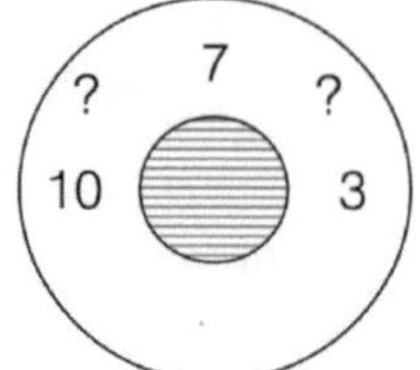
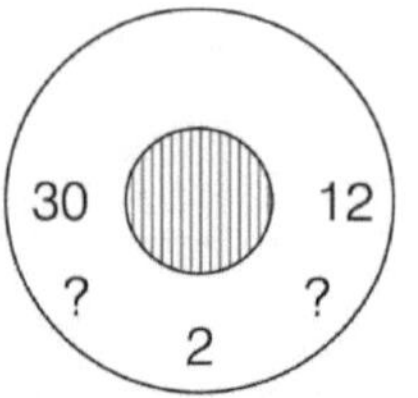

13 समान क्षमता वाले 9 नल किसी पानी की टंकी को 20 मिनट में भर देते हैं। उसी टंकी को 15 मिनट में भरने के लिए समान क्षमता वाले कितने नलों की आवश्यकता होगी?

(a) 10   (b) 11

(c) 12   (d) 14

14 प्रश्नचिन्ह (?) के स्थान पर कौन-सी संख्या दी गई पहेली को पूरा करेगी?

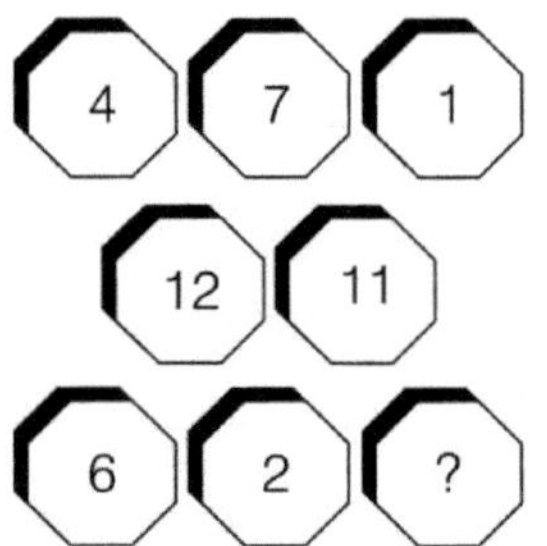

15 निम्नलिखित में कौन-सा ऐसा आरेख है जो यह दर्शाता है कि कुछ क्रिकेट खिलाड़ी टेनिस के खिलाड़ी हैं, कुछ टेनिस खिलाड़ी हॉकी के खिलाड़ी हैं तथा कोई क्रिकेट खिलाड़ी हॉकी का खिलाड़ी नहीं हैं?

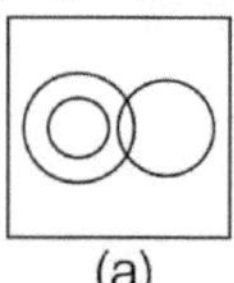
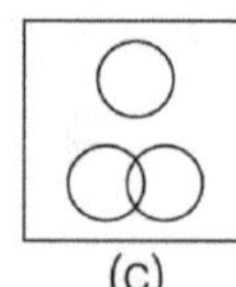
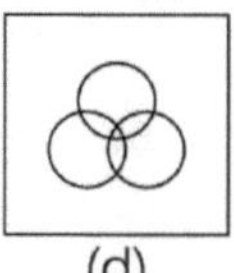

       (a)   (b)   (c)   (d)

16 एक पंखे पर कीमत ₹ 700 लिखी है। सर्दी के मौसम में छूट दी जाती है और उसे ₹ 625 में बेचा जाता है। छूट का प्रतिशत कितना है?

(a) 10.71%   (b) 10.72%

(c) 11.33%   (d) 9.44%

17 जिस प्रकार 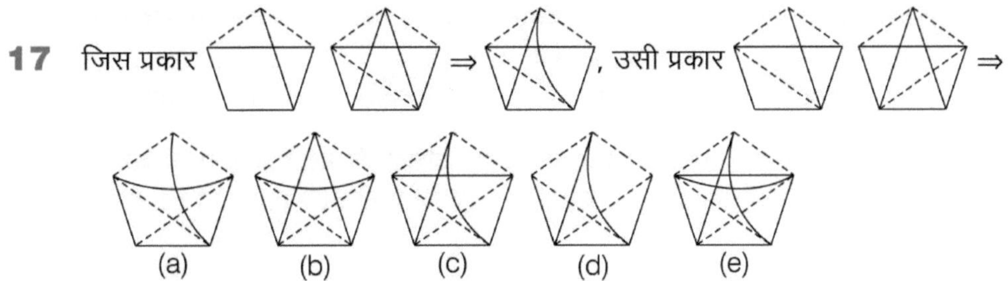 उसी प्रकार

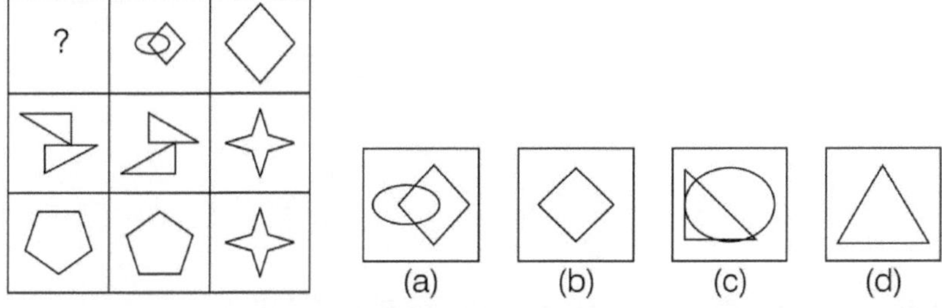

    (a)   (b)   (c)   (d)   (e)

18 निम्न शृंखला में कौन-सी तीन संख्याएँ लुप्त हैं?

15, 5, 8, 24, 21, 7, 10, 30, ?, ?, ?, 36, 33

19 दी गई विकल्प आकृतियों में से उस आकृति का चयन कीजिए, जो आकृति आव्यूह को पूरा करेगी।

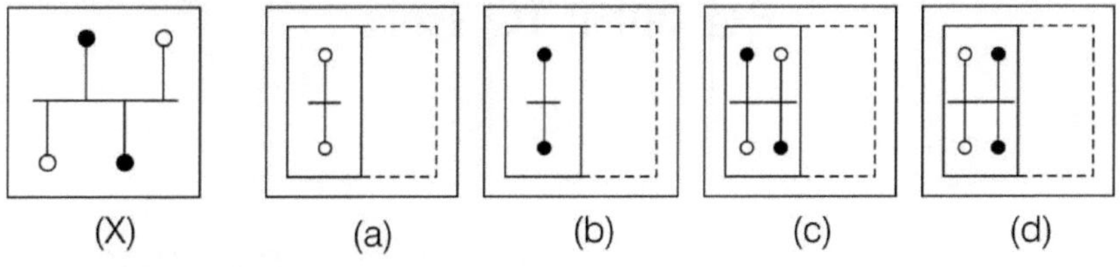

    (a)   (b)   (c)   (d)

20 एक परीक्षा में उपस्थित कुल विद्यार्थियों में से 78% सफल रहे। यदि असफल विद्यार्थियों की संख्या 176 है और 34% प्रथम श्रेणी में सफल हुए हैं, तो कितने विद्यार्थी प्रथम श्रेणी में सफल हुए?

(a) 270   (b) 230   (c) 272   (d) 290

21 दी गई चार विकल्प आकृतियों में से उस आकृति का चयन कीजिए, जो पारदर्शी कागज को बीच की बिन्दुमय रेखा पर मोड़ने पर प्राप्त होगी।

    (X)   (a)   (b)   (c)   (d)

22 जब एक बस दिल्ली से जयपुर नॉन-स्टाप जाती है, तो 54 किमी/घण्टा की औसत गति से चलती है। जब वही बस कुछ स्टॉप पर ठहरते हुए जाती है, तो 45 किमी/ घण्टा की औसत गति से चलती है। तद्नुसार, वह बस प्रति घण्टे कितने मिनट ठहरती है?

(a) 35   (b) 10   (c) 12   (d) 17

23 दस वर्ष पूर्व हेमा, गीता से आयु में दोगुनी बड़ी थी। यदि अब से दस वर्ष बाद हेमा की आयु 40 वर्ष होगी, तो आज गीता की आयु क्या है?

(a) 10 वर्ष   (b) 15 वर्ष   (c) 20 वर्ष   (d) 25 वर्ष

24 अपने मित्र के साथ गाड़ी में यात्रा करते हुए रुशिल की भेंट एक अन्य व्यक्ति से होती है। जिसकी माता रुशिल के पिता के इकलौते पुत्र की पत्नी है। उस आदमी का रुशिल से क्या सम्बन्ध है?

25 चार बाह्य वृत्तों में स्थित प्रत्येक रेखा और संकेतों को निम्न नियम के अनुसार मध्य के वृत्त में स्थानान्तरित किया जाता है।

''यदि रेखा या संकेत बाह्य वृत्तों में से एक में है, तो यह स्थानान्तरित होगी। दो में है, तो यह स्थानान्तरित हो भी सकती है और नहीं भी, तीन में है, तो यह स्थानान्तरित होगी, चार में है, तो यह स्थानान्तरित नहीं होगी।

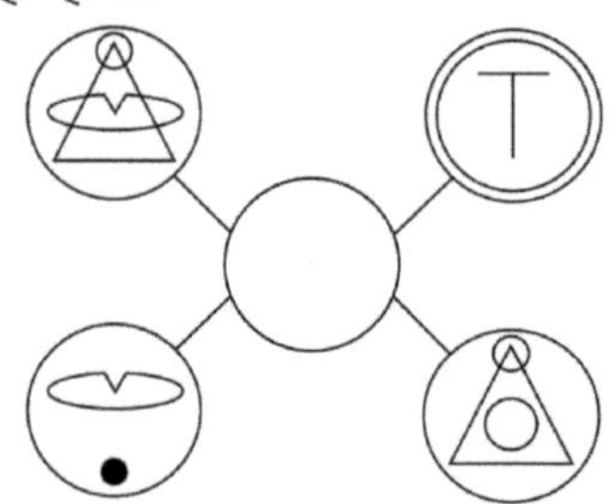

निम्न में से कौन-सा वृत्त ऊपर दिए गए चित्र के मध्य में आएगा?

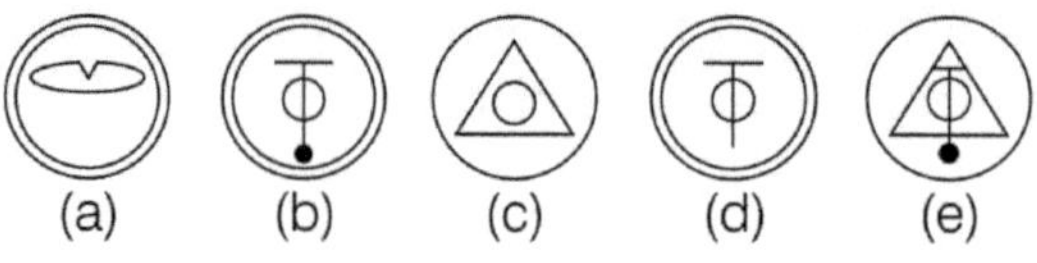

देखें अपना IQ स्कोर

स्कोर 25

IQ रेटिंग

- Genius 23-25
- Intelligent 20-22
- Good 16-19
- Average 12-15

जाँचें अपना IQ टेस्ट 13

1 नीचे दिए गए आव्यूह का लुप्त भाग कौन-सा है?

4		3	5
7	9		8
5			6
8	10	7	9

(a)   (b)   (c)   (d)

2 यदि पुलिस को शिक्षक कहा जाए, शिक्षक को राजनीतिज्ञ, राजनीतिज्ञ को डॉक्टर, डॉक्टर को वकील तथा वकील को सर्जन कहा जाए, तो बताइए कि जब हम बीमार होते हैं, तो किसके पास जाते हैं?

3 निम्न आकृति का कितने प्रतिशत भाग छायांकित है?

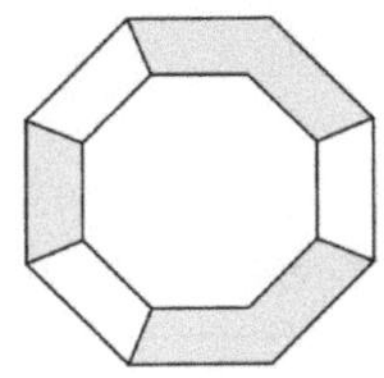

4 दिन के किसी समय 18 फीट ऊँचे खम्भे की परछाई 20 फीट है, तो 27 फीट ऊँचे खम्भे की परछाई कितनी लम्बी होगी?

(a) 10 फीट   (b) 20 फीट   (c) 30 फीट   (d) 40 फीट

5 जिस प्रकार, 634 का सम्बन्ध 97 से है, उसी प्रकार 543 का सम्बन्ध निम्न में से किससे है?

(a) 87   (b) 79   (c) 78   (d) 98   (e) 97

6 एक गाँव में 60% परिवारों में से प्रत्येक के पास एक गाय है, 30% परिवारों में से प्रत्येक के पास एक भैंस है तथा 15% परिवारों में से प्रत्येक के पास एक गाय तथा एक भैंस दोनों हैं। कुल मिलाकर गाँव में 96 परिवार हैं। ऐसे कितने परिवार हैं जिनके पास न तो एक गाय है और न ही भैंस?

(a) 23   (b) 22   (c) 24   (d) 25

7 निम्न आकृति में प्रश्नचिन्ह (?) के स्थान पर कौन-सी संख्या आएगी?

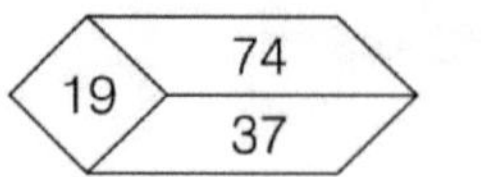

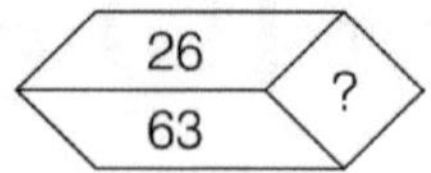

8 एक दुकानदार ₹ 10 प्रति 7 पेन की दर से पेन खरीदकर लाया और उसने उन्हें 40% लाभ पर बेचा। तद्नुसार, किसी खरीदार को ₹ 10 में कितने पेन मिले?

9 छ: सतहों वाले एक प्रिज्म की पार्श्व सतहों को बैंगनी, नीले, हरे, पीले, नारंगी और लाल रंगों से रंगा गया है। इसकी दो स्थितियाँ नीचे दर्शायी गई हैं

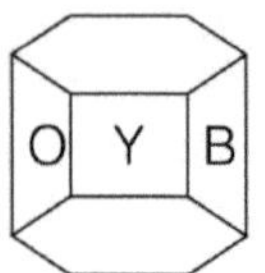

यदि प्रिज्म को निम्न प्रकार से रखा जाए, तो लाल रंग की निकटवर्ती फलक पर कौन-कौन से रंग होंगे?

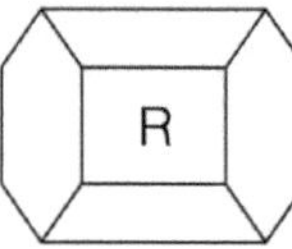

(a) पीला और नारंगी

(b) पीला और नीला

(c) बैंगनी और पीला

(d) बैंगनी और नारंगी

10 रमेश बताता है कि सही समय पर या उससे पहले ट्रेनों के दिल्ली आगमन की सम्भावना 50% है। एक वेबसाइट में ट्रेनों के समय से सम्बन्धित निम्न जानकारी दी गई है

आगमन का समय	ट्रेनों की संख्या
15 मिनट से अधिक देरी से	6
11-15 मिनट देरी से	23
6-10 मिनट देरी से	45
1-5 मिनट देरी से 67	67
सही समय पर	85
1-5 मिनट पहले	45
6-10 मिनट पहले	5

ज्ञात कीजिए कि रमेश सही बता रहा है या नहीं

11 15 सदस्यों के एक परिवार के प्रत्येक सदस्य को चावल की समान मात्रा की आवश्यकता होती है। किसी विशेष दिन, परिवार के कुछ सदस्यों के अनुपस्थित होने के कारण उनकी चावल की खपत 5 : 3 के अनुपात में कमी हुई। उस दिन परिवार के अनुपस्थित सदस्यों की संख्या कितनी थी?

12 नीचे दी गई विकल्प आकृतियों में से उस आकृति को चुनिए, जिसमें बिन्दुओं को रखने पर वही प्रतिबन्ध पूरा हो जाए, जो आकृति (X) में है।

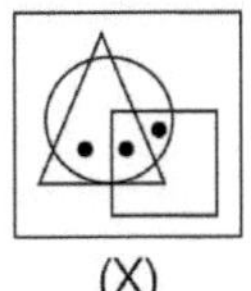 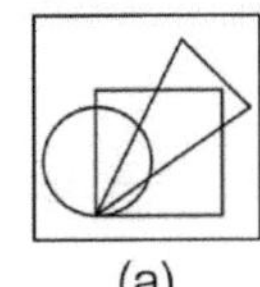 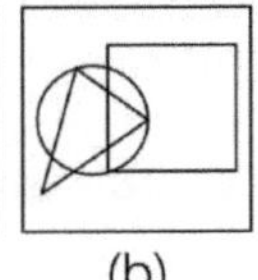 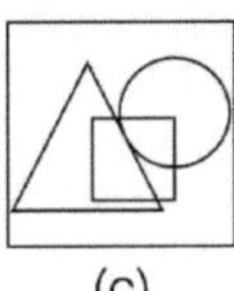 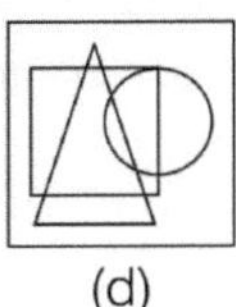

(X)   (a)   (b)   (c)   (d)

13 एक दर्पण में घड़ी के प्रतिबिम्ब में समय 2 : 30 दिखाई दे रहा है। वास्तव में घड़ी में कितने बजे हैं?

14 श्री और श्रीमति शर्मा के दो बच्चे (एक लड़का एवं एक लड़की) आशा और शशि हैं। शशि की शादी राधा से हुई है, जो श्रीमति महाजन की बेटी है। श्री महाजन, रीता से शादी करते हैं। सोनू और रॉकी, सुरेश और रीता के बेटे हैं। उमा और सुधा, शशि और राधा की बेटियाँ हैं।

  (i) सोनू का कुल नाम क्या है?

  (ii) सुधा के साथ सुरेश का क्या सम्बन्ध है?

15 निम्न संकेतों में कौन-से दो संकेत लुप्त हैं?

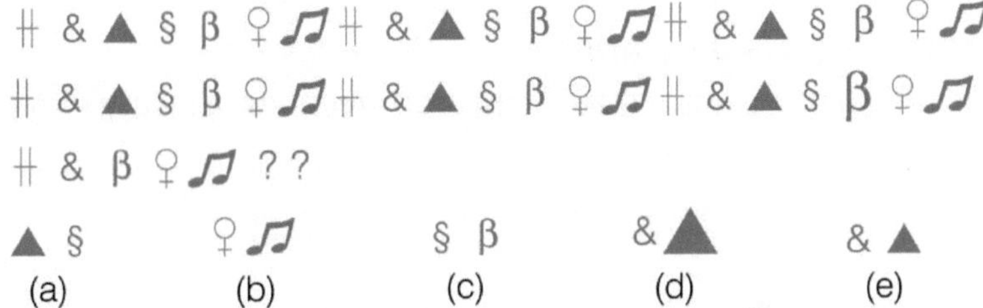

  ▲ §   ♀ ♫   § β   & ▲   & ▲

  (a)   (b)   (c)   (d)   (e)

16 कुल 70 लोगों में से 20 कॉफी तथा चाय पीते हैं, 35 कॉफी पीते हैं, तो सही वेन आरेख चुनिए जो यह दिखाता है कि

  (i) कितने लोग केवल कॉफी पीते हैं?

  (ii) कितने लोग केवल चाय पीते हैं?

    A = कॉफी पीने वाले, B = चाय पीने वाले

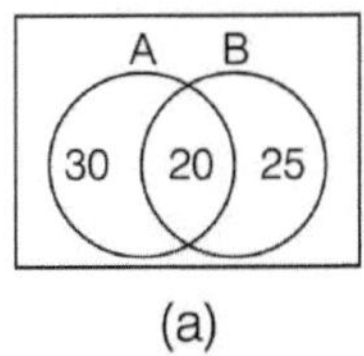 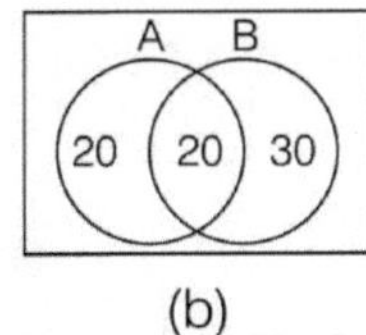 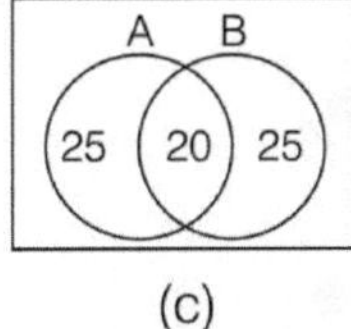 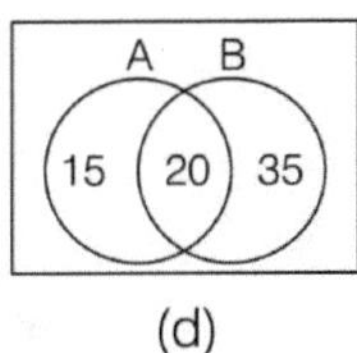

(a)   (b)   (c)   (d)

17 निम्न में से किस आकृति में त्रिभुजों की संख्या सबसे अधिक है?

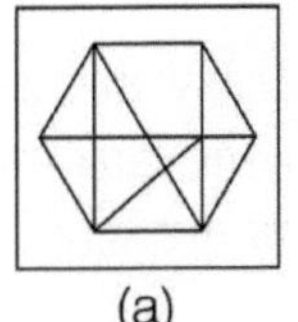 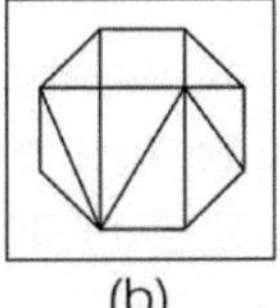 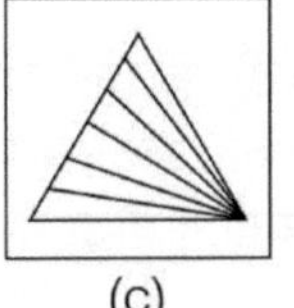 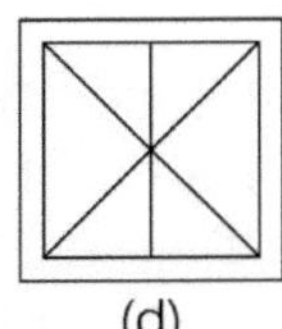

(a)   (b)   (c)   (d)

18 कर्नाटक राज्य परिवहन निगम (KSRTC) की एक बस बंगलुरु से तुम्कूर के लिए औसतन 50 किमी/घण्टे की गति से चलती है। उसके एक घण्टे बाद एक कार बंगलुरु से चलती है और बस का पीछा औसतन 75 किमी/घण्टे की गति से करती है। बंगलुरु से कितनी दूरी पर वह कार बस से आगे निकल जाएगी?

19 दिए गए विकल्पों में उस विकल्प आकृति का चयन कीजिए, जो प्रश्न आकृति को पूरा करती हो।

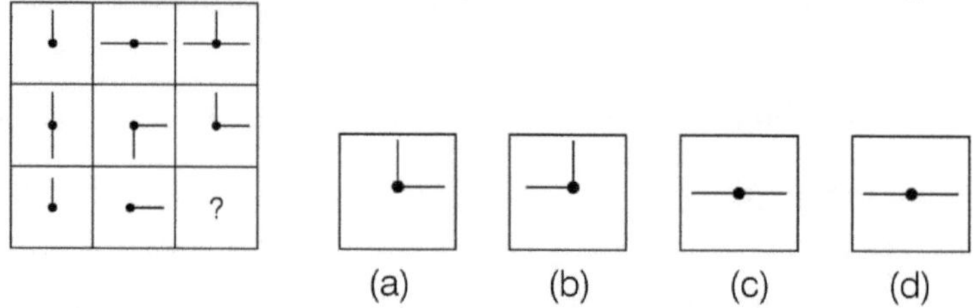

20 दो पुरुष, अनिल और डेविड तथा दो महिलाएँ, शबनम और रेखा एक विक्रेता समूह में हैं। केवल दो तमिलभाषी हैं तथा अन्य दो मराठीभाषी है। इनमें से केवल एक पुरुष और एक महिला कार चला सकते हैं। शबनम मराठीभाषी है तथा अनिल तमिलभाषी है। रेखा और डेविड दोनों कार चला सकते हैं।

निम्न में से कौन-सा एक कथन सत्य है?

(a) दोनों तमिलभाषी कार चला सकते हैं   (b) दोनों मराठीभाषी कार चला सकते हैं

(c) कार चलाने वाले मराठीभाषी हैं   (d) कार चलाने वालों में से एक तमिलभाषी है

21 नीचे दिए गए वृत्तों में से कौन-सा वृत्त प्रश्नचिन्ह (?) के स्थान पर आएगा?

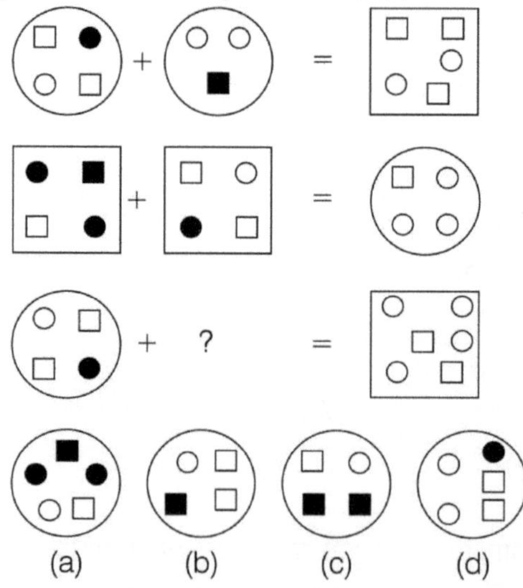

22 एक इंच किनारे वाले लकड़ी के छोटे घनों को एकसाथ रखकर तीन इंच किनारे का एक ठोस घन बनाया गया है। फिर उस बड़े घन पर बाहर सभी ओर लाल पेन्ट कर दिया गया। जब बड़े घन को मूल छोटे घनों में तोड़ा गया, तो कितने घनों के चारों ओर लाल पेन्ट होगा?

(a) 0   (b) 1   (c) 3   (d) 4

23

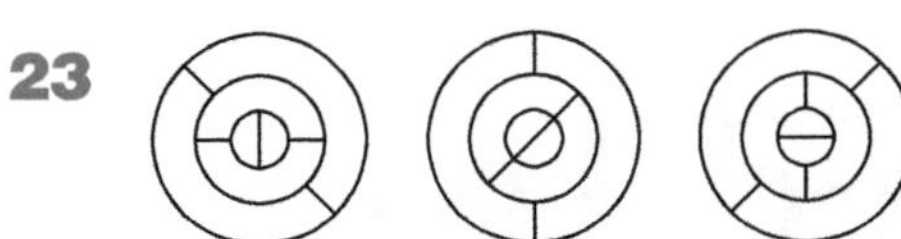

उपरोक्त अनुक्रम में अगली आकृति कौन-सी है?

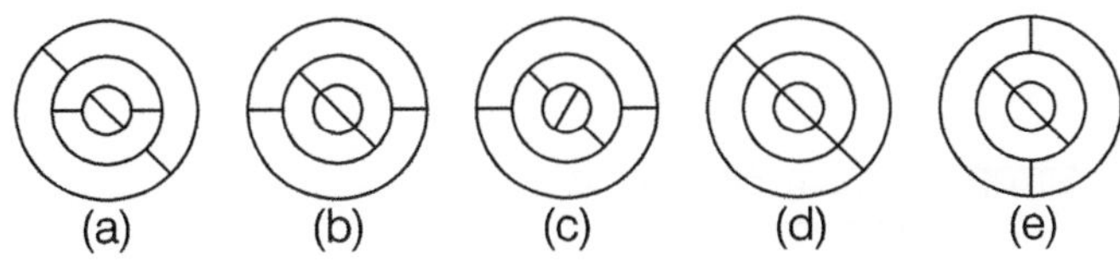

(a)   (b)   (c)   (d)   (e)

24 एक टिकट काउण्टर से टिकट खरीद रहे 13 व्यक्तियों की कतार में, यदि काउण्टर से प्रत्येक दूसरा व्यक्ति कोई महिला है तथा कतार में प्रारम्भ और अन्त में भी महिलाएँ ही हैं, तो उस कतार में कुल कितने पुरुष हैं?

25 आकृति के उस समुच्चय का चयन कीजिए, जो निम्न नियम का अनुसरण करता है।
नियम (:) सभी आकृतियों का, किसी भी रेखा को दोबारा लिए बिना, अनुरेखण किया जा सकता है।

(a) 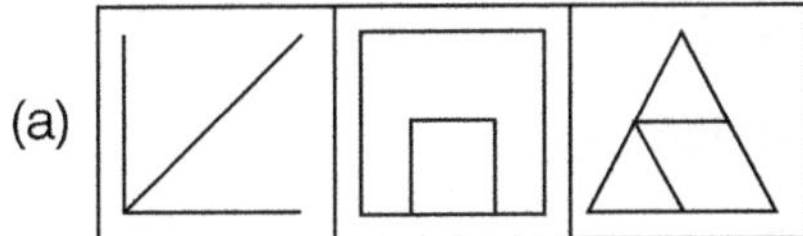   (b) 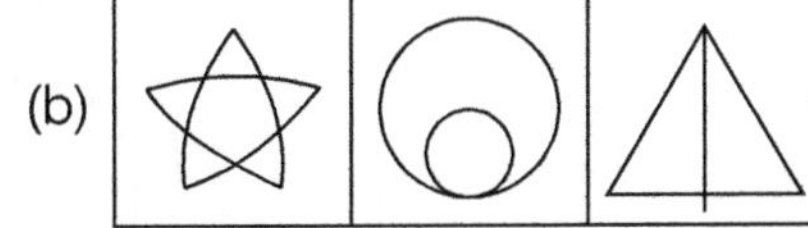

(c) 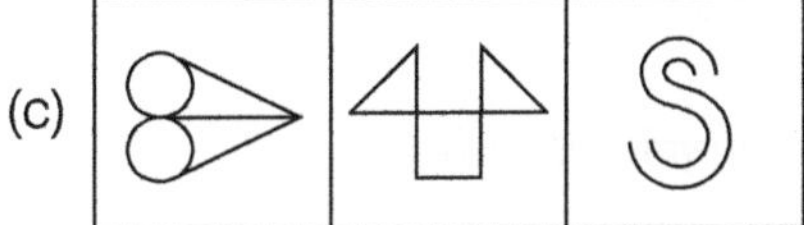   (d) 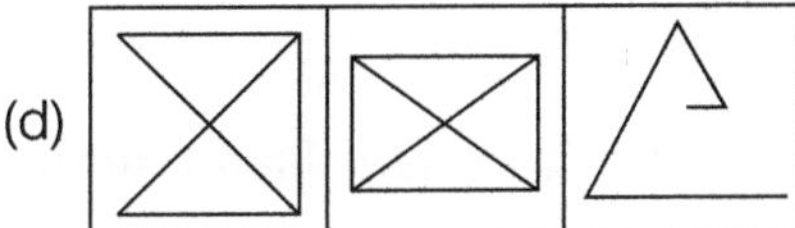

देखें अपना **IQ** स्कोर

स्कोर $\dfrac{}{25}$ **IQ** रेटिंग

- Genius 23-25
- Intelligent 20-22
- Good 16-19
- Average 12-15

1 दी गई आकृति में आयतों की संख्या ज्ञात कीजिए।

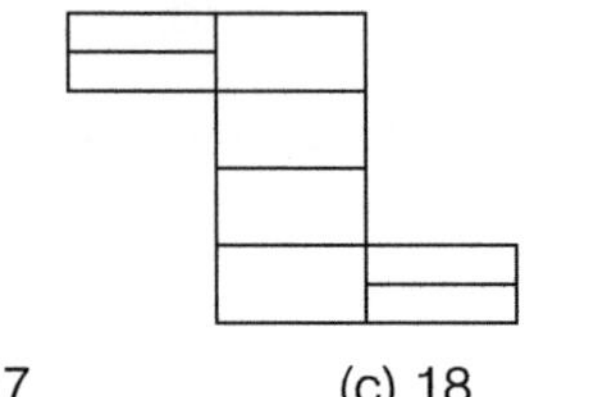

(a) 8　　　　(b) 17　　　　(c) 18　　　　(d) 20

2 निम्न आकृति में विषम संख्या का चयन कीजिए।

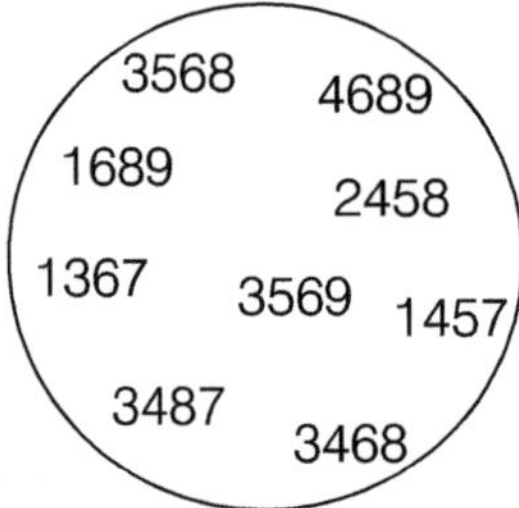

3 नीचे दी गई किस विकल्प आकृति में प्रश्न आकृति (X) सन्निहित है?

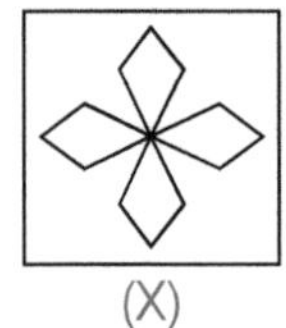
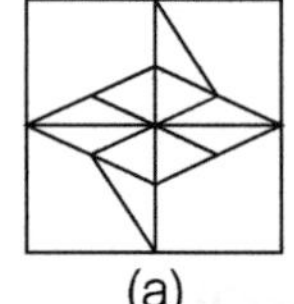

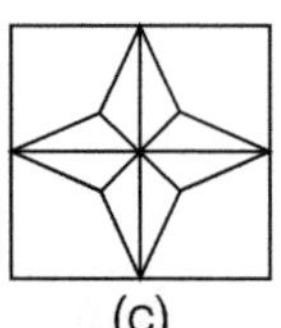
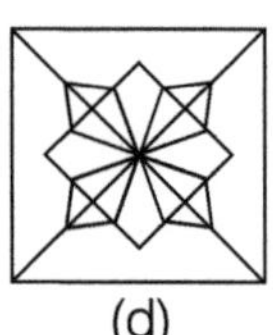

(X)　　　　(a)　　　　(b)　　　　(c)　　　　(d)

4 दिए गए समबाहु त्रिभुज में राकेश, लोकेश तथा भगत तीनों भुजाओं के साथ दक्षिणावर्त दिशा में दौड़ते हैं तथा $1\frac{1}{2}$ भुजा चलने के बाद रुकते हैं, तो निम्न में से कौन-सा कथन सत्य है?

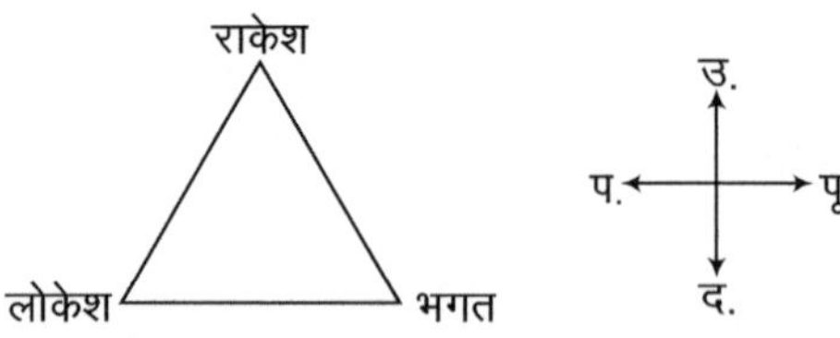

(a) लोकेश, भगत के बाएँ है

(b) राकेश, लोकेश के दक्षिण-पश्चिम में है

(c) लोकेश, राकेश के उत्तर-पश्चिम में है

(d) भगत, राकेश के उत्तर-पूर्व में है

5 नीचे दिए गए विकल्पों में से कौन-सा वर्ग बड़े वर्ग को पूरा करेगा?

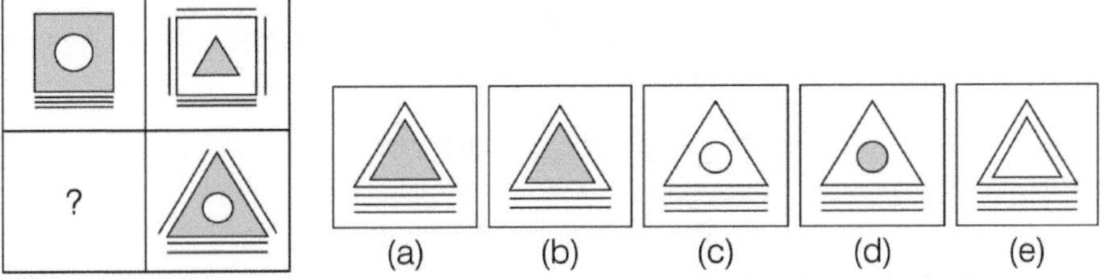

6 यदि '+' का अर्थ '−' है, '−' का अर्थ '÷' है, '÷' का अर्थ '×' है और '×' का अर्थ '+' है, तो निम्न व्यंजक का मान ज्ञात कीजिए।

$$125 - 5 \times 10 \div 13 + 28$$

7 निम्न आकृति में प्रश्नचिन्ह (?) के स्थान पर कौन-सी संख्या आएगी?

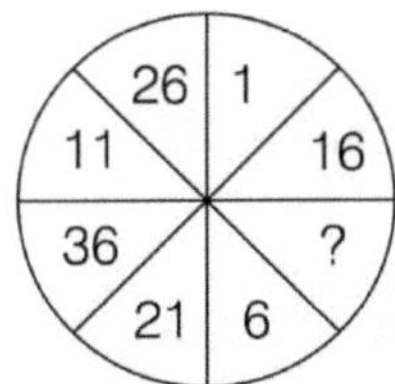

8 प्रत्येक घण्टे में 2 मिनट तेज हो जाने वाली एक घड़ी को मध्य रात्रि को प्रति घण्टा 1 मिनट धीरे चलने वाली घड़ी से मिलाया गया। अगली सुबह 11 बजे इसकी मिनट की सुई कितने मिनट पीछे हो जाएगी?

(a) 33 मिनट   (b) 34 मिनट   (c) 35 मिनट   (d) 38 मिनट

9 

दी गई श्रृंखला में अगली आकृति कौन-सी है?

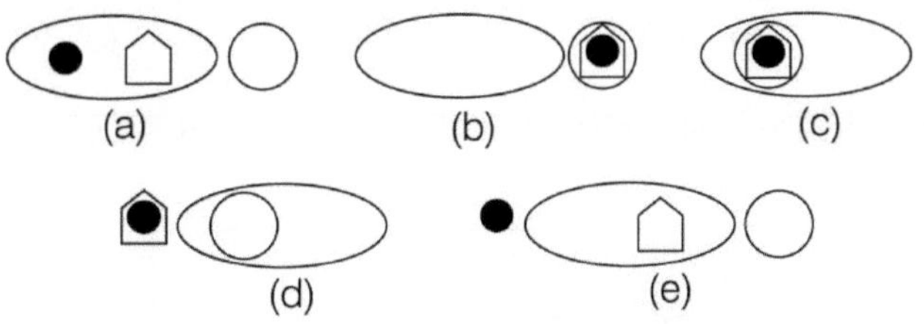

10 नीचे दी गई श्रृंखला में अगली संख्या कौन-सी होगी?

2793, 378, 168, ?

11 नीचे दिए गए व्यंजक में तीन लुप्त स्थानों पर कौन-सी एक ही संख्या आएगी, जिससे कि सही उत्तर प्राप्त हो?

$$4\_ + 2\_ \div 4 - 1\_ = 36$$

12 नीचे दिए गए आरेख का अध्ययन कीजिए और उत्तर दीजिए।

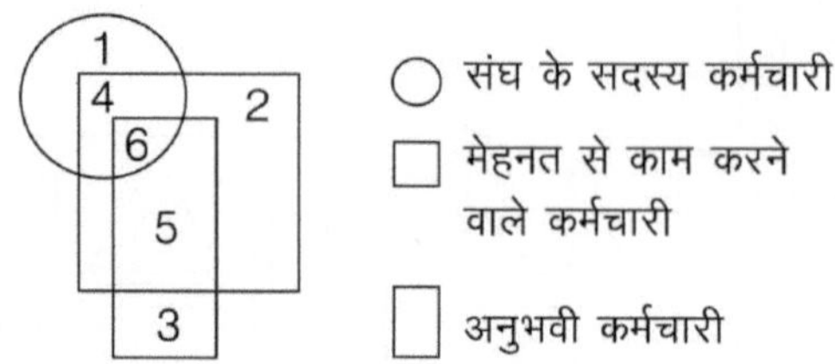

संख्या 3 क्या निरूपित करती है?

(a) अनुभवी कर्मचारी जो न तो मेहनती हैं और न ही संघ के सदस्य हैं

(b) सभी अनुभवी कर्मचारी

(c) अनुभवी एवं मेहनत से काम करने वाले कर्मचारी

(d) अनुभवी कर्मचारी जो संघ के सदस्य हैं

13 यदि

तब, 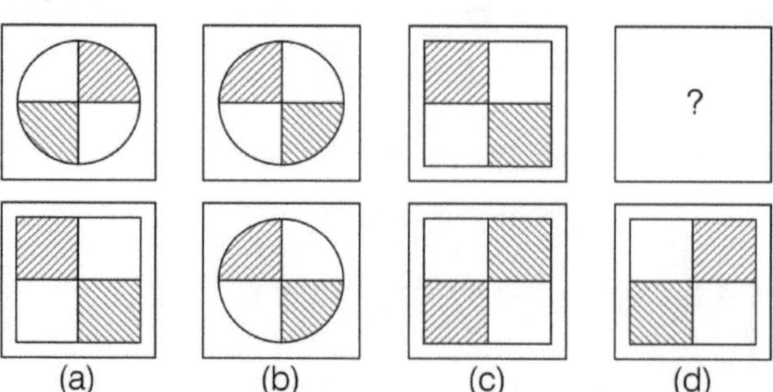 और का मान ज्ञात कीजिए।

14 एक पुस्तकालय में 20% पुस्तकें हिन्दी में, शेष का 50% अंग्रेजी में हैं तथा शेष 120 पुस्तकें अन्य भाषाओं में हैं। पुस्तकों की कुल संख्या कितनी है?

(a) 200   (b) 300   (c) 400   (d) 500

15 नीचे दी गई आकृतियों की शृंखला में प्रश्नचिन्ह (?) के स्थान पर कौन-सी विकल्प आकृति आएगी?

(a)   (b)   (c)   (d)

16 एक गाय का मूल्य एक भेड़ के मूल्य से ₹ 500 अधिक है। यदि 5 गायों और 5 भेड़ों का कुल मूल्य ₹ 5500 है, तो एक भेड़ का मूल्य क्या है?

(a) 300   (b) 400   (c) 500   (d) 600

17 नीचे दी गई संख्या आकृतियों में कौन-सी संख्याएँ लुप्त हैं?

3	12
24	
(i)

8	32
44	
(ii)

20	
(iii)

18 रवि के पास रामू से ₹ 3 अधिक हैं किन्तु तब रामू एक घोड़ों की रेस जीतता है तथा उसके पास दोनों लड़कों के पास के कुल धन से ₹ 2 अधिक हो जाते हैं। रवि व रामू के पास रामू की जीत से पहले कुल कितना धन था?

(a) ₹ 9   (b) ₹ 11   (c) ₹ 13   (d) ₹ 15

19 आकृति (X) को घन के आकार में मोड़ने पर कौन-सी विकल्प आकृति बनेगी?

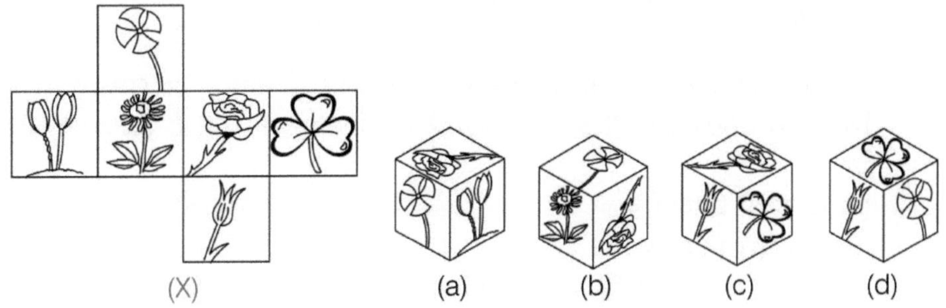

20 अपने ऑफिस जाते हुए तेजवीर, राकेश से मिलता है, जो तेजवीर से सम्बन्धित है क्योंकि तेजवीर, दीपक, जो गरिमा से विवाहित है, का पिता है। गरिमा, राकेश की पुत्री है। गरिमा की पुत्री का नाम ईशा है। तेजवीर, ईशा से किस प्रकार सम्बन्धित है?

(a) पिता   (b) मामा   (c) दादा   (d) नाना

21 नीचे दी गई विकल्प आकृतियों में से कौन-सी आकृति रिक्त स्थान पर उचित होगी जिससे कि आकृतियों का तार्किक क्रम सही हो जाए?

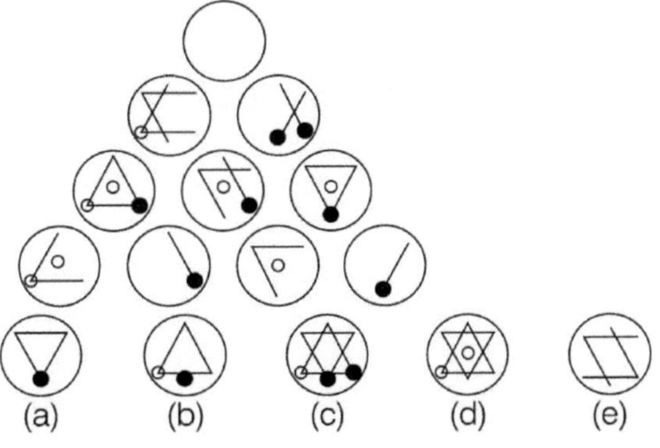

22 48 बच्चों की एक पंक्ति में सादिक सामने से 14वाँ है तथा जोसेफ अन्त से 17वाँ है, जबकि जेन, सादिक तथा जोसेफ के बीच में है। यदि सादिक, जोसेफ के आगे है, तो सादिक और जेन के बीच में कितने व्यक्ति हैं?

(a) 7　　　　　　　(b) 8　　　　　　　(c) 9　　　　　　　(d) 12

23 एक व्यक्ति ने ₹ 8600 अपने 5 बेटे, 4 बेटियों तथा 2 भतीजों के लिए छोड़े। यदि प्रत्येक बेटी को भतीजे का चार गुना तथा प्रत्येक बेटे को भतीजे का पाँच गुना भाग मिले, तो प्रत्येक बेटी का भाग क्या होगा?

(a) ₹ 700　　　　　　(b) ₹ 800　　　　　　(c) ₹ 720　　　　　　(d) ₹ 825

24 नीचे दी गई आकृतियों को तार्किक क्रम में व्यवस्थित कीजिए।

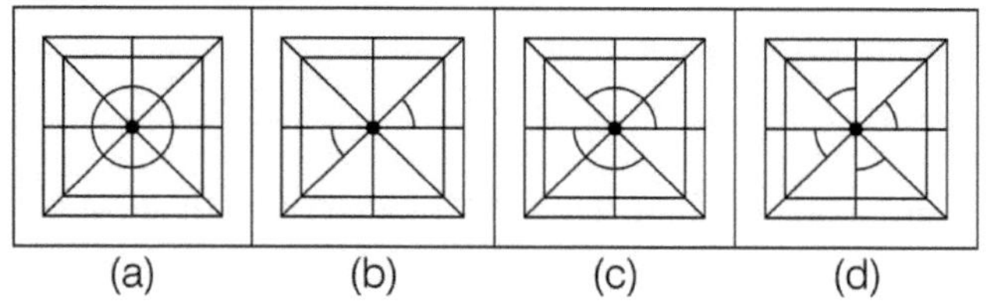

25 A, B, C और D में प्रत्येक के पास ₹100 है। A, B को ₹ 20 देता है, जो C को ₹ 10 देता है, जिसे D से ₹ 30 मिलते हैं। इस सन्दर्भ में निम्नलिखित में से कौन-सा एक कथन सही नहीं है?

(a) C सबसे धनवान है

(b) D सबसे निर्धन है

(c) A और D के पास मिलाकर जितने रुपये हैं, C के पास उससे अधिक रुपये हैं

(d) B, D से अधिक धनवान है

देखें अपना IQ स्कोर

स्कोर (25)　　　　　　IQ रेटिंग ☐

- Genius 23-25　　　　• Intelligent 20-22　　　　• Good 16-19
- Average 12-15

जाँचें अपना IQ टेस्ट 15

1 क्या आप नीचे दी गई संख्याओं को इस प्रकार भर सकते हैं कि प्रत्येक पंक्ति, स्तम्भ और विकर्ण का योग 18 हो जाए?

1, 1, 2, 3, 3, 4, 4, 4, 5, 6, 7, 8

			6
2			
		9	
	7		

2 नीचे दी गई आकृति में वर्ग द्वारा डॉक्टर, त्रिभुज द्वारा महिला डॉक्टर तथा वृत्त द्वारा सर्जन प्रदर्शित किए गए हैं। एक अक्षर से अंकित उस भाग को पहचानिए, जो उन महिलाओं को प्रदर्शित करता है जो डॉक्टर व सर्जन दोनों ही हैं।

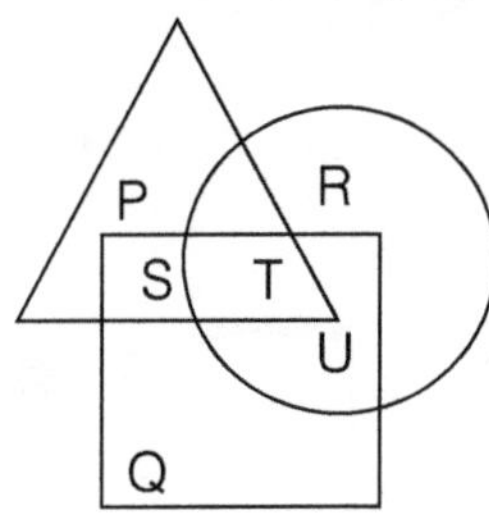

(a) P　　　　(b) R　　　　(c) S　　　　(d) T

3 नीचे दी गई आकृति में कुल कितने वर्ग हैं?

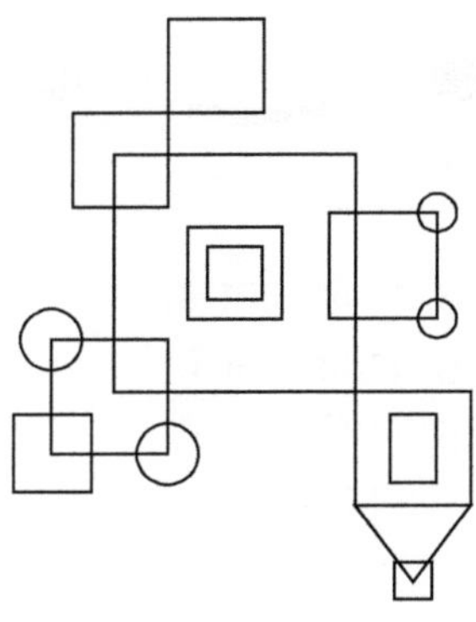

(a) 10　　　　(b) 13　　　　(c) 12　　　　(d) 9

4 कमला अपने समस्त गृहकार्य को 10 बजे से पहले पूरा करना चाहती है क्योंकि उसे रात 10 बजे टीवी पर एक महत्त्वपूर्ण कार्यक्रम देखना है। उसके पास तैयार किए गए प्रत्येक पाँच विषयों के लिए 40 मिनट का कार्य भार समय है। किस अन्तिम समय में काम को प्रारम्भ करने से कमला गृहकार्य को भी पूरा करके ठीक समय पर टीवी पर कार्यक्रम भी देख सकती है?

5 निम्न आकृति में प्रश्नचिन्ह (?) के स्थान पर कौन-सी आकृति आएगी?

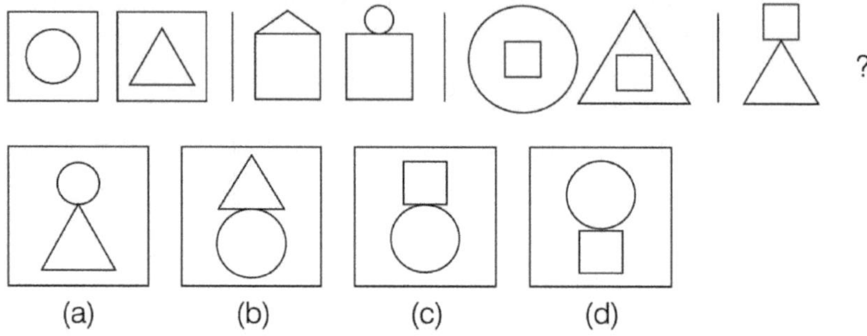

6 लता, माया से एक वर्ष बड़ी है, माया, कार्तिक से दो वर्ष बड़ी है तथा प्रिया, कार्तिक से एक वर्ष बड़ी है, तो सबसे छोटा कौन है?

7 निम्न आकृति में प्रश्नचिन्ह (?) के स्थान पर कौन-सी संख्या आएगी?

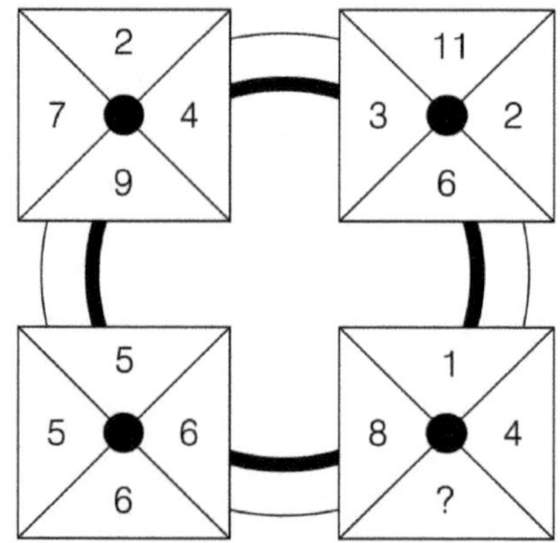

8 (i) S × T का अर्थ है कि 'S, T की माता है।'
  (ii) S + T का अर्थ है कि 'S, T का पिता है।'
  (iii) S − T का अर्थ है कि 'S, T की बहन है।'
इस जानकारी के आधार पर उस विकल्प का चयन कीजिए, जो दर्शाता है कि A, T का दादा है।
(a) A + S + B − T   (b) A × B + C − T
(c) A + B − C × T   (d) A − C + B × T

9 नीचे एक घन को चार प्रकार से दर्शाया गया है। अन्तिम घन में सामने की सतह ज्ञात कीजिए।

10 A, B, C, D, E और F खाने की मेज पर आमने-सामने बैठे हैं (प्रत्येक ओर तीन)। B, A और C के बीच में है। राजनीतिज्ञ और व्यापारी एक ओर छोरों पर हैं। E एक सैनिक अधिकारी है। C एक प्रोफेसर है और डॉक्टर के बगल में है। व्यापारी इन्जीनियर के सामने है। डॉक्टर मध्य में बैठा है और सैनिक अधिकारी सामने है। बताइए कि डॉक्टर कौन है?

(a) A   (b) B   (c) C   (d) D

11 48 कार्ड 5 बच्चों में निम्न क्रमानुसार बाटें जाते हैं

सूरज	तनवी	अनु	तरुण	केट
1	2	3	4	5
6	7	8	9	10
11	12	—	—	—

(i) अन्तिम कार्ड किसे मिला?

(ii) कितने बच्चों को अन्य बच्चों की तुलना में कम कार्ड मिलेंगे?

12 विषम संख्या का चयन कीजिए।

(i) 973   1023   1073   1000   1173

(ii) 85   105   107   119   154

(iii) 72   99   118   152   171

13 200 छात्रों के समूह द्वारा चुने गए विभिन्न वर्गों के प्रतिशत नीचे दिए गए हैं। तद्नुसार, ऐसे छात्रों की संख्या कितनी है, जिन्होंने न विज्ञान चुना है और न ही वाणिज्य?

विभिन्न वर्गों में छात्रों का प्रतिशत

वर्ग का नाम	प्रतिशत	वर्ग का नाम	प्रतिशत
विज्ञान	29%	कला	29%
वाणिज्य	31%	गृह विज्ञान	6%
अन्य	5%		

14 यदि ₹ 150 से ₹ 300 तक की कीमत के बीच खरीदी गई पुस्तक ₹ 250 से ₹ 350 के बीच की कीमत पर बेंची जाएँ, तो अधिकतम सम्भावित लाभ क्या है, जो 15 पुस्तकों के बेचने से मिलेगा?

15 काले तथा सफेद मोतियों को एक धागे में निम्न प्रकार से पिरोया गया है

34वें तथा 196वें मोती का रंग क्या होगा?

16 अभ्यारण्य में 120 चीते थे। उनमें से 20% अज्ञात शिकारियों द्वारा मार दिए गए, शेष में से 50% अभ्यारण्य में आग लगने से मर गए। अब, अभ्यारण्य में कितने चीते हैं?

(a) 46   (b) 47   (c) 48   (d) 49

17 स्टेनी, पॉल और जॉन मिलकर ₹ 150 प्रतिदिन कमाते हैं, जबकि स्टेनी और जॉन मिलकर ₹ 94 कमाते हैं और पॉल और जॉन मिलकर ₹ 76 कमाते हैं। जॉन की प्रतिदिन की कमाई कितनी है?

(a) ₹ 20   (b) ₹ 30   (c) ₹ 100   (d) ₹ 50

18 अन्तिम घड़ी में मिनट की सूई कहाँ होगी?

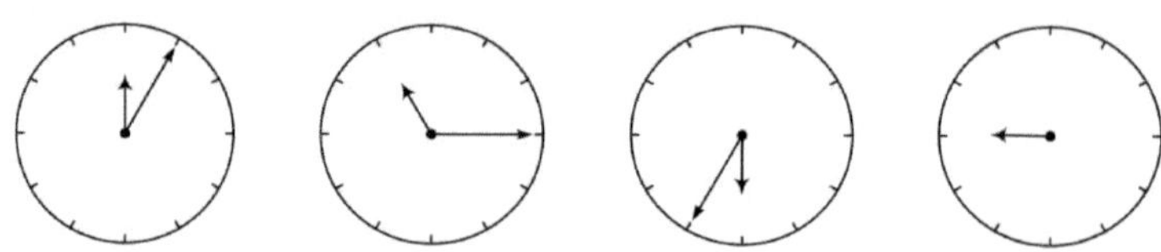

19 6 मिनट के अन्तराल पर एक ही स्थान से दो बन्दूकें चलायी गईं। उस स्थान की ओर आते हुए एक व्यक्ति को दोनों बन्दूकों के चलने की ध्वनियाँ 5 मिनट 52 सेकण्ड के अन्तराल पर सुनाई देती हैं। यदि ध्वनि की चाल 330 मी/से हो, तो वह व्यक्ति किस चाल (किमी/घण्टा में) से उस स्थान की ओर आ रहा था?

20 निम्न षट्भुजों में से कौन-सा षट्भुज प्रश्नचिन्ह (?) के स्थान पर आएगा?

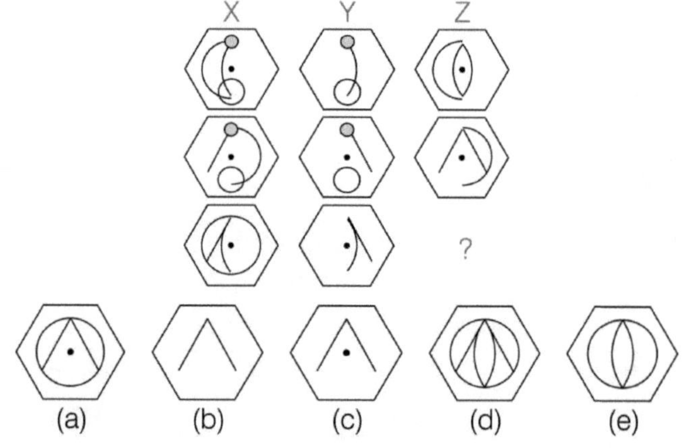

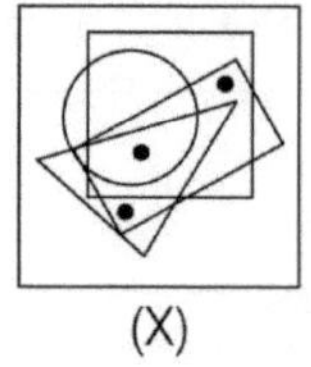

(a)

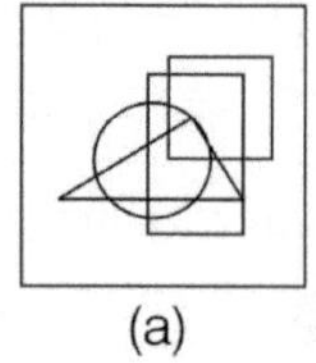

(b)

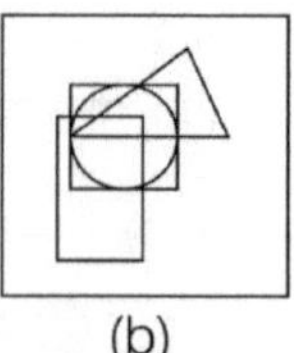

(c)

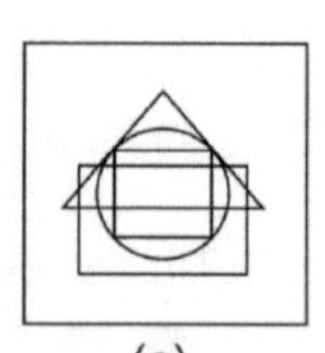

(d)

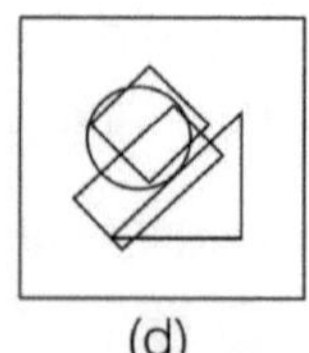

(e)

21 उस आकृति का चयन कीजिए, जिसमें बिन्दुओं को रखने पर वही प्रतिबन्ध पूरा हो जाए, जैसा कि प्रश्न आकृति (X) में है।

22 नीचे दिए गए शब्दों को सार्थक क्रम में व्यवस्थित कीजिए।
दही, दूध, छाछ, गाय, घी, मक्खन

23 निम्न आकृतियों में से विषम आकृति चुनिए।

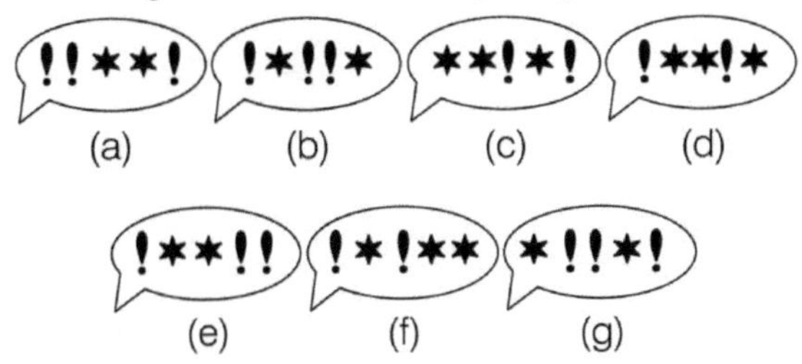

24 चौराहे पर दिशा सूचक खम्बा लगा था। एक दुर्घटना के कारण खम्भा इस प्रकार घूम गया कि पूर्व दिशा का सूचक दक्षिण दिशा दिखाने लगा। एक यात्री सीता पश्चिम दिशा जानकर गलत दिशा में चली गई। वास्तव में वह किस दिशा में यात्रा कर रही थी?
(a) पूर्व   (b) पश्चिम   (c) उत्तर   (d) दक्षिण

25 निम्न आकृति में प्रश्नचिन्ह (?) के स्थान पर कौन-सी विकल्प आकृति आएगी?

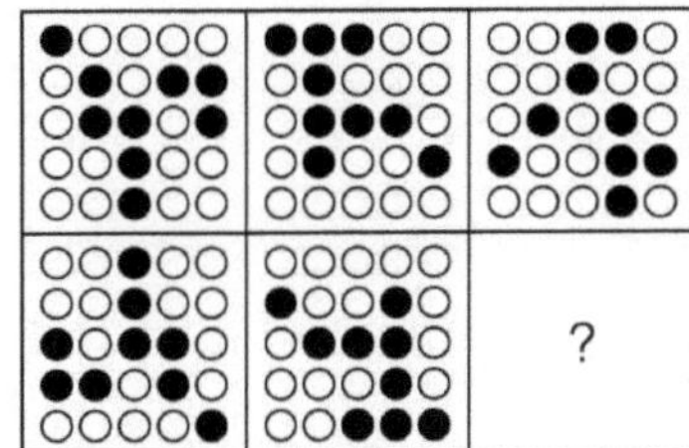

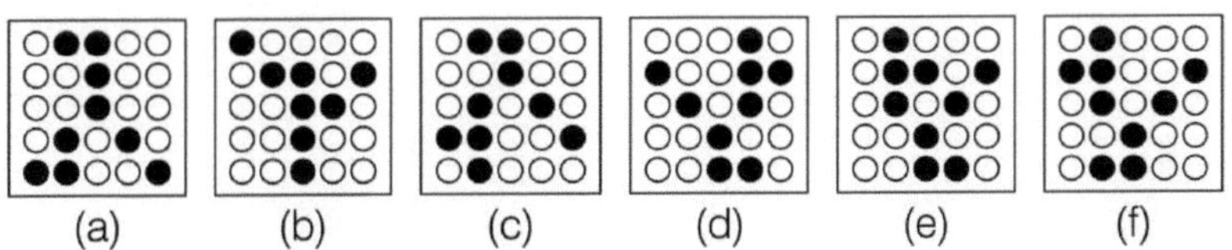

देखें अपना IQ स्कोर

स्कोर (25)   IQ रेटिंग

- Genius 23-25   • Intelligent 20-22   • Good 16-19
- Average 12-15

IQ
संकेत एवं हल

संकेत एवं हल

लॉजिक IQ टेस्ट 1

1 (b) जिस प्रकार, डॉक्टर का औजार स्टैथेस्कोप होता है, उसी प्रकार लेखक का औजार पेन होता है।

2 (i) (c) टिन के अतिरिक्त अन्य सभी तत्व मिश्र धातु हैं, जबकि टिन शुद्ध धातु है।

(ii) (a) जुराब को छोड़कर अन्य सभी हाथ में पहनी जाती हैं, जबकि जुराबें पैरों में।

(iii) (d) तालाब के अतिरिक्त अन्य सभी में जल प्रवाहित होता है।

(iv) (b) चमगादड़ को छोड़कर अन्य सभी दिन में उड़ते हैं जबकि चमगादड़ रात में उड़ता है।

(v) (d) कागज को छोड़कर अन्य सभी मुद्रित कागज के प्रकार हैं।

3 (e) $1111 = 1 + 1 + 1 + 1 =$ FOUR $= (R)$

$2222 = 2 + 2 + 2 + 2 =$ EIGHT $= (T)$

$3333 = 3 + 3 + 3 + 3 =$ TWELVE $= (E)$

$4444 = 4 + 4 + 4 + 4 =$ SIXTEEN $= (N)$

$5555 = 5 + 5 + 5 + 5 =$ TWENTY $= (Y) \neq M$

4 I. (b) DM के अतिरिक्त अन्य सभी अक्षर एक दूसरे के विपरीत अक्षर हैं।

II. (i) (e)

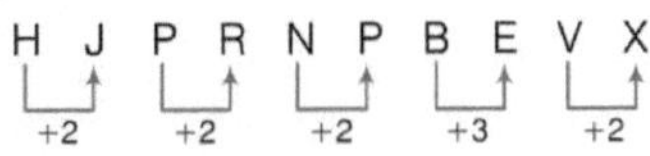

अत: विकल्प (e) विषम है।

(ii) (b)

अत: विकल्प (b) विषम है।

(iii) (a)

अत: विकल्प (a) विषम है।

(iv) (d)

अत: विकल्प (d) विषम है।

5 (c) जिस प्रकार,

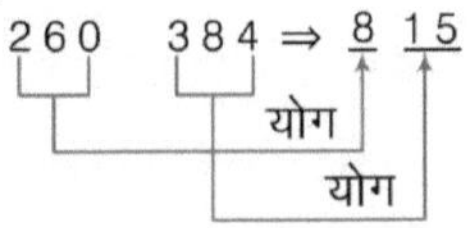

उसी प्रकार,

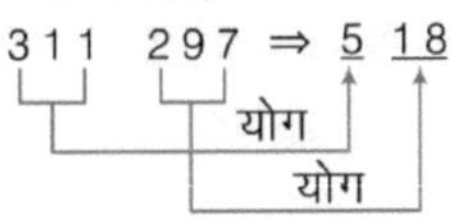

6 (i) pqppq/pqppq/pqppq ⇒ qqqp

(ii) pqr/pqr/pqr/pqr ⇒ qrpr

(iii) lkmn/lkmn/lkmn ⇒ mklkn

(iv) 3321/2231/1123/3321/2 ⇒ 2122

(v) 6879/6879/6879/6879 ⇒ 8879

7 (i) श्रृंखला का क्रम निम्नवत् है

$111 \Rightarrow 1 \times 1 \times 1 = 1$

$331 \Rightarrow 3 \times 3 \times 1 = 9$

$482 \Rightarrow 4 \times 8 \times 2 = 64$

$551 \Rightarrow 5 \times 5 \times 1 = 25$

$263 \Rightarrow 2 \times 6 \times 3 = 36$

$383 \Rightarrow 3 \times 8 \times 3 = \boxed{72}$

यहाँ, 72 के अतिरिक्त अन्य सभी संख्याएँ किसी-न-किसी संख्या का वर्ग है।

अत: 383 समूह में गलत संख्या है।

(ii) दी गई श्रृंखला निम्नवत् है

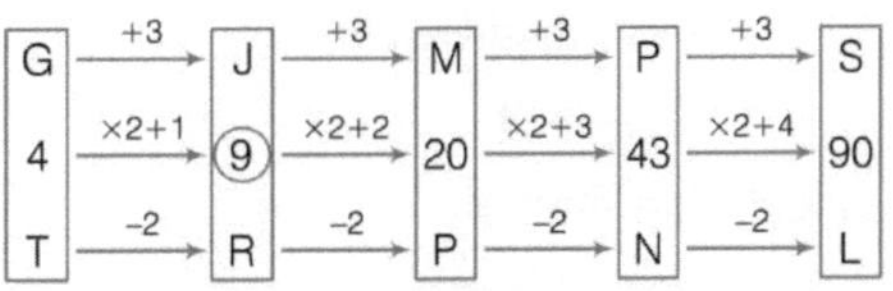

स्पष्ट है श्रृंखला के द्वितीय पद J 10 R के स्थान पर J 9 R होना चाहिए।

अत: J 10 R श्रृंखला में गलत है।

8 (i)

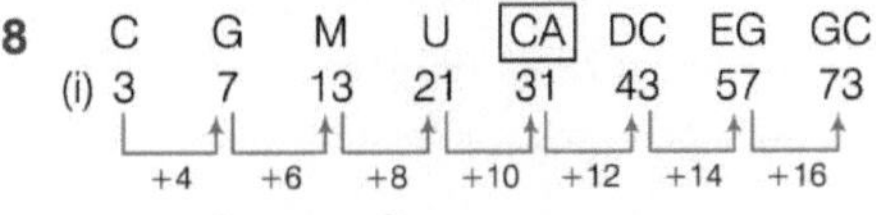

अत: प्रश्नचिन्ह (?) के स्थान पर CA आएगा।

(ii) B $\xrightarrow{+4}$ F $\xrightarrow{+4}$ J $\xrightarrow{+4}$ N $\xrightarrow{+4}$ R $\xrightarrow{+4}$ V

2 $\xrightarrow{+2}$ 4 $\xrightarrow{+2}$ 6 $\xrightarrow{+2}$ 8 $\xrightarrow{+2}$ 10 $\xrightarrow{+2}$ 12

अतः प्रश्नचिन्ह (?) के स्थान पर F4 आएगा।

R	Y	CB	CI	DF	EC
(iii) 18 25 32 39 46 53

+7 +7 +7 +7 +7

अतः प्रश्नचिन्ह (?) के स्थान पर EC आएगा।

(iv) A $\xrightarrow{+3}$ D $\xrightarrow{+4}$ H $\xrightarrow{+5}$ M $\xrightarrow{+6}$ S

C $\xrightarrow{+4}$ G $\xrightarrow{+5}$ L $\xrightarrow{+6}$ R $\xrightarrow{+7}$ Y

अतः प्रश्नचिन्ह (?) के स्थान पर SY आएगा।

(iv) 11   18   29   42   59   78   101

+7   +11   +13   +17   +19   +23

अतः प्रश्नचिन्ह (?) के स्थान पर 59 आएगा।

9

संख्या	7	8	9	6	5	3	4	2
आवृत्ति	4	2	5	2	2	1	3	3

अतः 8, 6 व 5 श्रृंखला में समान आवृत्ति में हैं और 4, 2 समान आवृत्ति में हैं।

10

9 | 8 | 7 → टोपी काली है   ...(i)

8 | 7 | 6 → पतंग काली है   ...(ii)

7 | 4 | 5 → काली और सफेद   ...(iii)

(i) (a) समी (i), (ii) और (iii) से 7 → काली समी

(i), (ii) और (iii) से 8 → है

∴ समी (ii) से, 6 ⟶ पतंग

(ii) (b) समी (i) और (iii) से 7 ⟶ काली

∴ समी (i) और (ii) से,

'है' ⟶ 8

11 यहाँ, निम्न नियम है

$abc \times xyz = xaybzc$

(i) $534 \times 675 = 657354$

(ii) $715 \times 552 = 575125$

(iii) $575 \times 681 = 658715$

(iv) $989 \times 791 = 799819$

(v) $585 \times 585 = 558855$

12 (i) (a) पालतू पशु के रूप में कुत्ते को पाला जाता है। यहाँ, कुत्ते को नेवला कहा गया है।

जंगल का राजा शेर को कहा जाता है। यहाँ, शेर को साँप कहा गया है।

(ii)

पिक विक निक → शीतकाल ठण्डा है   ...(i)

टू निक रे → ग्रीष्मकाल गरम है   ...(ii)

रे थो पिक → ठण्डा और गरम   ...(iii)

(a) ग्रीष्मकाल के लिए कूट टू है।

(b) कूट पिक शब्द ठण्डा के लिए प्रयुक्त हुआ है।

13 (b) प्रत्येक वर्ग में दिए गए अक्षर अंग्रेजी वर्णमाला क्रम के विपरीत अक्षर हैं।

∴ G $\xrightarrow{+1}$ H तथा H का विपरीत अक्षर S है।

अतः लुप्त अक्षर युग्म = HS

14 दी गई संख्या श्रृंखला

4 1 4 1 5 4 2 6 4 1 8 3 4 9 2 4 8 3 4 8 2 8 4 5 4 8 7 4 6 4 5 4

अतः अंक 4 की अभीष्ट संख्या 5 है।

15 (i) (a) दी गई व्यवस्था

R 4 3 % M @ K E F 5 A # J N 1 8 U © D B P 6 I W 7 δ Q * Z

नई व्यवस्था

R 4 3 M K E F 5 A J N 1 8 U D B P 6 I W 7 Q Z

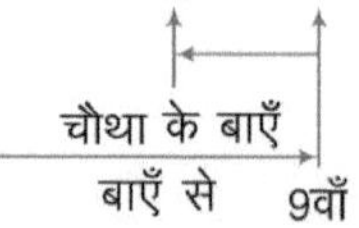

अतः नई व्यवस्था में बाएँ से 9वाँ तत्व A है तथा A के बाएँ चौथा तत्व K है।

(ii) (d) दी गई व्यवस्था

R 4 3 % M @ K E F 5 A # J N 1 8 U © D B P 6 I W 7 δ Q * Z

अतः दी गई व्यवस्था में ऐसे तीन व्यंजन है।

(iii) (d) दी गई व्यवस्था

R 4 3 % M @ K E F 5 A # J N 1 8 U © D B P 6 I W 7 δ Q * Z

अतः दी गई व्यवस्था में अंकों की संख्या 3 है।

लॉजिक IQ टेस्ट 2

1 (d) प्रश्नानुसार, सम्बन्ध आरेख बनाने पर,

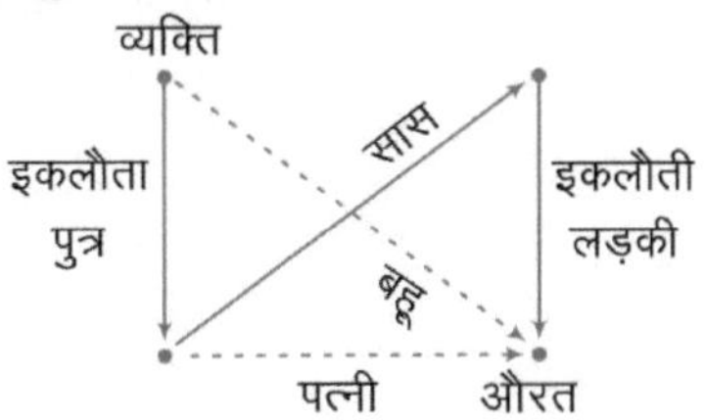

अतः आरेख से स्पष्ट है कि तस्वीर वाली औरत उस व्यक्ति की बहू है।

2 (a) प्रश्नानुसार, सम्बन्ध आरेख बनाने पर,

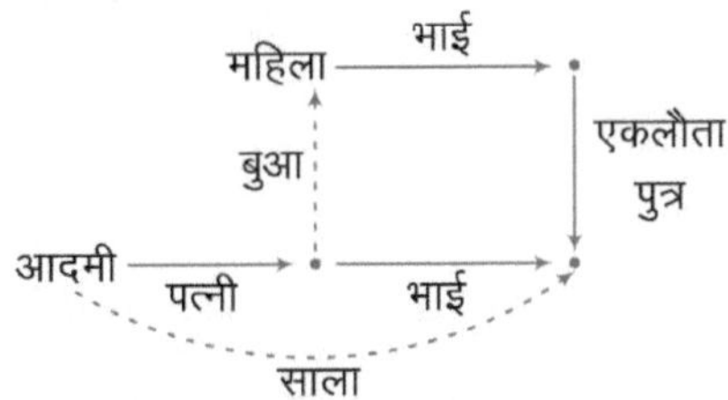

अतः वह महिला उस आदमी की पत्नी की बुआ है।

3 (b) प्रश्नानुसार,

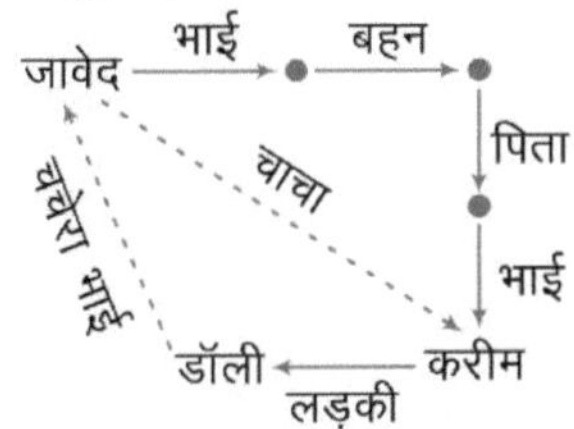

अतः जावेद, डॉली का चचेरा भाई है।

4 (b) प्रश्नानुसार, सम्बन्ध आरेख बनाने पर,

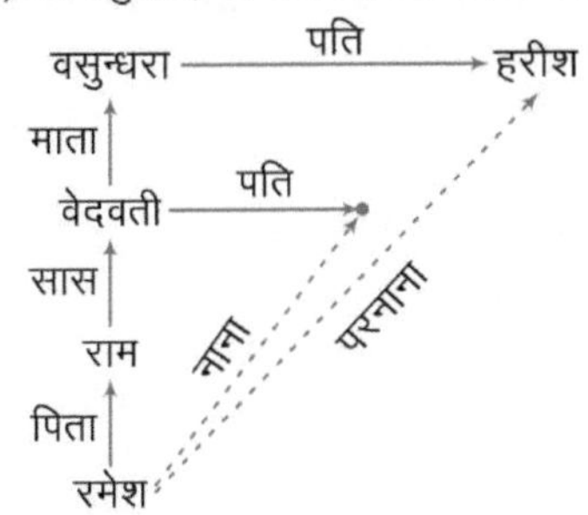

अतः हरीश, रमेश का परनाना है।

5 निर्देश (प्रश्न.सं. i-ii)

$A \$ B \Rightarrow A \xleftarrow{\text{माँ}} B$

$A \# B \Rightarrow A \xleftarrow{\text{पिता}} B$

$A @ B \Rightarrow A \xleftarrow{\text{पति}} B$

$A \% B \Rightarrow A \xleftarrow{\text{बेटी}} B$

(i) (b) प्रश्नानुसार,

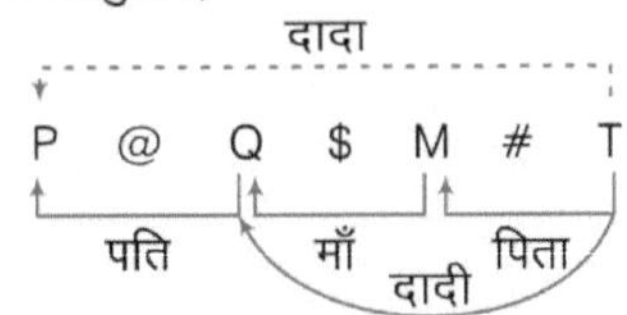

अतः P, T का दादा है।

(ii) (d) प्रश्नानुसार,

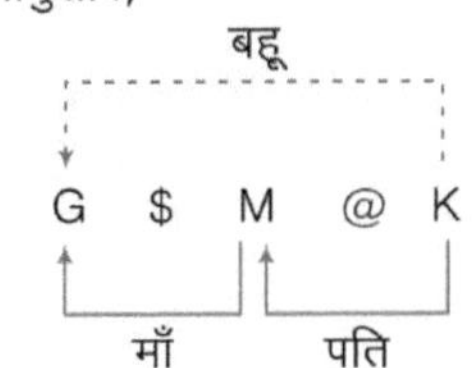

अतः K, G की बहू है।

6 (a) प्रश्नानुसार,

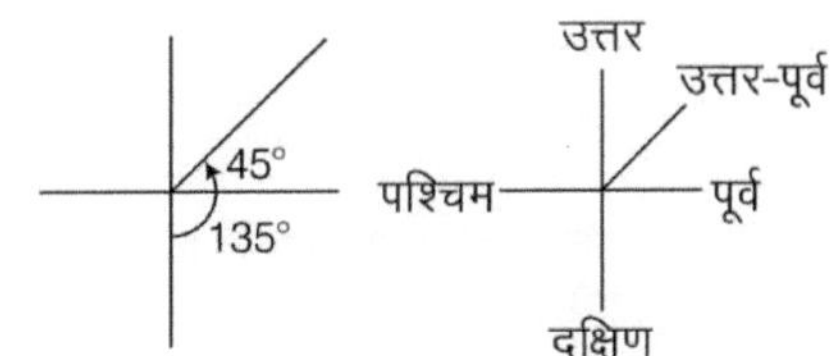

अतः आरेख से स्पष्ट है कि अब, मैं पूर्व दिशा की ओर मुँह करके खड़ा हूँ।

7 ∵ काव्या का नया स्थान बाईं ओर से 13वाँ है लेकिन यह प्रीती का पुराना स्थान है जोकि दाईं ओर से 6वाँ है।

पंक्ति में लड़कियों की संख्या $= (13 + 6) - 1 = 18$

अब, प्रीती का नया स्थान, काव्या का पुराना स्थान है, जोकि बाईं ओर से 5वाँ है।

∴ दाईं ओर से प्रीती का नया स्थान

$$= 18 - 5 + 1 = 13 + 1 = 14\,\text{वाँ}$$

8 कैलाश के अनुसार, दीपक का जन्मदिन
= 21, 22, 23, 24, 25, 26, 27 मई

सुधा के अनुसार, दीपक का जन्मदिन
= 13, 14, 15, 16, 17, 18, 19, 20, 21 मई

दोनों के अनुसार उभयनिष्ठ दिन 21 मई है।

अत: दीपक का जन्मदिन 21 मई को है।

9 *(a)* संख्याओं को अवरोही क्रम में व्यवस्थित करने पर,

789, 785, 723, 713, 689, 659, 585

यहाँ, मध्य पद 713 है, जिसका मध्य अंक 1 है।

10 *(c)* प्रश्नानुसार, बैठने का क्रम निम्न है

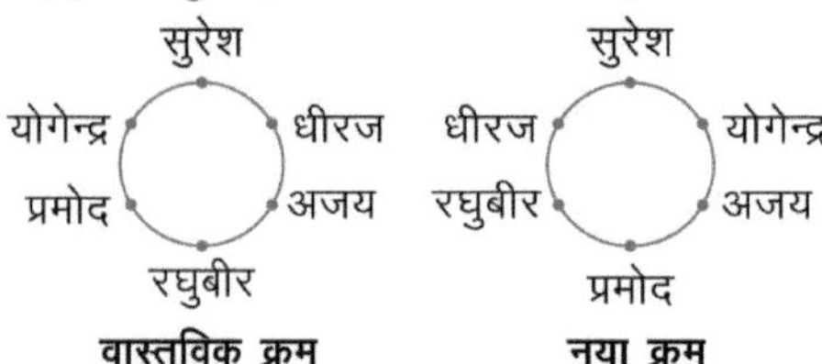

अत: स्पष्ट है कि सुरेश, धीरज के बाईं ओर बैठा है।

11

विषय/ अध्यापक	A	B	C	D	E
हिन्दी	✓	✓		✓	
अंग्रेजी	✓	✓	✓	✓	
भूगोल			✓	✓	
गणित	✓			✓	
इतिहास		✓			✓
फ्रेंच		✓			✓

अत: B और D दोनों सबसे अधिक अर्थात् 4 विषय पढ़ाते हैं।

12. निर्देश (प्र. सं. i-iv) प्रश्नानुसार,

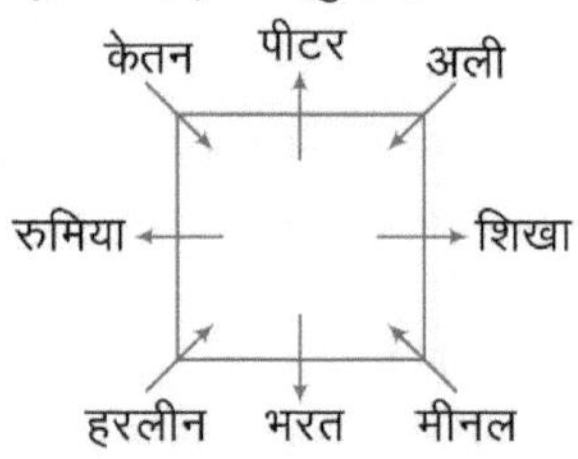

(i) *(c)* हरलीन को छोड़कर अन्य सभी भुजाओं के मध्य में बैठे हैं।

(ii) *(a)* अली के बाएँ तीसरा भरत बैठा है।

(iii) *(d)* केतन के दाएँ दूसरा हरलीन बैठा है।

(iv) *(b)* भरत एवं रुमिया, हरलीन के निकटतम पड़ोसी हैं।

13 प्रश्नानुसार, व्यवस्थित करने पर,

$$X > A > Y = B > C > Z$$

अत: स्पष्ट है कि X सबसे अधिक ज्ञानी व्यक्ति है।

14

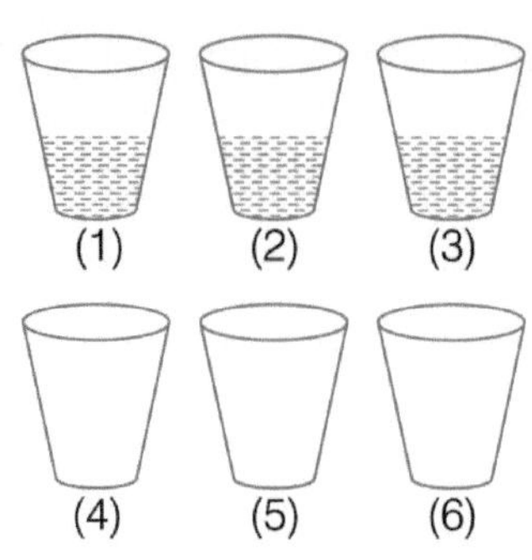

अत: गिलास 2 को गिलास 5 से परिवर्तित करने पर दूसरे स्थान पर खाली गिलास आ जाएगा।

अत: नया अभीष्ट क्रम निम्न होगा

15 बबलू का पहला कथन गलत है कि तनमय दौड़ जीता तथा दूसरा कथन सत्य है कि वमन दूसरे स्थान पर था। अब, बन्टी का पहला कथन सही है कि स्नेहल दौड़ जीता और दूसरा कथन गलत है कि तनमय दूसरा आया।

अत: वास्तविक क्रम निम्न प्रकार है

स्नेहल – वमन – तनमय

(i) *(a)* स्नेहल दौड़ में प्रथम आया।

(ii) *(c)* तनमय दौड़ में अन्तिम आया। ने पर,

विजुअल IQ टेस्ट ①

1. (i) (e) आकृति (e) दी गई आकृति (X) को पूरा करेगी।

(ii) (b) आकृति (b) दी गई आकृति (X) को पूरा करेगी।

(iii) (a) आकृति (a) दी गई आकृति (X) को पूरा करेगी।

2. (i) (b) प्रत्येक अगली आकृति में, एक वर्ग तथा एक बिन्दु जुड़ जाता है।

(ii) (b) प्रत्येक अगली आकृति में, छायांकित भाग दक्षिणावर्त दिशा में एक पद आगे आ जाता है तथा एकान्तर क्रम में दो प्रकार के छायांकित भाग प्रत्येक अगले पद में पीछे की ओर जुड़ते जाते हैं।

(iii) (d) प्रत्येक पद में, एक काली तथा एक रिक्त आकृति एकान्तर क्रम में बाईं ओर जुड़ती जाती है।

3. (i) (a) प्रत्येक पंक्ति या स्तम्भ में तीन भिन्न आकृतियाँ दी गई हैं। किन्तु इन तीनों आकृतियों में छोटा काला त्रिभुज बाईं, दाईं और ऊपर की ओर इंगित करता है। इस प्रकार, लुप्त आकृति में, यह दाईं ओर इंगित करेगा।

(ii) (d) प्रत्येक पंक्ति में तीसरी आकृति में उन भागों को दिखाया गया है, जो पहली दो आकृतियों में उभयनिष्ठ नहीं हैं।

4. (i) (d) विपरीत भागों में दी गई आकृतियाँ एक-दूसरे की विपरीत हैं।

(ii) (c) नीचे की ओर शीर्ष वाले त्रिभुजों में आकृतियों की संख्या ऊपर की ओर शीर्ष वाले त्रिभुजों के अन्तर्गत समलम्ब में दी गई क्षैतिज रेखाओं की संख्या के बराबर है तथा प्रत्येक अगली आकृति में समलम्ब का आकार घटता जाता है।

5. (i) (a) आकृति (a), आकृति (X) के प्रतिरूप को पूरा करेगी।

(ii) (a) आकृति (a), आकृति (X) के प्रतिरूप को पूरा करेगी।

6. (d) प्रत्येक एकान्तर पद में, बड़े D के आकार की आकृति पलट जाती है। लेकिन आकृति (S) में ऐसा नहीं है।

7. (d) घड़ी में सुइयाँ प्रत्येक अगले पद में निम्न प्रकार आगे बढ़ती हैं।

↑ ⇒ +2, + 3, + 4, + 5, + 6

☗ ⇒ +1, + 1, + 1, + 1, + 1

☗ ⇒ +4, + 2, + 3, + 4, + 2

8. (i) (d) युग्म में पहली आकृति को 3 बार क्रमश: 90°, 180° और 270° घुमाकर जोड़ने पर दूसरी आकृति प्राप्त होती है।

(ii) (c) रेखांकित भाग छायांकित भाग में तथा छायांकित भाग रेखांकित भाग में परिवर्तित हो जाता है।

(iii) (b) आकृति का ऊपरी बायाँ भाग छायांकित हो जाता है तथा आकृति के छायांकित भाग के साथ जुड़ जाता है।

9. (i) (a) अन्य सभी आकृतियों में, विपरीत रेखाएँ एक जैसी या तो सीधी या वक्र हैं।

(ii) (e) आकृति (a) और (c) एक-दूसरे के समान हैं, इन्हें 180° घुमाकर प्राप्त किया जा सकता है। तथा आकृति (b) और (d) इसी प्रकार एक-दूसरे के समान हैं।

(iii) (c) केवल आकृति (c) 6 रेखाओं से मिलकर बनी है जबकि अन्य सभी 5 रेखाओं से।

10. (i) सभी आकृतियों का ध्यानपूर्वक अध्ययन करने पर हम देखते हैं कि दो या तीन एकसमान आकृतियों का समूह बनता है। लेकिन आकृति (i) का कोई समूह नहीं बनता है।

11. (c) ऊर्ध्वाधर रेखा क्षैतिज रेखा में परिवर्तित हो जाती है तथा अन्य सभी आकृतियाँ उसी स्थिति में रहती हैं।

12. (d) अन्य सभी पंक्तियों में, सभी आकृतियाँ एक, दो, तीन, चार और पाँच रेखाओं से बनी हैं। जबकि पंक्ति (d) में, दो आकृतियाँ एक रेखा से तथा दो आकृतियाँ चार रेखाओं से बनी हैं।

13. (j) चार समान आकृतियों का एक समूह बनता है। लेकिन c, e, j, p के समूह में त्रिभुज (j) में अन्य सभी से भिन्न तिरछी रेखाएँ हैं।

14. (i) (*d*) छायांकित वृत्त, सफेद समचतुर्भुज में तथा सफेद वृत्त, छायांकित समचतुर्भुज में परिवर्तित हो जाते हैं। इसी प्रकार, छायांकित समचतुर्भुज, सफेद वृत्त में तथा सफेद समचतुर्भुज छायांकित वृत्त में परिवर्तित हो जाते हैं।

(ii) (*d*) केवल वे वृत्त दूसरी आकृति में रहते हैं जो पहली आकृति में केवल एक अन्य वृत्त से जुड़े हैं तथा एक रेखा द्वारा जोड़ दिए जाते हैं।

15. (*b*) आकृति (a), आकृति (d) की प्रतिबिम्ब है और आकृति (c), आकृति (e) की प्रतिबिम्ब है।

विजुअल IQ टेस्ट 2

(i) (c) आकृति में वृत्तों को निम्न प्रकार अंकित करने पर,

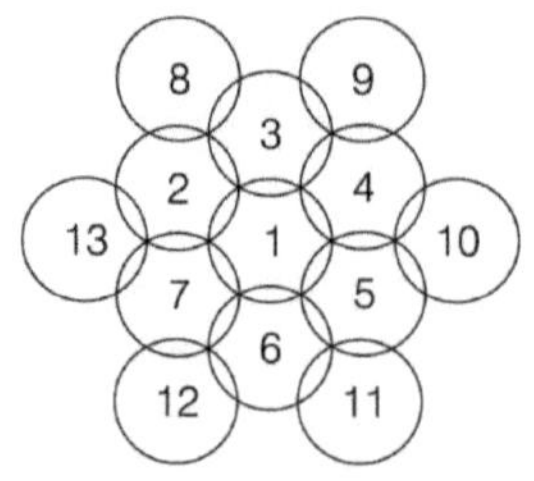

स्पष्ट है कि, दी गई आकृति में कुल 13 वृत्त हैं।

(ii) (a) दी गई आकृति में कुल 8 वृत्त हैं।

2. (i) (*b*) दी गई आकृति को निम्न प्रकार नामांकित करने पर,

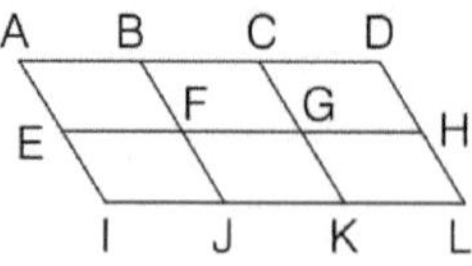

सबसे छोटे समान्तर चतुर्भुज ABFE, BCGF, CDHG, EFJI, FGKJ और GHLK हैं, जिनकी संख्या 6 है।

दो छोटे समान्तर चतुर्भुज को मिलाकर बने समान्तर चतुर्भुज ACGE, BDHF, EGKI, FHLJ, ABJI, BCKJ और CDLK हैं, जिनकी संख्या 7 है।

तीन छोटे समान्तर चतुर्भुज को मिलाकर बने समान्तर चतुर्भुज ADHE और EHLI हैं, जिनकी संख्या 2 है।

चार छोटे समान्तर चतुर्भुज को मिलाकर बने समान्तर चतुर्भुज AIKC और BILD हैं। जिनकी संख्या 2 है और एक सबसे बड़ा समान्तर चतुर्भुज AILD है।

∴ दी गई आकृति में कुल समान्तर चतुर्भुजों की संख्या = 6 + 7 + 2 + 2 + 1 = 18

(ii) (c) दी गई आकृति में 9 समान्तर चतुर्भुज हैं।

3. (i) (*a*) दी गई आकृति को निम्न प्रकार नामांकित करने पर,

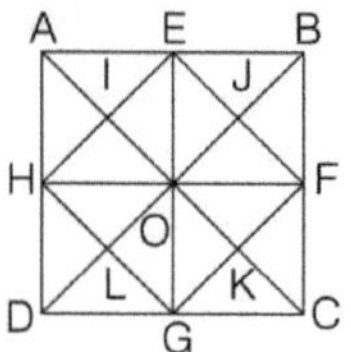

त्रिभुज = AEI, EOI, OHI, HAI, EBJ, BFJ, FOJ, OEJ, HOL, OGL, GDL, DHL, OFK, FCK, CGK, GOK, HAE, AEO, EOH, OHA, GDH, GOF, OFC, FCG, CGO, HEF, EFG OEB, EBF, BFO, FOE, DHO, HOG, OGD, FGH, GHE, ABO, BCO, CDO, DAO, DAB ABC, BCD और CDA = 44

वर्ग = HIOL, IEJO, JFKO, KGLO, AEOH, EBFO, OFCG, HOGD, EFGH, और ABCD = 10

अत: दी गई आकृति में 44 त्रिभुज तथा 10 वर्ग हैं।

(ii) (*a*) दी गई आकृति को निम्न प्रकार नामांकित करने पर,

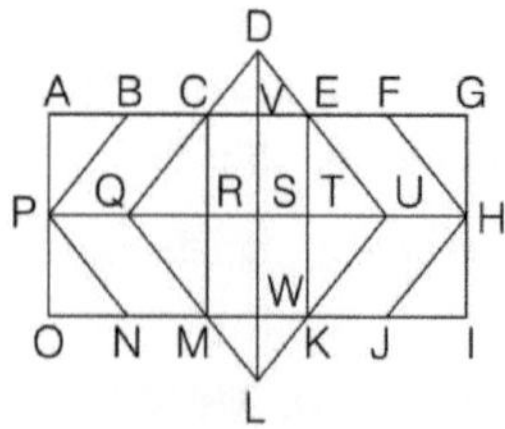

आयत = CVSR, VETS, RSWM, STKW, CETR, VEKW, RTKM, CVWM, ACRP, PRMO, EGHT, THIK, CEKM, AVSP, PSWO, VGHS, SHIW, AETP, PTKO, CGHR, RHIM, ACMO EGIK, AGHP, PHIO, AVWO, VGIW, AEKO, CGIM, और AGIO = 30

षट्भुज = CDEKLM, CEUKMQ, CFHJMQ,
BEUKNP और BFHJNP = 5

अत: दी गई आकृति में 30 आयत तथा 5 षट्भुज
हैं।

4. (a) दी गई आकृति में रंग भरने के लिए कम-से-कम
तीन रंगों की आवश्यकता होगी।

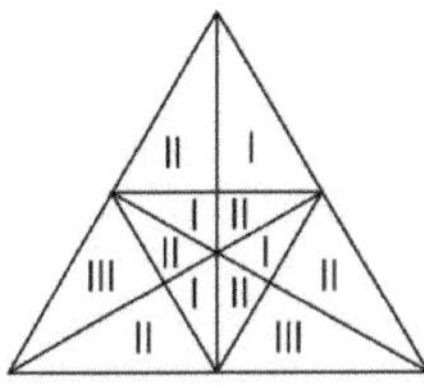

5. (c) प्रत्येक वर्ग में चार भिन्न संकेतांक हैं
○, ⌖, Δ, और ✿

अत: प्रश्नचिन्ह (?) के स्थान पर Δ आएगा।

6. (i) (b) कुछ गायक, नृतक और युगल दोनों हो
सकते हैं। कुछ नृतक, गायक और युगल दोनों हो
सकते हैं। कुछ युगल, गायक और नृतक दोनों हो
सकते हैं।

(ii) (d) साँप एवं छिपकली एक-दूसरे से अलग
हैं। परन्तु दोनों सरीसृप वर्ग में आते हैं।

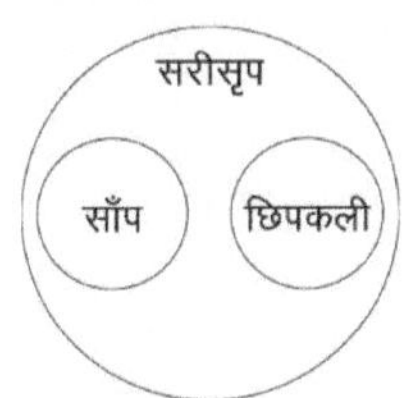

7. (i) (c) संख्या 6 उन कवियों को दर्शाती हैं, जो
निबन्धकार, नाटककार और लेखक भी हैं।

(ii) (a) संख्या 8 उन नाटककारों को दर्शाती है,
जो निबन्धकार नहीं हैं।

(iii) (a) संख्या 5 उन कवियों को दर्शाती हैं, जो
निबन्धकार भी हैं लेकिन लेखक अथवा नाटककार
नहीं हैं।

8. (i) (a) दिए गए एक ही पासें की दोनों स्थितियों से,
दोनों में उभयनिष्ठ बिन्दु = 1 तथा 5

अत: 4 बिन्दु वाले फलक के विपरीत फलक पर
2 बिन्दु होंगे।

(ii) (c) जब आकृति (X) को घन के आकार में
मोडा जाता है, तो घन की एक सतह ◣
को प्राप्त होगी।

आकृति (A) में इस प्रकार की दो सतहें हैं तथा
आकृति (D) में पूर्ण छायांकित सतह हैं। इसलिए
ये दोनों आकृति गलत हैं।

अत: आकृति (B) और आकृति (C) में दिए गए
घन बनाए जा सकते हैं।

9. (i) (b) आकृति (X) में एक बिन्दु, वृत्त और त्रिभुज के
उभयनिष्ठ भाग में हैं। एक बिन्दु, वृत्त और वर्ग के
उभयनिष्ठ भाग में है। एक बिन्दु, वृत्त, त्रिभुज और
वर्ग तीनों में है। इस प्रकार का प्रतिबन्ध केवल
आकृति (b) में है।

(ii) (a) आकृति (X) में एक बिन्दु, वर्ग और आयत
के उभयनिष्ठ भाग में है। एक बिन्दु, त्रिभुज और
आयत के उभयनिष्ठ भाग में है। एक बिन्दु, वृत्त,
त्रिभुज और वर्ग चारों के उभयनिष्ठ भाग में है।

10. (i) (d)

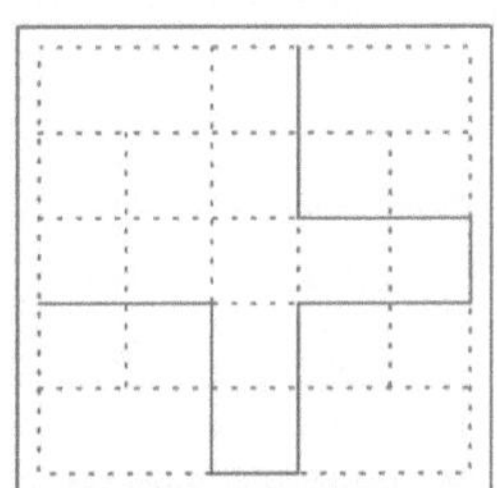

(ii) (d)

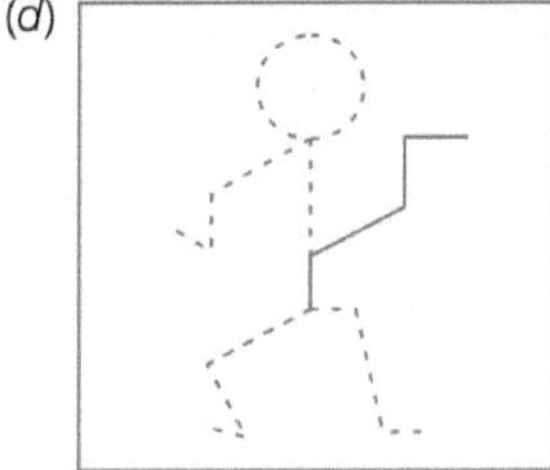

11. (i) (b) (ii) (c)

12. (i) (a) (ii) (a)

13. (i) (c) (ii) (b)

14. (i) (d)

(ii) (c) 1, 5, 8–प्रत्येक खुली हुई आकृति है जिसे
एक रेखा दो भागों में विभाजित करती है।

4, 6, 7–एक रेखा प्रत्येक बन्द आकृति में अलग
से जोड़ी गई है।म

2, 3, 9–एक रेख, प्रत्येक बन्द आकृति में अगल
से जोडी गई है।

15. (i) (d) (ii) (b)

न्यूमेरिकल IQ टेस्ट 1

1 $\because$ $A \times B = 4$ $\Rightarrow$ $A = 4, B = 1$

तथा $C \times D = 12$ $\Rightarrow$ $C = 4, D = 3$

(C तथा D का कोई भी दूसरा मान सन्तुष्ट नहीं करेगा अर्थात् $B \times D = 3$ तथा $B \times C = 4$)

$\therefore A + B + C + D = 4 + 1 + 4 + 3 = 12$

2 परिवार की 1 वर्ष की कुल आय

$= ₹(8400 \times 3 + 10080 \times 4 + 10608 \times 5 + 8640)$

$= ₹(25200 + 40320 + 53040 + 8640$

$= ₹ 127200$

$\therefore$ परिवार की औसत मासिक आय $= ₹ \dfrac{127200}{12}$

$= ₹ 10600$

3 (i) यहाँ, निम्न नियम है

$$2 + 4 + 2 + 5 = 13$$
$$1 + 3 + 1 + 8 = 13$$
$$1 + 3 + 4 + 4 = 12$$
$$1 + 2 + 7 + 6 = \boxed{16}$$

और $\quad 1 + 6 + 8 + 8 = 23$

(ii) पहली आकृति में निम्न पैटर्न है

$$60 \text{ का } 10\% = 60 \times \frac{10}{100} = 6$$
$$60 \text{ का } 15\% = 60 \times \frac{15}{100} = 9$$
$$60 \text{ का } 20\% = 60 \times \frac{20}{100} = 12$$
$$\text{तथा } 60 \text{ का } 24\% = 60 \times \frac{24}{100} = 14.4$$

उसी प्रकार,

$$150 \text{ का } 10\% = 150 \times \frac{10}{100} = 15$$
$$150 \text{ का } 15\% = 150 \times \frac{15}{100} = \boxed{22.5}$$
$$150 \text{ का } 20\% = 150 \times \frac{20}{100} = 30$$
$$\text{तथा } 150 \text{ का } 24\% = 150 \times \frac{24}{100} = \boxed{36}$$

4 $C = 5$ क्योंकि $C \times 3 = 5 \times 3 = 15$, जिसका अन्तिम अंक समान है।

अब, B के लिए $(B \times 3)$ का अन्तिम अंक 4 होगा।

क्योंकि $4 + 1 = 5$

$\therefore$ $B = 8$ क्योंकि $B \times 3 = 8 \times 3 = 24$

$\because$ A के लिए $(A \times 3)$ का अन्तिम अंक 3 होगा।

क्योंकि $3 + 2 = 5$

$\therefore$ $A = 1$

अतः

```
      1   8   5
      1   8   5
  +   1   8   5
  ___________
      5   5   5
```

5 (i)

2	5	10	17	26	37	$\boxed{50}$
	+3	+5	+7	+9	+11	+13

(ii)

1	3	7	15	$\boxed{31}$	63
	+2	+4	+8	+16	+32

(iii)

37	$\boxed{101}$	150	186	211	227	236
	+64	+49	+36	+25	+16	+9
	$(8)^2$	$(7)^2$	$(6)^2$	$(5)^2$	$(4)^2$	$(3)^2$

(iv)

11	29	55	89	$\boxed{131}$
	+18	+26	+34	+42
		+8	+8	+8

6 यहाँ, पैटर्न निम्नवत् है

$$A + B + C = (A \times B)(A \times C) \quad [2(A + B + C)]$$

उसी प्रकार, $6 + 4 + 5 = (6 \times 4)(6 \times 5) \quad [2(6 + 4 + 5)]$

$$= 24\ 30\ 30$$

7 (i) दी गई शृंखला निम्नवत् है

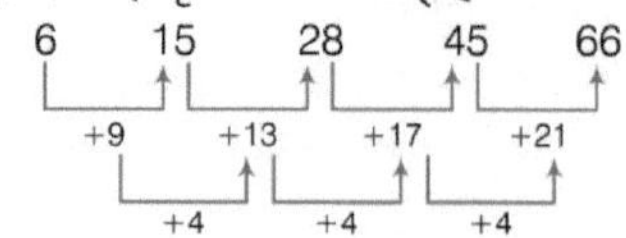

अतः 32, 45 से शुरू होने वाली शृंखला है

32, 45, 62, 83, 108, $\boxed{136}$ (6वाँ पद)

(ii) 75 से प्रारम्भ करके शृंखला विपरीत क्रम में लिखने पर,

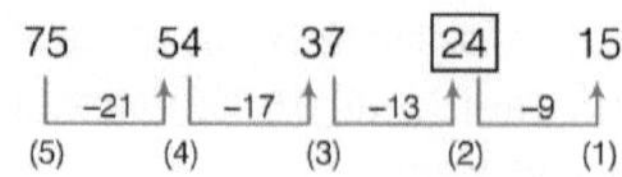

अतः दूसरा पद 24 होगा।

8 घन की प्रत्येक सतह पर अंकित संख्याओं का योग 21 है। इस प्रकार, लुप्त संख्याएँ 7, 2 और 1 हैं।

9 (i) औसत अंक

$$= \frac{45 + 28 + 63 + 54 + 72 + 98 + 87 + 86 + 70 + 84}{10}$$

$$= 68.7$$

6 छात्रों के अंक औसत अंक से अधिक हैं।

$\therefore$ अभीष्ट प्रतिशत $= \dfrac{6}{10} \times 100\% = 60\%$

(ii) प्रथम श्रेणी प्राप्त न करने वाले छात्रों के अंक 28, 45, 54 अर्थात् 3 छात्र

$\therefore$ अभीष्ट प्रतिशत $= \dfrac{3}{10} \times 100 = 30\%$

10 (a) शाम 6 और 7 बजे के बीच बुक किए गए टिकटों की संख्या = 1000

शाम 7 और 8 बजे के बीच बुक किए गए टिकटों की संख्या = 1000 का 120% = 1200

इसी प्रकार, शाम 8 और 9 बजे के बीच बुक किए गए टिकटों की संख्या

$$= 1200 \text{ का } 120\% = 1440$$

शाम 9 और 10 बजे के बीच बुक किए गए टिकटों की संख्या = 1440 का 120% = 1728

$\therefore$ अभीष्ट औसत

$$= \frac{1000 + 1200 + 1440 + 1728}{4}$$

$$= 1342$$

11 (c) अभीष्ट औसत

$$5 + 9 + 6 + 8 + 7 + 5 + 5$$
$$= \frac{+ 6 + 9 + 8 + 9 + 7 + 10}{13} = \frac{94}{13} = 7.2$$

12 (i) लड़कों का प्रतिशत = 100 − 70 = 30%

प्रश्नानुसार, 30% = 510

$\therefore$ 100% $= \dfrac{510}{30} \times 100 = 1700$

(ii) 150 लड़कों के विद्यालय छोड़ने के पश्चात् शेष लड़के = 510 − 150 = 360

अब, कुल विद्यार्थी = 1700 − 150 = 1550

$\therefore$ अभीष्ट प्रतिशत $= \dfrac{360}{1550} \times 100 = 23.23\%$

13 (i) बाह्य चतुर्भुज के शीर्षों पर दी गई संख्याओं का योग तथा अन्त: चतुर्भुज के शीर्षों पर दी गई संख्याओं का योग मध्य संख्या के बराबर है अर्थात् $5 + 8 + ? + 7 = 21 \Rightarrow ? = 1$

(ii) निचली पंक्ति की दो क्रमश: क्रमागत संख्याओं के मध्य की संख्या ऊपर की पंक्ति में है।

इस प्रकार, 7 तथा 5 के मध्य की संख्या 6 है।

अत: ? के स्थान पर 6 आएगा।

14 $0.\overline{11} + 0.\overline{22} = \dfrac{11}{99} + \dfrac{22}{99} = \dfrac{33}{99} = \dfrac{1}{3}$

15 अधिकतम सम्भावित मान

$$= 5 + 4 \times 7 - 6 \div 2 = 30$$

न्यूमेरिकल IQ टेस्ट 2

1 माना अभीष्ट दिनों की संख्या = x

चिड़ियाँ	घोंसले	दिन
18 ↑	18 ↓	18 ↓
1	1	x

$\therefore \quad x = \dfrac{18}{1} \times \dfrac{1}{18} \times 18 = 18$ दिन

2 यदि अनन्त का जन्मदिन 31 दिसम्बर हो और उसने यह कथन 1 जनवरी को कहा, तब नीचे दिया गया कथन सत्य होगा।

(बीते हुए कल से एक दिन पहले 30 दिसम्बर थी और वह 13 वर्ष का था। 31 दिसम्बर को वह 14 वर्ष का हो गया तथा अगले वर्ष वह 16 वर्ष का हो जाएगा)

(i) उसका जन्मदिन 31 दिसम्बर को होता है।

(ii) यह कथन उसने 1 जनवरी को कहा।

3 (i) (a) 36 वर्ष से कम आयु के लोगों का प्रतिशत
$$= 55\%$$

$\because \quad 55\% = 22$ मिलियन

$\therefore \quad 12.50\% = \dfrac{22}{55} \times 12.50$

$$= 5 \text{ मिलियन}$$

(ii) (b) अन्तर = 0.975 मिलियन

$\because (18.25 - 15)\% = 0.975$ मिलियन

$\therefore \quad 100\% = \dfrac{0.975}{3.25} \times 100 = 30$ मिलियन

4 (i) 3 वर्ष पहले परिवार के 5 सदस्यों की आयु का योग $= 5 \times 17 = 85$ वर्ष

∴ परिवार के 5 सदस्यों की वर्तमान आयु का योग $= 85 + 5 \times 3 = 100$ वर्ष

तथा परिवार के 6 सदस्यों की वर्तमान आयु का योग $= 6 \times 17 = 102$ वर्ष

∴ बच्चे की वर्तमान आयु $= 102 - 100 = 2$ वर्ष

(ii) दो वर्ष पश्चात् पूरे परिवार की औसत आयु $= \dfrac{102 + 2 \times 6}{6} = \dfrac{114}{6} = 19$ वर्ष

5 (i) (c) प्रतिशत कमी $= \dfrac{6 - 5}{6} \times 100$

$= \dfrac{50}{3} = 16\dfrac{2}{3}\%$

(ii) (b) अभीष्ट अनुपात $= 2 : 6 = 1 : 3$

6 तीनों नलों का 1 घण्टे का कार्य क्रमशः $\dfrac{1}{3}, \dfrac{1}{4}$ तथा $\dfrac{1}{2}$ है।

(i) पहला और दूसरा नल खोला जाए तथा तीसरा बन्द रहे, तो 1 घण्टे में हौज भरेगा $= \dfrac{1}{3} + \dfrac{1}{4}$

∴ अभीष्ट समय $= \dfrac{1}{3} + \dfrac{1}{4}$

$= \dfrac{4 + 3}{12} = \dfrac{7}{12}$ भाग

तब, हौज भरेगा $= \dfrac{12}{7}$ घण्टे

(ii) तीनों नलों को खोलने पर,

1 घण्टे में हौज भरेगा $= \dfrac{1}{3} + \dfrac{1}{4} - \dfrac{1}{2}$

$= \dfrac{4 + 3 - 6}{12} = \dfrac{1}{12}$ भाग

∴ अभीष्ट समय $= 12$ घण्टे

7 25 के पास वीसीआर है तथा प्रत्येक वीसीआर वाले के पास टीवी है।

अतः ऐसे व्यक्ति जिनके पास टीवी है पर वीसीआर नहीं है $= 75 - 25 = 50$

10 व्यक्ति जिनके पास टीवी, रेडियो एवं वीसीआर है।

अतः $50 - 10 = 40$ व्यक्तियों के पास केवल टीवी है।

8 (i) माना थैले और जूते का दाम क्रमशः $7x$ व $5x$ है।

तब प्रश्नानुसार, $7x - 5x = 200$

$\Rightarrow \quad 2x = 200 \Rightarrow x = 100$

∴ जूते का दाम $= 5x = 5 \times 100 = $ ₹ 500

(ii) प्रश्नानुसार, थैले तथा जूते के दाम क्रमशः

$5x = 5 \times 100 = $ ₹ 500

तथा $7x = 7 \times 100 = $ ₹ 700

तब, 2 थैले तथा 3 जोड़ी जूतों की कीमत

$= 2 \times 500 + 3 \times 700$

$= 1000 + 2100 = $ ₹ 3100

9 (i) राम की आयु $= 8$ वर्ष

गीता की आयु $= 8 - 2 = 6$ वर्ष

∴ कमल की आयु $= 6 \times 5 = 30$ वर्ष

(ii) राम तथा कमल की आयु में अन्तर $= 30 - 8 = 22$ वर्ष

अतः राम, कमल से 22 वर्ष छोटा है।

10 (i) (d) अभीष्ट अनुपात $= \dfrac{80}{60} = 4 : 3$

(ii) (c) औसत अंक $= \dfrac{70 + 40}{2}$

$= \dfrac{110}{2} = 55$

11 प्रश्नानुसार, माना दी गई राशि,

रोजी	एन्थोनी	कैटी	शैला
$2x$	$1x$	$1x$	$\dfrac{1}{2}x$

(i) अतः एन्थोनी और कैटी ने समान राशि का भुगतान किया।

(ii) रोजी तथा शैला द्वारा दी गई राशि का अनुपात $= \dfrac{2x}{\dfrac{1}{2}x} = \dfrac{4}{1} = 4 : 1$

12 ∵ A, B व C का 1 दिन का कार्य क्रमशः $\dfrac{1}{4}, \dfrac{1}{6}$ व $\dfrac{1}{10}$ है।

(i) तीनों को मिलाकर 1 दिन का कार्य $= \dfrac{1}{4} + \dfrac{1}{6} + \dfrac{1}{10} = \dfrac{15 + 10 + 6}{60} = \dfrac{31}{60}$

∴ अभीष्ट दिन $= \dfrac{60}{31}$ दिन

(ii) प्राप्त धन में A, B व C के भागों का अनुपात = उनके द्वारा 1 दिन में किए गए कार्यों का अनुपात

$$= \frac{1}{4} : \frac{1}{6} : \frac{1}{10} = 15 : 10 : 6$$

तथा प्राप्त धन = ₹ 310

$$\therefore \quad A \text{ का भाग} = \frac{15}{15 + 10 + 6} \times 310$$

$$= \frac{15}{31} \times 310 = ₹ \ 150$$

$$B \text{ का भाग} = \frac{10}{31} \times 310 = ₹ \ 100$$

$$\text{तथा } C \text{ का भाग} = \frac{6}{31} \times 310 = ₹ \ 60$$

13 (i) ₹ 12 की 3 डेरीमिल्क, ₹ 7.5 की 15 किटकेट और 50 पैसे की 2 इकलेअर खरीदी जा सकती हैं अर्थात्

$$4 \times 3 + 0.5 \times 15 + 0.25 \times 2$$

$$= 12 + 7.5 + 0.50 = ₹ \ 20$$

(ii) अभीष्ट धनराशि

$$= 8 \times 0.25 + 12 \times 0.5 + 5 \times 4$$

$$= 2 + 6 + 20 = ₹ \ 28$$

14 माना मेरी आयु x वर्ष है, तब मेरे पिता की आयु $= (x + 21)$ वर्ष

प्रश्नानुसार, $\quad 2(x + 12) = (x + 21) + 12$

$$\Rightarrow \quad 2x + 24 = x + 33$$

$$\therefore \quad x = 33 - 24 = 9 \text{ वर्ष}$$

15 (i) (c) भोजन पर खर्च = 30%

$$\Rightarrow x \times \frac{30}{100} = 9000 \quad \Rightarrow \quad x = ₹ \ 30000$$

$$\therefore \text{शिक्षा पर खर्च} = 30000 \times \frac{18}{100} = ₹ \ 5400$$

(ii) (c) मकान और शिक्षा के अतिरिक्त खर्च

$$= \frac{3000}{15} \times (30 + 5 + 15 + 12)$$

$$= \frac{3000}{15} \times 62 = ₹ \ 12400$$

जाँचें अपना IQ टेस्ट 1

1 (c) जिस प्रकार, $\quad 13 + 27 = 40,$
$$21 + 27 = 48$$

तथा $\qquad\qquad 21 + 13 = 34$

उसी प्रकार, $34 + 48 + 40 = 122$

2 78653 को 87564 लिखेंगे, क्योंकि संख्याओं के विषम अंकों में 1 जोड़ा गया है तथा सम अंकों में 1 घटाया गया है।

3 (c) ∵ सन्तुलन की स्थिति में दोनों ओर का कुल वजन समान होता है।

$$\therefore \qquad 8 \times 2 + 6 \times 4 = 10 \times 1 + ? \times 5$$

$$\Rightarrow \qquad 16 + 24 = 10 + ? \times 5$$

$$\Rightarrow \qquad ? \times 5 = 40 - 10 = 30$$

$$\Rightarrow \qquad ? = \frac{30}{5} = 6 \text{ किग्रा}$$

4 पहली पंक्ति में, 8 में से 2 वृत्त छायांकित हैं, अर्थात् 25%

दूसरी पंक्ति में, 8 में से 6 वृत्त छायांकित हैं अर्थात् 75%

तीसरी पंक्ति में, 5 में से 3 वृत्त छायांकित हैं, अर्थात् 60%

इसी प्रकार, चौथी पंक्ति में, 10 में से 4 वृत्त छायांकित हैं अर्थात् 40%

5 जिस प्रकार,

पहला कथन, $4 + 6 + 2$

$$\Rightarrow \quad 4 \times 6 = 24 \Rightarrow 4 \times 2 = 08$$

$$\Rightarrow \quad (4 + 6 + 2) \times 2 = 12 \times 2 = 24$$

दूसरा कथन, $5 + 6 + 7$

$$\Rightarrow \quad 5 \times 6 = 30 \Rightarrow \ 5 \times 7 = 35$$

$$\Rightarrow \quad (5 + 6 + 7) \times 2 = 18 \times 2 = 36$$

तथा तीसरा कथन, $2 + 8 + 4$

$$\Rightarrow \quad 2 \times 8 = 16 \Rightarrow \ 2 \times 4 = 08$$

$$\Rightarrow \quad (2 + 8 + 4) \times 2 = 14 \times 2 = 28$$

उसी प्रकार, $\ 5 + 6 + 5$

$$\Rightarrow \quad 5 \times 6 = 30 \Rightarrow \ 5 \times 5 = 25$$

$$\Rightarrow \quad (5 + 6 + 5) \times 2 = 16 \times 2 = 32$$

अतः $\qquad 5 + 6 + 5 = 30\ 25\ 32$

6 जिस प्रकार, $32 + 33 = 65 \Rightarrow 56,$
$\qquad\qquad\qquad 36 + 17 = 53 \Rightarrow 35$
तथा $\qquad\qquad 56 + 12 = 68 \Rightarrow 86$
उसी प्रकार, $\quad 25 + 66 = 91 \Rightarrow \boxed{19}$

7 (b) माना सफेद गेंदों की संख्या $= x$

तब, लाल गेंदों की संख्या $= (10 - x)$

प्रश्नानुसार, $10 \times 28 = x \times 30 + (10 - x) \times 25$

$\Rightarrow \qquad 280 = 30x + 250 - 25x$

$\Rightarrow \qquad 280 = 5x + 250$

$\Rightarrow \qquad 5x = 280 - 250 = 30$

$\therefore \qquad x = 6$

अतः सफेद गेंदों की संख्या 6 है।

8 (b) दिए गए शब्द का सही दर्पण प्रतिबिम्ब विकल्प (b) है।

9 (b) दी गई प्रश्न आकृति में स्तम्भ I की आकृति तथा स्तम्भ II की आकृति को जोड़ने पर स्तम्भ III की आकृति प्राप्त हो रही है। अतः विकल्प आकृति (b) दी गई प्रश्न आकृति को पूरा करेगी।

10 (b) कागज को खोलने पर विकल्प आकृति (b) के समान आकृति प्राप्त होगी।

11 (a) प्रश्नानुसार,

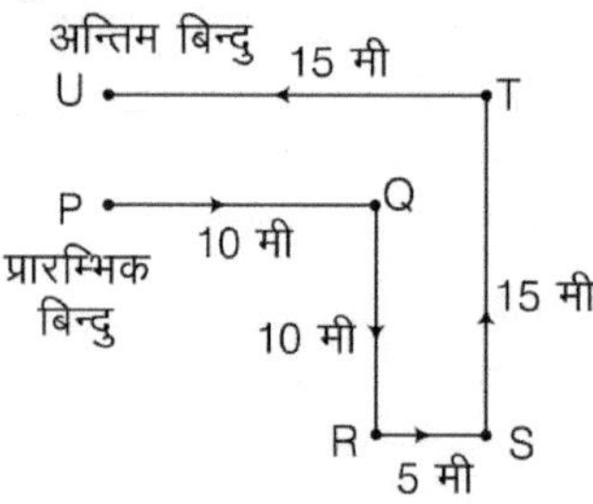

$\therefore \qquad PU = TS - QR = 15 - 10 = 5$ मी

12 (a) माना बुनी गई चटाइयों की संख्या x है।

तब प्रश्नानुसार, $\dfrac{4}{4 \times 4} = \dfrac{x}{8 \times 8}$

$\therefore \qquad x = \dfrac{8 \times 8 \times 4}{4 \times 4} = 16$

13 (c) a a̲ b c d̲ / a b̲ b c d / a̲ b c c d / a b c d d̲

14 (d) प्रश्न आकृति का ध्यानपूर्वक अवलोकन करने पर ज्ञात होता है कि उत्तर आकृति (d) प्राप्त होगी।

15 (a) प्रश्नानुसार, H * T — H, T की बहन है।
T # F — T, F का पुत्र है।
F % L — F, L का पिता है।
अतः स्पष्ट है कि H, L की बहन है।

16 (c) दी गई आकृति में षट्भुजों की संख्या
= BDILJE, ABJMLD, QDILSR, BNOPJE और
QNOPSR = 5

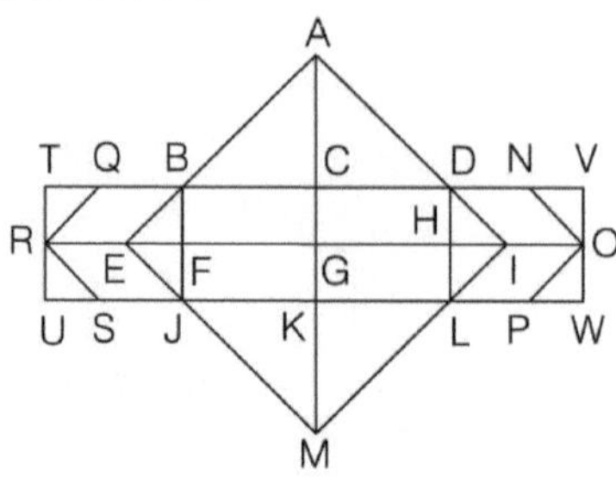

17 (a) कुछ लेखक शिक्षक हो सकते हैं, कुछ शिक्षक पुरुष हो सकते हैं तथा कुछ लेखक पुरुष हो सकते हैं।

18 माना दादा, पिता तथा पोते की आयु क्रमशः x, y और z वर्ष है।

तब प्रश्नानुसार, $x + y + z = 140 \qquad \ldots$ (i)

पुनः $12z = x$ तथा $365z = \dfrac{365}{7} y$

$\Rightarrow \qquad x = 12z \qquad \ldots$ (ii)

और $\qquad y = 7z \qquad \ldots$ (iii)

समी (ii) और (iii) से x तथा y का मान समी (i) में रखने पर, $12z + 7z + z = 140$

$\Rightarrow \quad 20z = 140 \Rightarrow z = 7$ वर्ष

$\therefore \qquad x = 12z = 12 \times 7 = 84$ वर्ष

तथा $\qquad y = 7z = 7 \times 7 = 49$ वर्ष

19 (b) जिस प्रकार, चोट लगने पर दर्द होता है, उसी प्रकार, तड़ित या बिजली के चमकने पर गड़गड़ाहट होती है।

20 (a) जिस प्रकार, प्रश्न आकृति (2) में आकृति (1) से तीन रेखाएँ कम हैं और दूसरी आकृति 180° घूम रही है। उसी प्रकार, प्रश्न आकृति (4) में आकृति (3) से तीन रेखाएँ कम होंगी और दूसरी आकृति 180° घूम जाएगी।

21 प्रश्नानुसार,

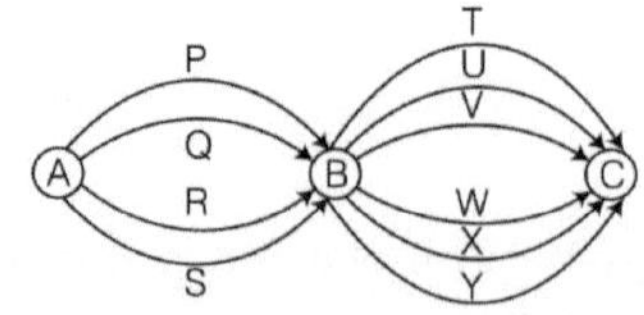

$\therefore$ अभीष्ट रास्तों की संख्या $= 4 \times 6 = 24$

22 प्रश्नानुसार, अनुक्रम में केवल तीन p हैं।

23

$$\underset{14}{\overset{9}{\boxed{4}}} + \boxed{9} + \underset{26}{\overset{11}{\boxed{10}}} = 23$$

$$\boxed{2} \qquad \boxed{8} = 10$$
$$\boxed{7} \qquad \boxed{3} = 10$$
$$\boxed{1} + \boxed{6} + \boxed{5} = 12$$
$$\quad 14 \qquad 15 \qquad 26$$

24 (b) प्रत्येक आकृति में, बाहर की ओर दी संख्याएँ मध्य में दिए गए अक्षर के क्रमांक की गुणज हैं। जिस प्रकार, प्रथम आकृति में 16, 20, 24, 28 तथा 32, D के क्रमांक 4 के गुणज है।

उसी प्रकार, तीसरी आकृति में 14, 21, 28, 35 तथा 42 सभी 7 के गुणज हैं।

अतः अभीष्ट अक्षर G(7) होगा।

25 (b) प्रश्नानुसार,

$$\frac{x+y+z}{3} + t = 36 \qquad \dots(i)$$
$$\frac{y+z+t}{3} + x = 34 \qquad \dots(ii)$$
$$\frac{z+t+x}{3} + y = 30 \qquad \dots(iii)$$
$$\frac{t+x+y}{3} + z = 32 \qquad \dots(iv)$$

इन सभी समीकरणों को जोड़ने पर,

$$\frac{3(x+y+z+t)}{3} + (x+y+z+t) = 132$$
$$\Rightarrow \qquad 2(x+y+z+t) = 132$$
$$\therefore \qquad x+y+z+t = 66 \qquad \dots(v)$$

अब, समी (i) तथा (v) से,

$$x+y+z+3t = 108$$
$$x+y+z+t = 66$$
$$\overline{\qquad\qquad}$$
$$2t = 42$$
$$\therefore \qquad t = 21$$

जाँचें अपना IQ टेस्ट 2

1 (b) प्रत्येक पंक्ति में क्रमशः पहली और दूसरी आकृति को मिलाने पर तीसरी आकृति प्राप्त होती है।

2 (b) माना एक सेब तथा एक केले की कीमत क्रमशः ₹a तथा ₹b है।

तब, $\qquad 4a + 5b = 59 \qquad \dots(i)$

तथा $\qquad 3a + 7b = 67 \qquad \dots(ii)$

समी (i) में 3 तथा समी (ii) में 4 से गुणा करने पर,

$$12a + 15b = 177 \qquad \dots(iii)$$
तथा $\qquad 12a + 28b = 268 \qquad \dots(iv)$

समी (iv) में से समी (iii) को घटाने पर,

$$13b = ₹91$$
$$\Rightarrow \qquad 1b = ₹7$$
$$\therefore \qquad 1a = ₹6$$

अतः एक सेब + एक केले की कीमत

$$= 7 + 6 = ₹13$$

3 पेज 9, 23 तथा 24 लुप्त हैं क्योंकि पेज 10, पेज 9 के पीछे छपा होता है। समाचार-पत्र में प्रारम्भ के पेज क्रमशः अन्तिम के पेजों से जुड़े हुए होते हैं। अतः अन्तिम से 9वाँ, 10वाँ पेज क्रमशः 24 और 23 होगा।

4 दो वृत्तों के उभयनिष्ठ भाग में दी गई संख्या उन संख्याओं का योग हैं, जो दोनों वृत्तों में उभयनिष्ठ नहीं है।

जिस प्रकार, 7 + 9 = 16 तथा 4 + 5 = 9

उसी प्रकार, 6 + 8 = 14

5 (b) 5 घण्टे में तापक्रम में वृद्धि

$$= (36° - 21°)C = 15°C$$

∵ 1 घण्टे में तापक्रम में वृद्धि = 3°C

∴ 3 घण्टे में तापक्रम में वृद्धि = 9°C

अतः 12 : 00 बजे अर्थात् ठीक दोपहर के समय तापमान = (21° + 9°)C = 30°C

6 चारों व्यक्तियों की कार्य क्षमता प्रति घण्टा क्रमशः $\dfrac{1}{4}, \dfrac{1}{5}, \dfrac{1}{6}$ तथा $\dfrac{1}{7}$ होगी।

सभी व्यक्तियों को मिलाकर कार्य क्षमता

$$= \frac{1}{4} + \frac{1}{5} + \frac{1}{6} + \frac{1}{7}$$
$$= \frac{105 + 84 + 70 + 60}{420} = \frac{319}{420}$$

अतः कुल लगा समय $= \dfrac{420}{319} = 1.3166$

$= 1$ घण्टा 19 मिनट (लगभग)

7 (e) यहाँ आकृति (e) विषम है क्योंकि आकृति (a), आकृति (f) के समान है, आकृति (b), आकृति (g) के समान है तथा आकृति (c), आकृति (d) के समान है।

8 (d) प्रश्नानुसार, राम + दो बच्चे

$= 17 \times 3 = 51$ वर्ष

तथा राम की पत्नी + दो बच्चे $= 16 \times 3 = 48$ वर्ष

$\therefore$ राम − उसकी पत्नी $= 51 - 48 = 3$ वर्ष

$\Rightarrow$ $33 -$ उसकी पत्नी $= 3$

$\therefore$ उसकी पत्नी $= 33 - 3 = 30$ वर्ष

9 3 तथा 9

चूँकि प्रत्येक आकृति में दी गई संख्या उससे जुड़ी अन्य आकृतियों की भुजाओं की संख्या का योग है।

10 (a) माना लड़कों की संख्या $= x$

$\therefore$ सिक्कों की संख्या $= x^2$

प्रश्नानुसार, $\dfrac{25}{100} \times x^2 = 400$

$\Rightarrow \qquad x^2 = \dfrac{400}{25} \times 100 = 1600$

$\Rightarrow \qquad x = 40$

11 (d) सम्पूर्ण आकृति $180°$ घूम जाती है और पीछे वाली आकृति सामने आ जाती है तथा छायांकित हो जाती है।

12 (c) माना ब्राण्ड B की कमीजों की संख्या $= x$

तथा ब्राण्ड B की एक कमीज का मूल्य $= ₹\ 1$

तब, मूल कीमत $= 4 \times 2 + x \times 1 = ₹\ (8 + x)$

कमीजों की संख्या बदल जाने पर,

नई कीमत $= 4 \times 1 + x \times 2 = ₹\ 4 + 2x$

प्रश्नानुसार, $4 + 2x = (8 + x) \times \dfrac{140}{100}$

$\Rightarrow \qquad 4 + 2x = (8 + 1 \times x)\dfrac{7}{5}$

$\Rightarrow \qquad 20 + 10x = 56 + 7x$

$\Rightarrow \qquad 10x - 7x = 56 - 20$

$\Rightarrow \qquad 3x = 36$

$\Rightarrow \qquad x = 12$

13

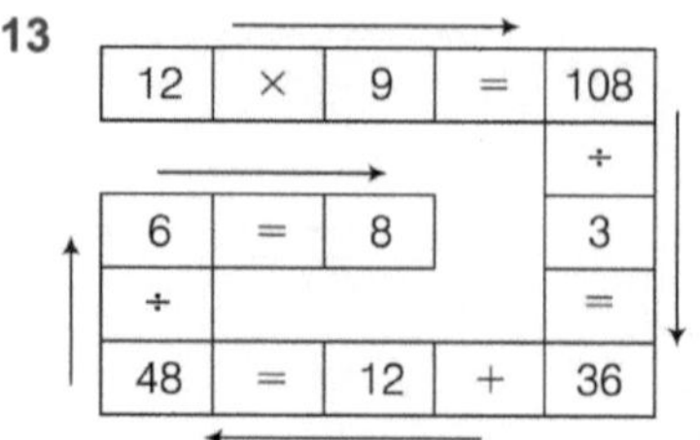

14 दी गई शृंखला निम्न प्रकार हैं

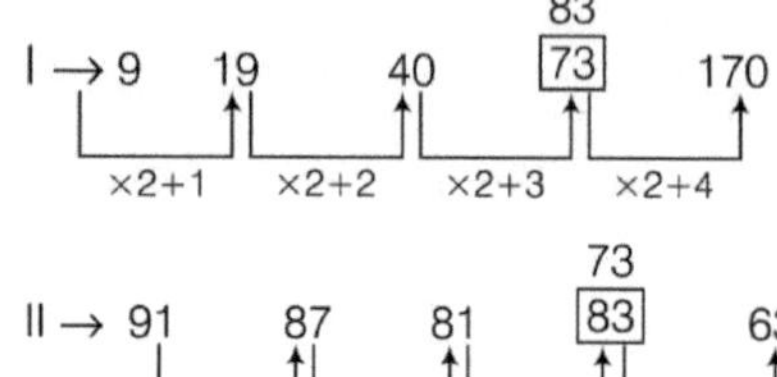

अतः संख्याओं 73 और 83 को आपस में परिवर्तित करना चाहिए।

15 आकृति (i) से (ii) में घण्टे की सूई $30°$ वामावर्त दिशा में घूम जाती है तथा मिनट की सूई में परिवर्तित हो जाती है। उसी प्रकार, मिनट की सूई $30°$ दक्षिणावर्त दिशा में घूम जाती है तथा घण्टे की सूई में परिवर्तित हो जाती है तथा आकृति (iii) व (iv) में भी सही क्रम चल रहा है।

$\therefore$

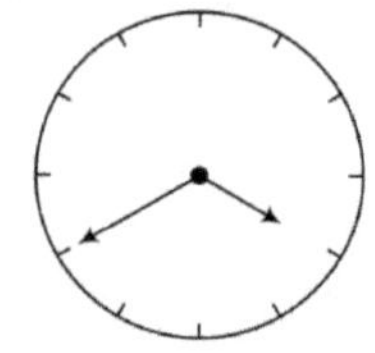

16 (b) कैदी के पिता का पुत्र स्वयं कैदी हुआ। अतः वह लड़का कैदी का पुत्र है।

17 सुबह के समय में किसी वस्तु की छाया पश्चिम की ओर पड़ती है तथा शाम में किसी वस्तु की छाया पूर्व की ओर पड़ती है। अतः गोल गुम्बद, बारा कमान से पूर्व की ओर है।

18 (c) विकल्प आकृति (c) प्रश्न में दी गई आकृति का पूर्ण वर्ग बनाएगी।

19 प्रश्नानुसार, बानु > रीना > चित्रा > सुनीता > अनीता

अतः अनीता सबसे छोटी है।

20 दी गई आकृति में कम-से-कम 6 ब्लॉक हैं।

21 (b) माना विद्यार्थियों की कुल संख्या = 100

तब, अंग्रेजी बोलने वालों की संख्या = 70

हिन्दी बोलने वालों की संख्या = 65

कम-से-कम एक भाषा बोलने वालों की संख्या
$$= 100 - 27 = 73$$

∴ दोनों भाषाएँ बोलने वालों की संख्या
$$= 70 + 65 - 73 = 135 - 73 = 62$$

अत: दोनों भाषाएँ बोलने वालों का अभीष्ट प्रतिशत 62% है।

22 ध्यानपूर्वक देखने पर ज्ञात होता है कि प्रत्येक ब्लॉक के बिन्दुओं का योग एक शृंखला में हैं,

(0 + 0), (1 + 2), (0 + 2), (1 + 4), (3 + 1),

(6 + 1), (3 + 3), (6 + ?)

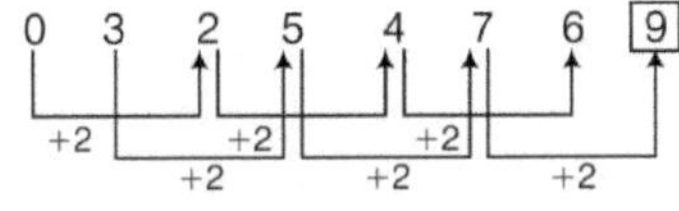

∴ $\quad 6 + ? = 9 \quad \Rightarrow \quad ? = 3$

अत: प्रश्नचिन्ह (?) के स्थान पर 3 धब्बे आएँगे।

23 (b) आकृति (b) को 90° दक्षिणावर्त घुमाकर रखने पर सही आकृति प्राप्त होगी।

24 (d) श्याम और रामू की कार्यक्षमताओं का अनुपात
$$= 1\frac{1}{2} : 1 = 3 : 2$$

∵ किसी कार्य को करने में दोनों के द्वारा लिए गए समय का अनुपात = 2 : 3

∴ श्याम द्वारा लिया गया समय
$$= \frac{2}{3} \times 18 = 12 \text{ दिन}$$

अब, (श्याम + रामू) द्वारा 1 दिन में किया गया कार्य $= \frac{1}{12} + \frac{1}{18} = \frac{3+2}{36} = \frac{5}{36}$

∴ $\quad$ अभीष्ट समय $= \frac{36}{5} = 7\frac{1}{5}$ दिन

25 A = 32 − (11 + 16) = 5

B = 32 − (12 + 10) = 10

C = 32 − (15 + 16) = 1

D = 32 − (11 + 12) = 9

E = 32 − (10 + 15) = 7

A, B, C, D तथा E इस प्रकार हैं कि

A + B = 5 + 10 = 15, $\quad$ B + C = 10 + 1 = 11,

C + D = 1 + 9 = 10, $\quad$ D + E = 9 + 7 = 16,

E + A = 7 + 5 = 12

जाँचें अपना IQ टेस्ट 3

1 (d) विकल्प आकृति (d) में केवल दो त्रिभुज बनते हैं, जबकि अन्य सभी में तीन त्रिभुज बनते हैं।

2 (b) प्रश्नानुसार,

| तुलसी |
| अकरम |
| बोप्सी |
| प्रिया |

अत: नीचे से दूसरा बच्चा बोप्सी है।

3 दी गई शृंखला निम्नवत् है

J 15 K +6 L M 21 N +8 O P 29 Q +10 R S 39 T +12 U V 51 W

∴ लुप्त पद = P29Q

4

x	1	3	4	16	18	123	92
y	2	6	8	32	36	246	184

5 सही क्रम निम्न प्रकार है
$$8 \times 5 + 2 \div 1$$
$$= 8 \times 5 + 2 = 40 + 2 = 42$$

6 10 वर्ष पूर्व चारों सदस्यों की कुल आयु
$$= 24 \times 4 = 96 \text{ वर्ष}$$

वर्तमान में चारों सदस्यों की कुल आयु
$$= 96 + 4 \times 10 = 136 \text{ वर्ष}$$

वर्तमान में 6 सदस्यों की कुल आयु
$$= 24 \times 6 = 144 \text{ वर्ष}$$

प्रश्नानुसार,

दोनों बच्चों की आयु का योग
$$= 144 - 136 = 8 \text{ वर्ष}$$

माना दोनों बच्चों की आयु क्रमशः x तथा $(x+2)$ वर्ष है।

तब, $\qquad x + x + 2 = 8$

$\Rightarrow \qquad 2x = 6 \Rightarrow x = 3$

अतः छोटे बच्चे की वर्तमान आयु 3 वर्ष है।

7 I → (3), II → (D) कंकड़

जिस प्रकार, समुद्र का छोटा रूप झील है, उसी प्रकार, पत्थर का छोटा रूप कंकड़ है।

8 प्रत्येक बॉक्स के लिए, मध्य के बॉक्स में लिखी संख्या, अन्य तीनों संख्याओं के वर्गों के योग के समान है।

$\therefore \quad ? = 1^2 + 2^2 + 7^2 = \boxed{54}$

9 दी गई शृंखला में केवल पाँच 4 ऐसे हैं, जिनसे पहले अभाज्य अंक आया है लेकिन बाद में नहीं।

10 (b) दिए गए आव्यूह में 3 प्रकार के चेहरे, 3 प्रकार का शरीर, 3 प्रकार के हाथ और तीन प्रकार के पैर हैं, जोकि प्रत्येक पंक्ति में केवल एक बार प्रयुक्त हुए हैं। तीसरी पंक्ति में, जो भाग (छोटी आकृति) पहली दो आकृतियों में प्रयुक्त नहीं हुए हैं, वे सभी तीसरी आकृति में मिलाकर आएँगे।

11 (b) प्रश्नानुसार,

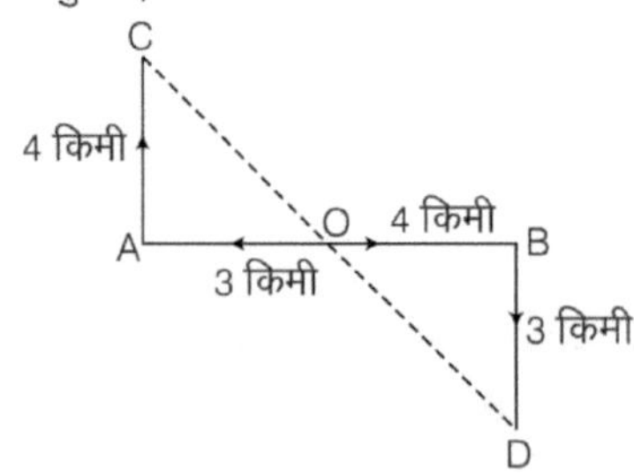

$\therefore$ अभीष्ट दूरी $(CD) = CO^2 + OD^2$

$\qquad = \sqrt{4^2 + 3^2} + \sqrt{3^2 + 4^2}$

$\qquad = \sqrt{25} + \sqrt{25}$

$\qquad = 5 + 5 = 10$ किमी

12 (e) दिए गए अनुक्रम में प्रत्येक तीसरी आकृति में, नीचे की आधी आकृति की डिजाइन पहले जैसे ही रहती है और ऊपर आकृति में ऊर्ध्वाधर रेखाएँ क्षैतिज तथा क्षैतिज रेखाएँ ऊर्ध्वाधर रेखाओं में परिवर्तित हो जाती हैं।

13 (a) $\because$ प्रत्येक व्यक्ति शेष अन्य व्यक्तियों से हाथ मिलाता है।

$\therefore$ हाथ मिलाने की कुल संख्या

$\qquad = 12 \times (12 - 1) = 12 \times 11 = 132$

14 (a) पहले 2 घण्टों में गंगा और सरस्वती द्वारा काटा गया खेत $= \dfrac{1}{8} + \dfrac{1}{12} = \dfrac{3+2}{24} = \dfrac{5}{24}$

$\therefore$ पहले 8 घण्टों में दोनों द्वारा काटा गया खेत $= \dfrac{5}{24} \times \dfrac{8}{2} = \dfrac{5}{6}$

$\therefore$ शेष खेत $= 1 - \dfrac{5}{6} = \dfrac{1}{6}$

अब, गंगा द्वारा 1 घण्टे में काटा गया खेत $= \dfrac{1}{8}$

$\therefore$ शेष खेत $= \dfrac{1}{6} - \dfrac{1}{8} = \dfrac{4-3}{24} = \dfrac{1}{24}$

अब, सरस्वती द्वारा $\dfrac{1}{24}$ भाग कार्य करने में लगा समय $= \dfrac{1}{24} \times 12 = \dfrac{1}{2}$ घण्टा

$\therefore$ कुल समय $= 8 + 1 + \dfrac{1}{2} = 9\dfrac{1}{2}$ घण्टे

$\because$ खेत की कटाई पूर्वाह्न 9 बजे शुरू होती है।

अतः पूरी कटाई का कार्य अपराह्न 6 : 30 बजे पूरा होगा।

15 (d) प्रत्येक घड़ी के अंकों का योग 15 है।

16 (c) यहाँ, रीमा, राजेश और लक्ष्मी की पुत्री है।

$\because$ राजन, रीमा का पति है

अतः राजेश, राजन का ससुर है।

17 यहाँ, रविवार का तापमान $= 57°C$

तथा मंगलवार का तापमान $= 30°C$

$\therefore$ अभीष्ट प्रतिशत $= \dfrac{57 - 30}{30} \times 100\%$

$\qquad = 90\%$

18 (d) माना सही उत्तरों की संख्या $= x$

तब, गलत उत्तरों की संख्या $= (100 - x)$

प्रश्नानुसार, $2 \times x - (100 - x) \times 1 = 80$

$\Rightarrow \quad 2x - 100 + x = 80$

$\Rightarrow \quad 3x = 80 + 100 = 180$

$\therefore \qquad x = \dfrac{180}{3} = 60$

अतः सही उत्तरों की संख्या 60 है।

19 (b) आकृति को जल प्रतिबिम्ब के अनुसार परिवर्तित किया गया है।

20 दिया है, अनिल का किसी स्थान पर पहुँचने का दिन $\qquad = $ शुक्रवार

तब, उसके पहुँचने का नियत दिन = सोमवार
[शुक्रवार के 3 दिन बाद]

इस प्रकार, यदि वह वहाँ अगले रविवार को पहुँचता, तो वह 1 दिन पहले पहुँचता।

21 जिस प्रकार, $10 + 5 = 15,\ 5 + 20 = 25$
तथा $10 + 20 = 30$
उसी प्रकार, $10 + ? = 10,\ 20 + ? = 20$
अत: $? = 0$

22 (a) अभीष्ट औसत दाम
$$= \frac{13 \times 70 + 15 \times 60 + 12 \times 65}{13 + 15 + 12}$$
$$= \frac{910 + 900 + 780}{40} = \frac{2590}{40} = ₹\ 64.75$$

23 (d) 75 लीटर (दूध + पानी) का क्रय मूल्य
$$= ₹\ 630$$
75 लीटर (दूध + पानी) का विक्रय मूल्य $= 9 \times 75$
$$= ₹\ 675$$
अब, लाभ $= ₹\ (675 - 630) = ₹\ 45$
∴ लाभ प्रतिशत $= \dfrac{45}{630} \times 100\% = \dfrac{50}{7}\% = 7\dfrac{1}{7}\%$

24 (b) वेन आरेख के अनुसार,

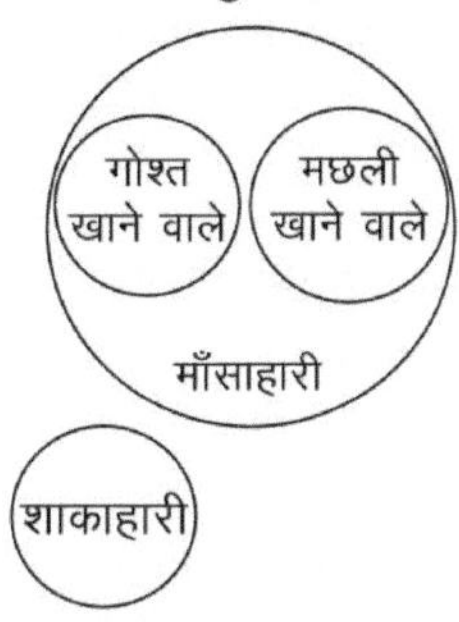

25 दिया है, बल्लेबाज द्वारा बनाए गए कुल रन
$$= 110$$
∴ चौका + छक्का मिलाकर बनाए गए रन
$$= 4 \times 3 + 8 \times 6 = 12 + 48 = 60$$
दौड़कर बनाए गए रन $= 110 - 60 = 50$
∴ 110 रनों में विकेट के बीच दौड़कर बनाए गए रनों की प्रतिशत $= \dfrac{50}{110} \times 100\% = \dfrac{5000}{110}\%$
$$= \dfrac{500}{11}\% = 45\dfrac{5}{11}\%$$

जाँचें अपना IQ टेस्ट ④

1 (a) जिस प्रकार, पहली आकृति में,　$5\ 6\ 3\ 9$
　　　　　　　　　　　　　　$-\ 3\ 8\ 4\ 2$
　　　　　　　　　　　　　　$\overline{1\ 7\ 9\ 7}$
तथा दूसरी आकृति में,　　　$5\ 2\ 1\ 7$
　　　　　　　　　　　　$-\ 4\ 3\ 8\ 1$
　　　　　　　　　　　　$\overline{0\ 8\ 3\ 6}$
उसी प्रकार, तीसरी आकृति में,　$7\ 6\ 8\ 4$
　　　　　　　　　　　　　$-\ 1\ 9\ 7\ 9$
　　　　　　　　　　　　　$\overline{5\ 7\ 0\ 5}$

2 यहाँ, X के स्थान पर 5 आएगा क्योंकि जिन स्तम्भों का शीर्ष विषम संख्या है, उनका योग 30 है, जबकि जिन स्तम्भों का शीर्ष सम संख्या है, उनका योग 40 है।

3 (b) माना प्रारम्भ में व्यक्तियों की संख्या $= x$
तब, 10 दिन बाद कुल भोजन सामग्री $= 40x$
प्रश्नानुसार, $35x + 35 \times 500 = 40x$
∴　　　　$x = \dfrac{35 \times 500}{5} = 3500$

4 (b) स्वच्छ आकाश का रंग नीला होता है। यहाँ, नीला को पीला कहा गया है।
अत: स्वच्छ आकाश का रंग पीला होगा।

5 (c) माना व्यक्ति की वर्तमान आयु $= x$ वर्ष
तब, तीन वर्ष बाद की आयु $= (x + 3)$ वर्ष
तथा तीन वर्ष पहले की आयु $= (x - 3)$ वर्ष
प्रश्नानुसार,　$3(x + 3) - 3(x - 3) = x$
$\Rightarrow$　　　　$3x + 9 - 3x + 9 = x$
$\Rightarrow$　　　　$x = 18$
अत: व्यक्ति की वर्तमान आयु 18 वर्ष है।

6 दी गई सभी संख्याओं को एक क्षैतिज रेखा में रखने पर निम्न पैटर्न प्राप्त होता है

$$2\ \ 7\ \ 5\ \ 8\ \ 3\ \ 9\ \ 6\ \ 7\ \ 1\ \ 9\ \ 8\ \ 10\ \ \boxed{?}^{2}$$

$(2+5)$	$(5+3)$	$(3+6)$	$(6+1)$	$(1+8)$	$(8+2)$
$=7$	$=8$	$=9$	$=7$	$=9$	$=10$

अत:? के स्थान पर 2 होगा।

7 (b) दिया है, मतदाताओं की कुल संख्या $= 104000$
तब, वैध मतों की संख्या $= 104000 \times \dfrac{98}{100}$
$$= 101920$$
∴ उम्मीदवार को प्राप्त वैध मत
$$= \dfrac{101920 \times 55}{100} = 56056$$

8 दी गई आकृति निम्न प्रकार है
यहाँ, क्षैतिज रेखाएँ, IK, AB, HG और DC हैं
अर्थात् 4
ऊर्ध्वाधर रेखाएँ, AD, EH, JM, FG और BC हैं
अर्थात् 5
तिरछी रेखाएँ, IE, JE, JF, KF, DE, DH, FC
और GC हैं अर्थात् 8
इस प्रकार, आकृति में कुल सीधी रेखाएँ
$$= 4 + 5 + 8 = 17$$

9 (b) आकृति (X) में बिन्दु तीनों आकृतियों–वृत्त,
वर्ग एवं त्रिभुज के उभयनिष्ठ भाग पर स्थित है।
अतः केवल आकृति (b) में तीनों का उभयनिष्ठ
भाग है, जहाँ बिन्दु रखा जा सकता है।

10 (b) प्रत्येक पंक्ति में, दोनों वृत्तों में दी गई
संख्याओं के गुणनफल में अन्तिम संख्या को
जोड़ने पर मध्य की संख्या प्राप्त होती है।
अतः ? $= 9 \times 8 + 8 = 80$

11 मिश्रण के नियम से,

$$\frac{3}{8} \searrow \quad \nearrow 1$$
$$\frac{1}{2}$$
$$1 - \frac{1}{2} = \frac{1}{2} \quad \nearrow \quad \searrow \quad \frac{1}{2} - \frac{3}{8} = \frac{1}{8}$$

यहाँ, अनुपात $= 4 : 1$
∴ अभीष्ट भाग $= \dfrac{1}{5}$

12 (c) दिया गया कथन, $5 \times 4 + 20 = 104$
प्रश्नानुसार, संख्याओं व चिन्हों को आपस में
बदलने पर,
$$4 + 5 \times 20 = 104$$
$$\Rightarrow \qquad 4 + 100 = 104$$
$$\Rightarrow \qquad 104 = 104$$

13 (b)

इस आकृति में, M और D वाले वृत्तों में कुछ
भाग उभयनिष्ठ नहीं हैं।

14 (a) प्रश्नानुसार,

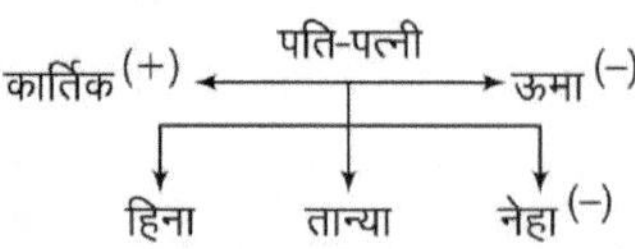

दी गई जानकारी के आधार पर, हिना व तान्या
लड़का है या लड़की, निश्चित रूप से नहीं कह
सकते। अतः स्पष्ट है कि 'ऊमा नेहा की माता है,
कथन सत्य है।

15 (e) यहाँ, विकल्प आकृति (e) में चार फंदे (loop)
हैं, जबकि आकृति (c) तथा आकृति (g) में केवल
एक फंदा है। आकृति (a) तथा आकृति (d) में
केवल दो फंदे हैं। आकृति (b) तथा आकृति (f) में
केवल तीन फंदे हैं। आकृति (e) का कोई युग्म
नहीं है।

16 माना प्रारम्भ में लड़कों की संख्या a तथा
लड़कियों की संख्या b है।

पहली स्थिति 15 लड़कियों के चले जाने के
बाद, लड़कों की संख्या, लड़कियों की दोगुनी हो
जाती है।

अर्थात् $a = 2 \times (b - 15)$
$\Rightarrow \qquad a = 2b - 30$ ...(i)

दूसरी स्थिति अब, 45 लड़कों के चले जाने के
पश्चात् लड़कियों की संख्या लड़कों की पाँच गुनी
हो जाती है।

अर्थात् $5(a - 45) = b - 15$
a का मान समी (i) से रखने पर,
$$5(2b - 30 - 45) = b - 15$$
$$\Rightarrow \qquad 10b - 375 = b - 15$$
$$\Rightarrow \qquad 9b = 360 \Rightarrow b = 40$$
∴   समी (i) से, $a = 2 \times 40 - 30$
$$= 80 - 30 = 50$$

अतः प्रारम्भ में लड़कों की संख्या 50 तथा
लड़कियों की संख्या 40 थी।

17 प्रश्नानुसार,

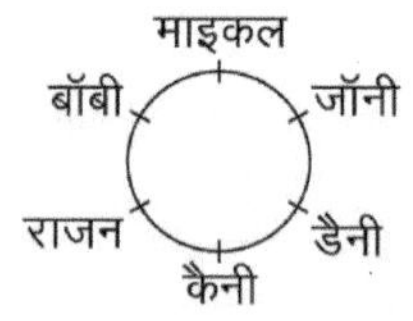

इस प्रकार, माइकल के दाईं ओर बॉबी बैठा है।

18 (d) प्रत्येक पंक्ति में, पहली दो आकृतियों को
मिलाने पर तीसरी आकृति प्राप्त होती है।

19 (d) प्रश्नानुसार,

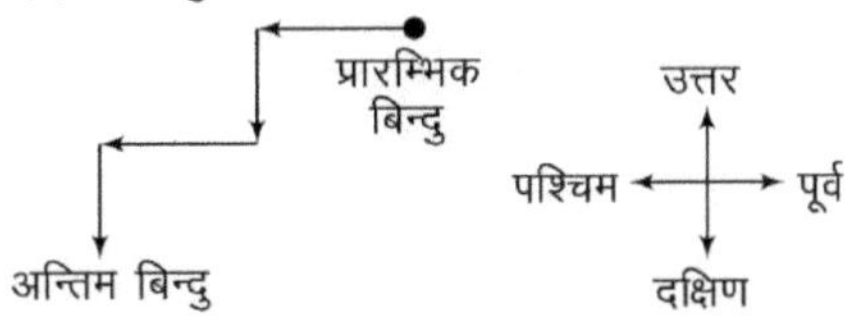

अतः लड़का दक्षिण दिशा में जा रहा है।

20 (e) पासे को इस प्रकार घुमाया जाता है कि सामने का फलक ऊपर आ जाता है तथा बाईं ओर का फलक बाईं ओर ही रहता है। इस प्रकार का परिवर्तन केवल आकृति (e) में है।

21 दूसरे आधे हिस्से का अर्थ हुआ 68 गाड़ियाँ
कार + स्कूटर का व्यवस्था क्रम निम्नवत् होगा

$$(1 + 1) + (1 + 2) + (1 + 3) + (1 + 4) +$$
$$...+ (1 + 15) + 1 = 136$$
$$2 + 3 + 4 + 5 + ...+ 16 + 1 = 136$$
$$\therefore \ 2 + 3 + 4 + 5 + ...+ 11 + 3 = 68$$

दूसरे आधे हिस्से में स्कूटरों की संख्या
$$= 9 + 12 + 13 + 14 + 15 = 63$$

22 (a) विकल्प आकृति (a) दी गई आकृति (X) का सही प्रतिबिम्ब आकृति है।

23 $\because$ 11 पारियों में बल्लेबाज का औसत
$$= 63 - 12 \times 2 = 39$$
$\therefore$ अभीष्ट औसत $= 39 + 2 = 41$

24 नीचे की बाईं ओर की घूर्णी घड़ी की सूई की विपरीत दिशा में घूमेंगी, जबकि अन्य सभी घड़ी की सूई की दिशा में घूमेंगी।

25 माना प्रारम्भ में पहले तथा दूसरे थैले में गोलियों की संख्या क्रमशः $2a$ तथा $3a$ हैं।

$\therefore \qquad 3a - 5 = 2a + 3$
$\Rightarrow \qquad\qquad a = 5 + 3 = 8$

अतः गोलियों की कुल संख्या $= 5a = 40$
तथा प्रत्येक थैले में गोलियों की संख्या $= 20$

जाँचें अपना IQ टेस्ट 5

1

9	+	7	=	16
×		×		÷
2	×	2	=	4
=		=		=
18	−	14	=	4

2 (c) माना रवि 10 टॉफियाँ खरीदता है।
तब, क्रय मूल्य $= ₹ \ 5$
तथा विक्रय मूल्य $= ₹ \ 2$
$\therefore$ हानि प्रतिशत $= \dfrac{5 - 2}{5} \times 100\% = 60\%$

3 संख्या 3 सभी तीनों आकृतियों में विद्यमान है।

4 (c) एयर इण्डिया सरकारी वायु परिवहन सेवा है, जबकि अन्य सभी निजी कम्पनियाँ हैं।

5 छूट $= 12000 - 10500 = ₹ \ 1500$
यदि छूट प्रतिशत x हो, तो
$$12000 \times \dfrac{x}{100} = 1500$$
$$\Rightarrow \quad x = \dfrac{1500 \times 100}{12000} = 12.5\%$$

6 (f) आकृति (f) के अतिरिक्त अन्य सभी आकृतियाँ तीन एक जैसी आकृतियों से मिलकर बनी हैं।

7 प्रथम स्थिति के अनुसार,
1 बर्नर को 1 घण्टे जलाने का खर्च
$$= ₹ \ \dfrac{450}{8 \times 6 \times 6}$$

दूसरी स्थिति के अनुसार,
माना x बर्नर जलाए जा सकते हैं, तब
1 बर्नर को 1 घण्टे जलाने का खर्च
$$= ₹ \ \dfrac{625}{10 \times 5 \times x}$$

प्रश्नानुसार, $\quad \dfrac{450}{8 \times 6 \times 6} = \dfrac{625}{10 \times 5 \times x}$

$$\Rightarrow \quad x = \dfrac{625 \times 8 \times 6 \times 6}{10 \times 5 \times 450} = 8$$

अतः 8 बर्नर जलाए जा सकते हैं।

8 A → 3,   B → 5,   C → 1,   D → 6

9 प्रश्नानुसार, पक्षियों के उड़ने का क्रम निम्न है
छोटा कबूतर–कौवा–कबूतर–बड़ा कौवा–गरुड़
   (1)   (2)   (3)   (4)   (5)
अतः सबसे पीछे गरुड़ उड़ रहा है।

10 जिस प्रकार, $7 \times 3 = 21$

तथा $\qquad 4 \times 6 = 24$

उसी प्रकार, $9 \times 7 = \boxed{6}3$

अतः प्रश्नचिन्ह (?) के स्थान पर अंक 6 आएगा।

11 दिए गए एक ही पासे की दोनों स्थितियों से, दोनों में उभयनिष्ठ रंग = हरा

[असमान फलक पर]

स्थिति I से, | हरा | लाल | पीला |

स्थिति II से, | हरा | गुलाबी | काला |

अतः गुलाबी रंग वाले फलक के विपरीत फलक पर लाल रंग होगा।

12 (b) सभी आकृतियाँ युग्म में हैं, जोकि एक-दूसरे से 90° घूमी हुई हैं।

13 शृंखला का नियम निम्न है,

जिस प्रकार, $6 \times 2 + 1 = 13$,

$\qquad 13 \times 2 - 1 = 25$,

$\qquad 25 \times 2 + 1 = 51$

तथा $\qquad 51 \times 2 - 1 = 101$

उसी प्रकार, $101 \times 2 + 1 = \boxed{203}$

14 (d) दी गई समीकरण, $(16 \times 5) \div 5 + 3$

$\qquad (16 - 5) + 5 \times 3 = 11 + 15 = 26$

15 (c) प्रताप के अनुसार, उसकी माता का जन्मदिन 20, 21 या 22 अप्रैल को है, जबकि उसकी बहन के अनुसार, उनकी माता का जन्मदिन 1 अप्रैल से 21 अप्रैल तक हो सकता है।

अतः उभयनिष्ठ तिथि = 20 या 21 अप्रैल

16

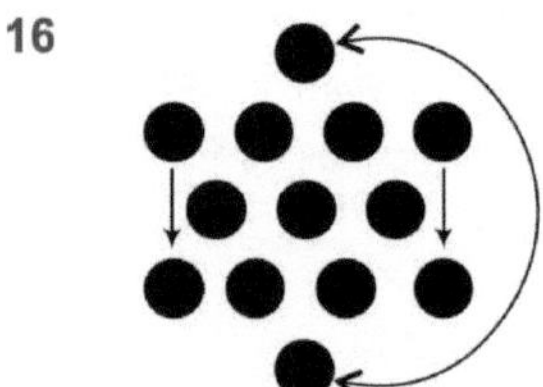

17 प्रश्नानुसार,

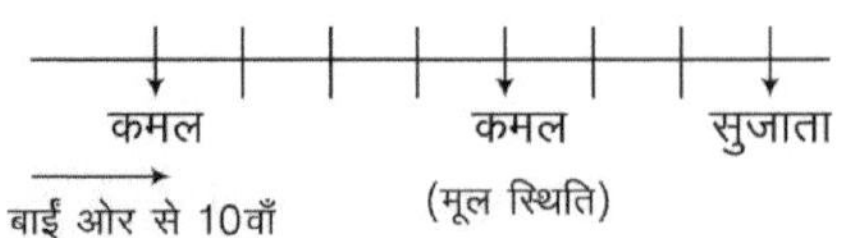

सुजाता के दाईं ओर लड़कियों की संख्या

$\qquad = 40 - 17 = 23$

∴ दाईं ओर से सुजाता का स्थान

$\qquad = 23 + 1 = 24$वाँ

18 (d) प्रश्न आकृति (X) विकल्प आकृति (d) में सन्निहित है।

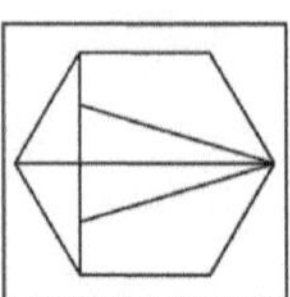

19 दी गई आकृति में 8 वर्ग हैं, जोकि निम्न प्रकार हैं

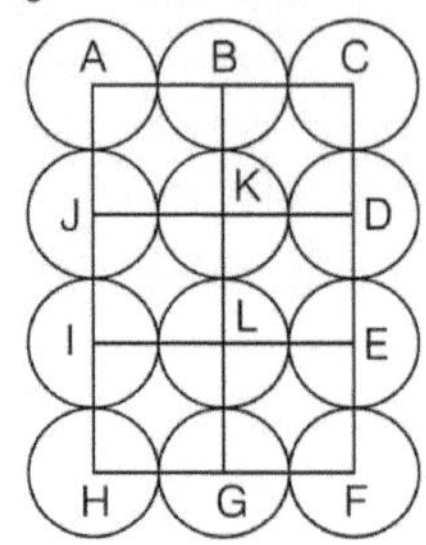

☐ABKJ, ☐BCDK, ☐JKLI,

☐KDEL, ☐ILGH, ☐LEFG,

☐ACEI, ☐JDFH

20 यहाँ, मूल आकृति को 90° दक्षिणावर्त दिशा में घुमाया गया है तथा प्रत्येक अंक में 1 जोड़ा जाता है।

इस प्रकार,

5	3	6
8	7	2
3	9	4

21 (c) जिस प्रकार, कोयले को काला हीरा कहा जाता है। उसी प्रकार, पेट्रोलियम को द्रव सोना कहा जाता है।

22 माना 🍌 = 3 ग्राम

🪨 = 2 ग्राम

तथा 🥒 = 4 ग्राम

∴ ? = 1🍌

23 सिपाही तथा चोर की सापेक्ष चाल

$$= \frac{1000}{8} - \frac{1000}{10}$$

$$= \frac{5000 - 4000}{40}$$

$$= \frac{1000}{40} \text{ मी/से}$$

चोर को पकड़ने में लगा अभीष्ट समय

$$= \dfrac{\dfrac{100}{1000}}{40}$$

$$= \dfrac{4000}{1000} = 4 \text{ मिनट}$$

∴ चार मिनट में चोर द्वारा तय की गई दूरी

$$= \dfrac{1000}{10} \times 4 = 400 \text{ मी}$$

जाँचें अपना IQ टेस्ट 6

1 (e) यहाँ, आकृति (a), आकृति (f) के समान है तथा आकृति (b), आकृति (d) के समान है तथा आकृति (c), आकृति (g) के समान है।
अतः आकृति (e) विषम है।

2 (d) किरण का जन्मदिन = सोमवार + 2 दिन
= बुधवार
अगले सप्ताह शिवरात्रि = बुधवार
∴ शिवरात्रि के बाद अगला दिन = बृहस्पतिवार

3 आकृति में, वर्गों की संख्या = 31
तथा त्रिभुजों की संख्या = 4

4 (c) प्रश्नानुसार,

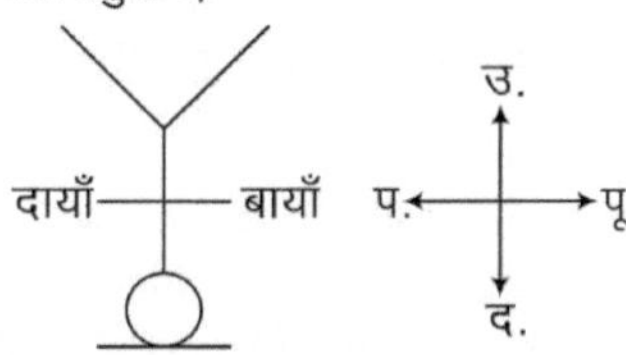

यहाँ, शीर्षासन की स्थिति में जब मुख उत्तर की ओर होगा, तब उसका बायाँ हाथ निश्चित रूप से पूर्व दिशा की ओर होगा।

5 (b) विकल्प (b) में प्रश्न आकृति के समान एक बिन्दु केवल एक वृत्त में, एक बिन्दु दो वृत्त में तथा एक बिन्दु तीनों वृत्तों के उभयनिष्ठ भाग में स्थित है।

6 (a) प्रश्नानुसार,

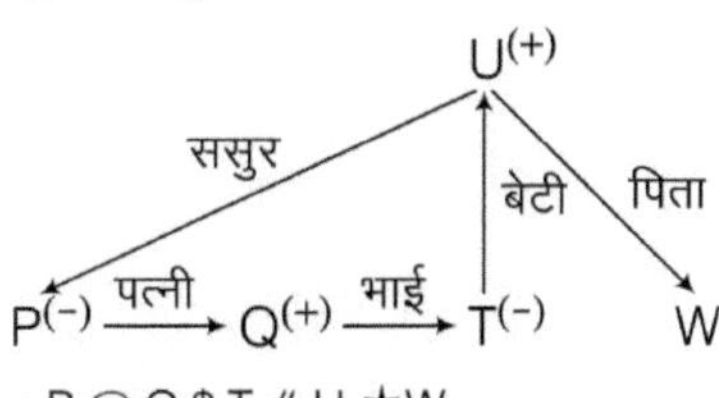

∴ P @ Q $ T # U ★ W

24 प्रत्येक समूह में, दोनों वृत्तों में दी गई संख्याओं के अंकों के योग को आपस में घटाने पर मध्य की संख्या प्राप्त होती है।

∴ (?) = (2 + 7) − (4 + 1) = 9 − 5 = 4

25 (d) I से VII पद तक तीर का घुमाव

$$= 5 \times 45° = 225°$$

इस प्रकार, 7वाँ पद आकृति (d) प्राप्त होगी।

7 ∵ पाँच भागों में से दो भाग काले हैं।

∴ अभीष्ट भाग $= \dfrac{2}{5}$

8 अभीष्ट समय = 10 और 15 मिनट का ल.स.
= 30 मिनट

9 (d) मध्य के स्तम्भ में दी गई संख्याएँ संगत पंक्ति में दी गई अन्य संख्याओं के योग के समान है।

∴ अभीष्ट संख्या = 3 + 7 + 1 + 0 + 6 + 2
= 19

10 यहाँ, बाएँ स्तम्भ की प्रत्येक संख्या के दोगुने में 3 घटाने पर नीचे की अगली संख्या प्राप्त होती है तथा दाएँ स्तम्भ की प्रत्येक संख्या के दोगुने में 4 घटाने पर नीचे की अगली संख्या प्राप्त होती है।

∴ ? = 100

11 दिया है, संख्याओं के औसत में अन्तर = 1.8

∴ दो संख्याओं को परस्पर बदलने पर उनमें अन्तर = 1.8 × 10 = 18

∵ 53 − 35 = 18

∴ संख्या 35 ली गई है।

अतः अंकों में अन्तर = 5 − 3 = 2

12 3826, क्योंकि अन्य सभी संख्याएँ निम्न नियम का पालन करती है।

जिस प्रकार, 4 77 9 = 7 × 7 = 49

3 65 0 = 6 × 5 = 30

4 85 0 = 8 × 5 = 40

लेकिन, 3 82 6 = 8 × 2 = 16 ≠ 36

13 (b) माना अंग्रेजी में प्राप्त अंक $= 2x$

गणित में प्राप्त अंक $= 3x$

विज्ञान में प्राप्त अंक $= x$

$\therefore\ x + 2x + 3x = 180$

$\Rightarrow\ 6x = 180$

$\Rightarrow\ \ \ x = 30$

14 (i) 7 परिवर्तन के पश्चात् दोनों गेंदे एकसाथ होंगी।

(ii) शीर्ष C

15 (c) माना 8 वर्ष पहले शैलेश की आयु $= x$ वर्ष

तब, $\ \ x + 8 = \dfrac{5}{4}x$

$\Rightarrow\ \ 4x + 32 = 5x$

$\Rightarrow\ \ \ \ \ \ \ \ \ x = 32$ वर्ष

$\therefore$ पुत्र की वर्तमान आयु

$$= \frac{1}{10}(x + 8) = \frac{1}{10} \times 40 = 4 \text{ वर्ष}$$

16 (d) प्रत्येक स्तम्भ में, अगले पद में एक गुणा का चिन्ह लुप्त हो जाता है। पहला गुणा का चिन्ह जिस ओर से लुप्त होता है, अगले पद में उसके विपरीत ओर का गुणा चिन्ह लुप्त होता है।

17 (a) $28 \div 4 + 9 = 16$

$\Rightarrow\ \ \ \ \ \ \ 7 + 9 = 16$

18 शेष दूध की मात्रा = प्रारम्भिक मात्रा

$$\left(1 - \frac{\text{प्रत्येक बार निकाली गई मात्रा}}{\text{कुल मात्रा}}\right)^3$$

$$= 60\left(1 - \frac{6}{60}\right)^3 = 60\left(1 - \frac{1}{10}\right)^3$$

$$= 60 \times \frac{9}{10} \times \frac{9}{10} \times \frac{9}{10} = 43.74 \text{ लीटर}$$

19 (a) अभीष्ट प्रतिशत कमी $= \dfrac{25}{100 + 25} \times 100\%$

$$= \frac{25}{125} \times 100\% = 20\%$$

20 (d) जिस प्रकार, पहली आकृति से दूसरी आकृति में नीचे के दाएँ सिरे को मोड़ा गया। उसी प्रकार, तीसरी आकृति के नीचे के दाएँ सिरे को मोड़ने पर आकृति (d) के समान आकृति प्राप्त होगी।

21

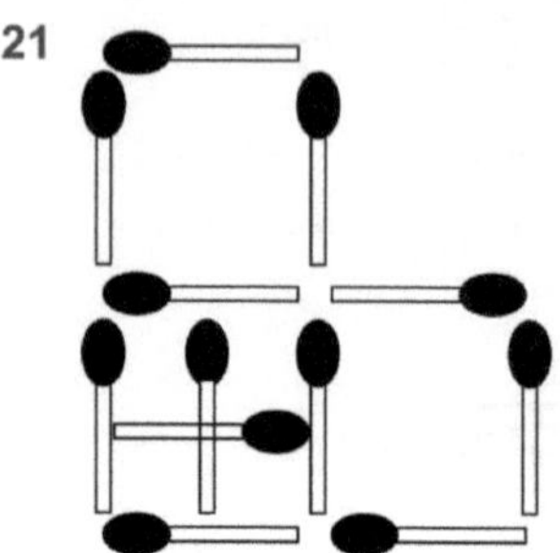

22 (d) प्रश्नानुसार,

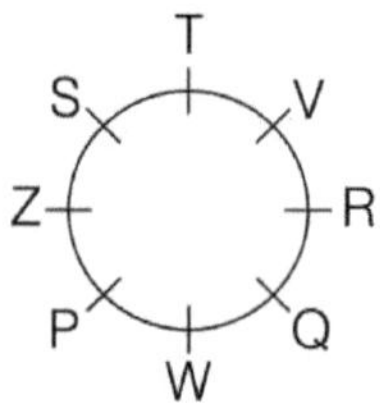

उपरोक्त व्यवस्थानुसार, V, R एवं T के बीच बैठा है।

23 (b) सही क्रम निम्न प्रकार है

बुखार–चिकित्सक–दवाई की दुकान–दवाई

(1)　　　(2)　　　(3)　　　(4)

24 (e) प्रत्येक अगली आकृति में वक्र रेखा, रेखा में बदल जाती है तथा दक्षिणावर्त दिशा में इसके बाद की सरल रेखा वक्र रेखा में बदल जाती है।

25 प्रश्नानुसार,

रम पम पो = लड़का पागल है

टम पो टो = लड़की सुन्दर है

दम पम को = वे पागल हैं

अतः कोड भाषा में 'रम' शब्द का अर्थ 'लड़का' है।

जाँचें अपना IQ टेस्ट 7

1 (e) बाएँ पक्ष के अनुसार,

$$46.6 \div 0.5 = 46.6 \div \frac{1}{2} = 46.6 \times 2 = 93.2$$

$$\Rightarrow \quad 93.2 = ⑨\ ③\ ⊙\ ②$$

$$\therefore \qquad ? = 9$$

2

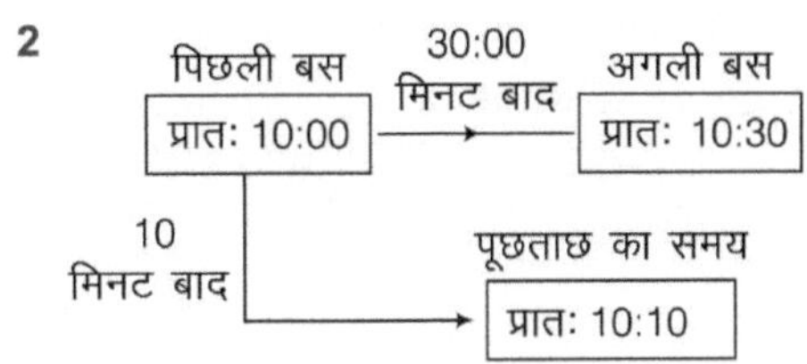

अत: पूछताछ कर्मचारी ने यात्री को 10:10 बजे प्रात: सूचना दी।

3 (b) अक्षर B ऐसे विद्यार्थियों का निरूपण करता है, जो कलाकार हैं, परन्तु गायक नहीं।

4 दी गई श्रृंखला निम्न प्रकार हैं

$$1 + 2 = 3$$
$$3 + 5 = 8$$
$$5 + 8 = \boxed{13}$$
$$8 + 13 = 21$$
$$13 + 21 = 34$$
$$21 + 34 = 55$$
$$34 + 55 = 89$$

अत: श्रृंखला में रिक्त पद के स्थान पर 13 आएगा।

5 (d) आकृति (X) में एक बिन्दु केवल आयत में है, एक बिन्दु आयत तथा वृत्त के उभयनिष्ठ भाग में है और एक बिन्दु वृत्त, त्रिभुज तथा वर्ग के उभयनिष्ठ भाग में है। केवल आकृति (d) में उपरोक्त सभी भाग उपस्थित हैं।

6 (d) अनुक्रम को ध्यानपूर्वक देखने पर निम्न पैटर्न प्राप्त होता है

MNO   ABC   PQR   DEF   STU   GHI

अत: ?? = UG

7 (b) आकृति (X) को घन के रूप में मोड़ने पर आकृति (b) प्राप्त होगी।

8 P, N का भाई है, जो J की पुत्री है अर्थात् P, J का पुत्र है और K, J का भाई है।

अत: K, P का चाचा है।

9 दी गई आकृति से स्पष्ट है कि,

3 स्तम्भों में 5 घन (प्रत्येक में)

4 स्तम्भों में 3 घन (प्रत्येक में)

5 घन वाले स्तम्भों में घनों की संख्या

$$= 5 \times 3 = 15$$

3 घन वाले स्तम्भों में घनों की संख्या

$$= 3 \times 4 = 12$$

$\therefore$ कुल घनों की संख्या $= 15 + 12 = 27$

10 (a) प्रथम श्रेणी एवं द्वितीय श्रेणी के कुल किराये का अनुपात $= 1 \times 4 : 1 \times 40 = 4 : 40 = 1 : 10$

$\therefore$ प्रथम श्रेणी से प्राप्त किराया $= \dfrac{1}{11} \times 1100$

$$= ₹\,100$$

11 A → 12

$\because$ आकृति A में सभी विषम संख्याएँ हैं।

B → 25

$\because$ आकृति B में सभी सम संख्याएँ हैं।

12 (c) विकल्प आकृति (c) प्राप्त होगी।

13 (d) शेषन का कद अम्मू से लम्बा है एवं नितिन का कद अम्मू के बराबर है इसलिए नितिन, शेषन से छोटा है।

14 (b) जिस प्रकार, $(6 + 9) \times 2 = 15 \times 2 = 30$

और $\qquad (7 + 17) \times 2 = 24 \times 2 = 48$

उसी प्रकार, $\quad (12 + ?) \times 2 = 62$

$\Rightarrow \qquad 12 + ? = 31 \Rightarrow ? = \boxed{19}$

15 (a) दिया है,

1	9	8	6
∧	○	△	>

तथा

2	3	4	5
+	×	◇	□

अत:

△	>	□	×	+	◇
8	6	5	3	2	4

16 (a) यहाँ, छोटी सूई 45° वामावर्त दिशा में घूमती है तथा बड़ी सूई 90° दक्षिणावर्त दिशा में घूमती है।

17 (c) कुल प्रतिशत खर्च $= 20 + 80 \times \dfrac{70}{100} = 76\%$

∴ बचत $= 24\%$

माना कुल आय ₹x है।

तब प्रश्नानुसार, $x \times \dfrac{24}{100} = 1800$

∴ $x = \dfrac{1800 \times 100}{24} = $ ₹7500

18 (e) यहाँ विकल्प आकृति (e) विषम है, क्योंकि आकृति (a), आकृति (g) के समान है, आकृति (b) आकृति (f) के समान है और आकृति (c), आकृति (d) के समान है।

19 (d) कामगारों की कुल संख्या

$$= \dfrac{\text{कुल साप्ताहिक वेतन}}{\text{प्रति व्यक्ति औसत साप्ताहिक वेतन}}$$

$$= \dfrac{1534}{118} = 13$$

20 (c) विकल्प आकृति (c), आकृति (X) की सही प्रतिबिम्ब आकृति है।

21 (a) माना अध्यापक अपने विद्यार्थियों को n पंक्तियों तथा n स्तम्भों में बैठाता है।

तब प्रश्नानुसार, $n \times n = 1369$

$\Rightarrow n^2 = 1369 = (37)^2 \Rightarrow n = 37$

अतः प्रत्येक पंक्ति में 37 विद्यार्थी होंगे।

22 (b) प्रत्येक पंक्ति में, तीसरी आकृति पहली दो आकृतियों के उभयनिष्ठ रेखाओं को छोड़कर शेष रेखाओं को मिलाने पर बनती है।

23 (d) कम-से-कम बन के बॉक्सों की संख्या

$$= \dfrac{\text{10 तथा 8 का ल.स.}}{\text{एक बॉक्स में बन की संख्या}}$$

$$= \dfrac{40}{10} = 4$$

24 टॉम और मेंडी द्वारा तय की गई दूरी

$$= 600 + 500 = 1100 \text{ मी}$$

कैट द्वारा तय की गई दूरी $= 400$ मी

∴ अभीष्ट अनुपात $= \dfrac{1100}{400} = 11 : 4$ किमी

25 (b) 3.5 किमी की दूरी तय करने में कछुए को लगा

समय $= (4 \times 3.5) + \left(3 \times \dfrac{20}{60}\right)$

$$= 14 + 1 = 15 \text{ घण्टे}$$

जाँचें अपना IQ टेस्ट ⑧

1 जिस प्रकार, $5 \times 9 = 45$

$6 \times 7 = 42$

तथा $7 \times 9 = 63$

उसी प्रकार, $12 \times 6 = 72$

$\Rightarrow$

⑦	6
12	②

2 दी गई शृंखला निम्नवत् है

4, 45, 453, 4531, 45312, 45, 453, 453 ☐1

अतः अगला निर्देश 1 अर्थात् दौड़ना होगा।

3 (e) एक-दूसरे के विपरीत षट्भुज एक-दूसरे के प्रतिबिम्ब हैं।

4 (e) आकृति (e) को छोड़कर अन्य सभी आकृतियों में दो तीर बाईं ओर तथा एक तीर दाईं ओर इंगित करते हैं।

5 (b) माना x और व्यक्ति को शामिल किया गया।

∴ जो काम 75 व्यक्ति 90 दिन (3 महीने) में करने वाले थे। अब वही काम $(75 + x)$ व्यक्ति 18 दिन में पूरा करेंगे।

∴ $75 \times 90 = (75 + x) \times 18$

$\Rightarrow x = \dfrac{75 \times 90}{18} - 75 = 375 - 75 = 300$

∴ 300 व्यक्तियों की और आवश्यकता होगी।

6 दी गई आकृति में निम्न 19 त्रिभुज तथा 17 समान्तर चतुर्भुज हैं

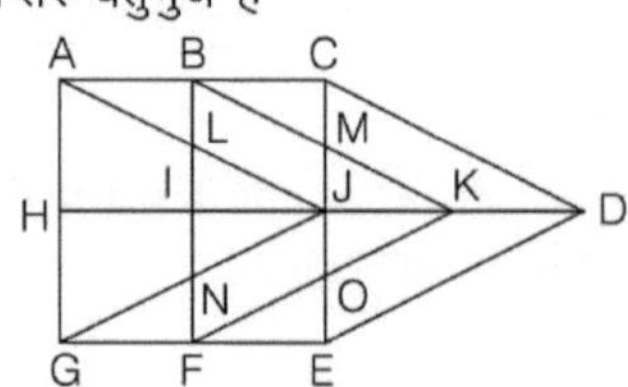

त्रिभुज

$\triangle$ ILJ,	$\triangle$ IJN,	$\triangle$ MJK,
$\triangle$ OJK,	$\triangle$ ABL,	$\triangle$ BCM,
$\triangle$ GNF,	$\triangle$ FOE,	$\triangle$ AHJ,
$\triangle$ CJD,	$\triangle$ LJN,	$\triangle$ MOK,
$\triangle$ GHJ,	$\triangle$ EJD,	$\triangle$ BIK,
$\triangle$ FIK,	$\triangle$ AGJ,	$\triangle$ CDE,
$\triangle$ BFK,		

समान्तर चतुर्भुज

$\square$ BLJM,	$\square$ FNJO,	$\square$ ABIH,
$\square$ HIFG,	$\square$ CBKD,	$\square$ DEFK,
$\square$ ABKJ,	$\square$ GFKJ,	$\square$ BCJI,
$\square$ IJEF,	$\square$ ABFG,	$\square$ ACDJ,
$\square$ GEDJ,	$\square$ ACJH,	$\square$ HJEF,
$\square$ BCEF,	$\square$ ACEG,	

7 (a) 12 घण्टे बजाने में अन्तराल = 11

11 अन्तराल में लगा समय = 22 सेकण्ड

1 अन्तराल में लगा समय = 2 सेकण्ड

6 घण्टे बजाने में अन्तराल = 5

∴ 6 घण्टे बजाने में लगा समय = 5×2

$$= 10 \text{ सेकण्ड}$$

8 (d) विकल्प आकृति (d) में प्रश्न आकृति (X) सन्निहित है।

9 (b)

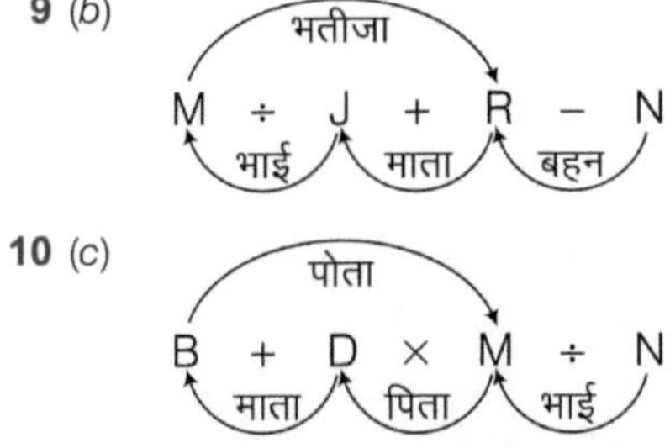

10 (c)

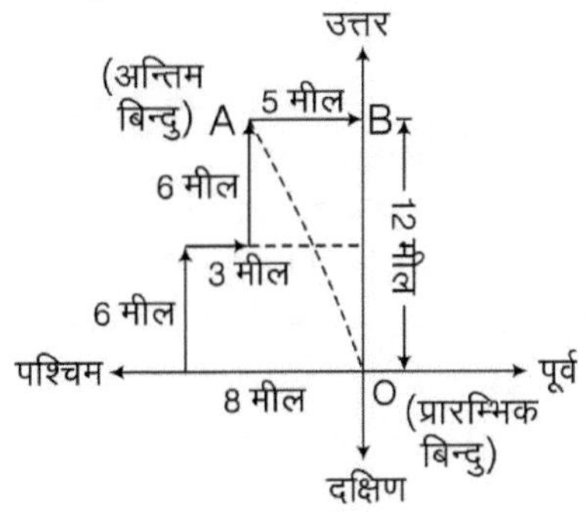

11 (d) विकल्प आकृति (d) बनाई जा सकती है।

12 (b) प्रश्नानुसार,

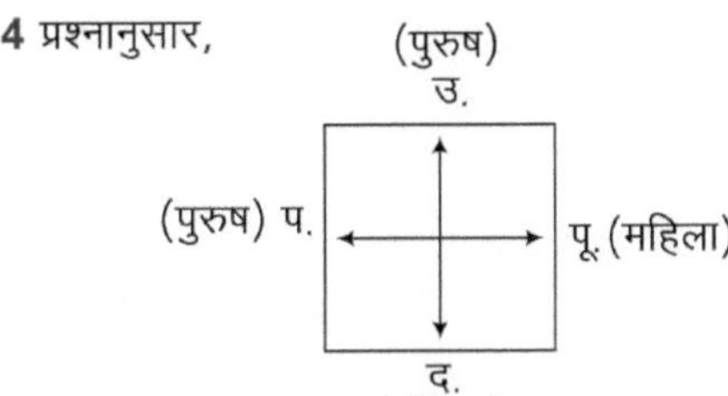

प्रारम्भिक बिन्दु O तथा अन्तिम बिन्दु A के बीच की दूरी

$$OA^2 = OB^2 + AB^2 = (6+6)^2 + (8-3)^2$$
$$= (12)^2 + (5)^2 = 144 + 25 = 169$$

∴ OA = 13 मील

13 (a) जिस प्रकार, $8 + 6 = 14$

$$9 + 5 = 14$$

तथा $7 + 7 = 14$

उसी प्रकार, $13 + ? = 14$

∴ $? = \boxed{1}$

14 प्रश्नानुसार,

(पुरुष) उ.

(पुरुष) प.

पू. (महिला)

द. (महिला)

अतः महिलाओं के मुख उत्तर और पश्चिम की ओर है।

15 (b) ∵ सुरक्षित मेज = $\dfrac{5}{6} \times 108 = 90$

तथा सुरक्षित कुर्सियाँ = $\dfrac{3}{4} \times 132 = 99$

अतः कार्य करने वाले लोगों की संख्या 90 है।

16 एक सीधी रेखा में स्थित तीन षट्भुज की संख्याओं का योग 19 है।

जिस प्रकार, $8 + 5 + 6 = 19$

$$9 + 6 + 4 = 19$$
$$7 + 8 + 4 = 19$$

तथा $5 + 9 + 5 = 19$

उसी प्रकार, $6 + ? + 3 = 19$

∴ $? = 19 - 9 = \boxed{10}$

17 (d) आकृति (1) व (3) में ज्यामिति आकृति के अन्दर एक V आकार का अवयव स्थित है।

आकृति (2), (4), (5) में दो एकसमान अवयव एक के अन्दर दूसरा स्थित है तथा एक-दूसरे को स्पर्श करते हैं।

आकृति (6), (7) में ज्यामिति आकृतियाँ दो सीधी लम्ब रेखाओं द्वारा चार बराबर भागों में विभाजित हैं।

18 (b) किले को छोड़कर अन्य सभी प्रकृति द्वारा निर्मित हैं।

19 (b) प्रत्येक पंक्ति तथा प्रत्येक स्तम्भ में देखने पर ज्ञात होता है कि तीसरी शील्ड (ट्रॉफी) के अवयव पहली दोनों शील्डों के उभयनिष्ठ भागों में एकसमान अवयव है।

20 दूध और पानी का अनुपात = 100 : प्रतिशत लाभ

$$= 100 : 20 = 5 : 1$$

$\therefore$ पानी की अभीष्ट मात्रा $= \dfrac{1}{5+1} \times 3$

$$= \dfrac{1}{2} \text{ लीटर}$$

21 दिए गए एक ही पासे की दोनों स्थितियों से, दोनों में उभयनिष्ठ बिन्दु = 2

[असमान फलक पर]

स्थिति I से, $\boxed{2}$ $\boxed{1}$ $\boxed{5}$
स्थिति II से, $\boxed{2}$ $\boxed{6}$ $\boxed{3}$

अतः 3 बिन्दु वाले फलक के विपरीत फलक पर 5 बिन्दु होंगे।

22 (d) $\because$ धारा के साथ गति = 10 + 5

$$= 15 \text{ किमी/घण्टा}$$

तथा धारा के विरुद्ध गति = 10 − 5

$$= 5 \text{ किमी/घण्टा}$$

$\therefore$ धारा के साथ 60 किमी तैरने में लगा समय

$$= \dfrac{60}{15} = 4 \text{ घण्टे}$$

23 (a) वेन आरेख के अनुसार,

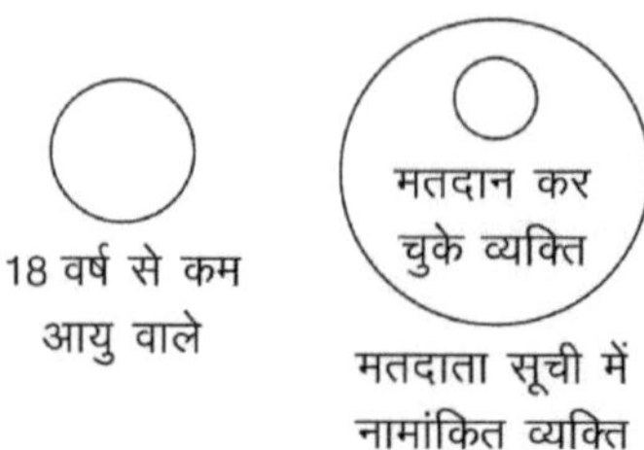

24 29वें मिनट में टोकरी आधी भरी होगी। क्योंकि 30वें मिनट में वह दोगुनी हो जाएगी तथा टोकरी भर जाएगी।

25 (a)

	सीता	गीता
माना	x	y

तब प्रश्नानुसार, $x + \dfrac{y}{2} = y + \dfrac{x}{4}$

$\Rightarrow \quad \dfrac{2x + y}{2} = \dfrac{4y + x}{4}$

$\Rightarrow \quad 4x + 2y = 4y + x$

$\Rightarrow \quad 3x = 2y \Rightarrow \dfrac{x}{y} = \dfrac{2}{3} = 2 : 3$

जाँचें अपना IQ टेस्ट 9

1 दोनों आयतों में संगत वर्गों की संख्याओं में क्रमशः 1, 2, 3, 4, 5 तथा 6 का अन्तर है।

जिस प्रकार, $8 - 7 = 1, 10 - 8 = 2, 7 - 4 = 3$

$$6 - 2 = 4, 8 - 3 = 5$$

उसी प्रकार, $? - 1 = 6 \Rightarrow ? = 7$

2 चार लड़के तथा तीन कुत्ते

क्योंकि सर = 4 + 3 = 7

$$\text{पैर} = 4 \times 2 + 3 \times 4 = 8 + 12 = 20$$

3 (d) आकृति को ध्यानपूर्वक देखने पर ज्ञात होता है कि दो समान्तर रेखाएँ 90° वामावर्त दिशा में चली जाती है तथा शेष आकृति 90° दक्षिणावर्त दिशा में चली जाती है और अन्दर का छोटा वाला वृत्त सफेद हो जाता है तथा समान्तर रेखाओं के विपरीत ओर एक छोटा काला वृत्त आ जाता है।

4 यहाँ, नीचे की पंक्ति में, संख्याओं को क्रमशः आपस में घटाने पर, ऊपर दी गई संख्याएँ प्राप्त होती हैं।

जिस प्रकार, $4 - 2 = 2$

उसी प्रकार, $18 - ? = 9 \Rightarrow ? = 9$

5 विद्यार्थियों की अधिकतम संख्या = 1001 एवं 910 का म.स. = 91

6 डिस्क $\boxed{12}$ के पीछे $\boxed{14}$ तथा डिस्क $\boxed{8}$ के पीछे $\boxed{7}$ लिखा जाएगा।

जिससे कि $12 + 7 = 19, 12 + 8 = 20,$
$14 + 7 = 21$ तथा $14 + 8 = 22$

7

सर्वेक्षित लोगों का प्रतिशत, जिनके पास न कार है और न ही टीवी = 100 − (20 + 55 + 15)
$$= 100 − 90 = 10\%$$

8 (b) यहाँ, वृत्त के अन्दर के अवयव की संख्या प्रत्येक तीसरी आकृति में दोगुनी हो जाती है तथा त्रिभुज प्रत्येक अगली आकृति में 45° वामावर्त दिशा में तथा छोटा वृत्त प्रत्येक अगली आकृति में 45° दक्षिणावर्त दिशा में घूम जाता है, इस प्रकार शृंखला में अगली आकृति उत्तर आकृति (b) होगी।

9 (d) प्रश्नानुसार, अखबार पढ़ने का क्रम निम्न है
$$B \to C \to E \to A \to D$$
$$(1) \quad (2) \quad (3) \quad (4) \quad (5)$$
अतः सबसे अन्त में D ने अखबार पढ़ा था।

10 6 (प्रत्येक बाहरी संख्या तथा उसके विपरीत भाग की अन्तः संख्या का योग 15 है)

11

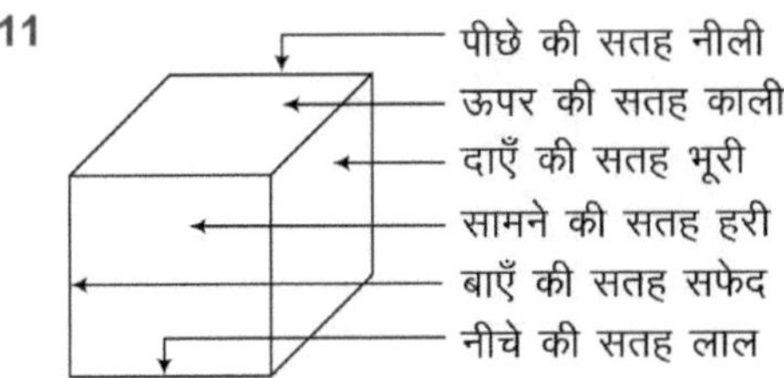

अतः भूरे रंग की सतह के विपरीत सफेद रंग की सतह है।

12 प्रश्नानुसार, पक्षियों के बैठने का क्रम निम्नवत् है

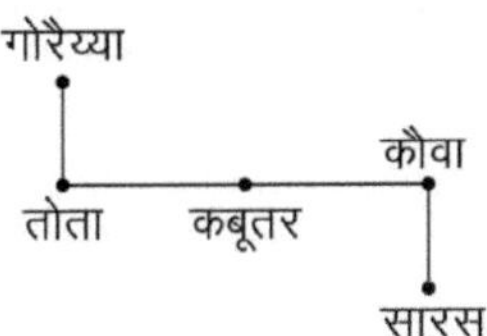

अतः कबूतर बीच में बैठा है।

13 प्रश्न आकृति का ध्यानपूर्वक अवलोकन करने के बाद आप पाते हैं कि दी गई आकृति में रंग भरने के लिए कम-से-कम तीन रंगों की जरूरत होगी।

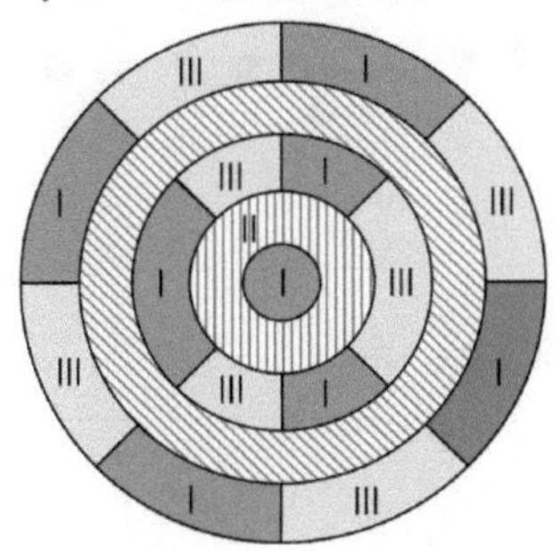

14 (a) प्रश्नानुसार,

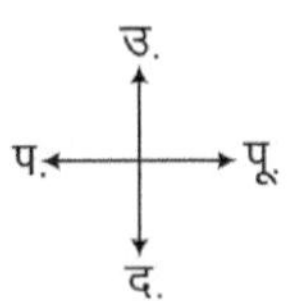

अतः रेलवे स्टेशन से मन्दिर पूर्व दिशा में है।

15 (c) रेलगाड़ी B को प्लेटफॉर्म पर खड़ी रेलगाड़ी A को पार करने के लिए दोनों रेलगाड़ियों की लम्बाई के योग की दूरी को पार करना है
$$\text{अभीष्ट समय } (t) = \frac{225 + 375}{v}$$
रेलगाड़ी B की चाल
$$= 90 \times \frac{5}{18} = 25 \text{ मी/से}$$
$$\therefore \quad t = \frac{600}{25} = 24 \text{ सेकण्ड}$$

16 कुल विलम्ब = 1 घण्टा = 60 मिनट
शेष विलम्ब = 60 − 3 = 57 मिनट
$$= 57 \times 60 \text{ सेकण्ड} = 3420 \text{ सेकण्ड}$$
∵ 3 सेकण्ड विलम्ब होती है = 1 मिनट में
∴ 3420 सेकण्ड विलम्ब होती है = $\dfrac{3420}{3}$
$$= 1140 \text{ मिनट में}$$
अतः 1140 मिनट के बाद यह ट्रेन पूरा 1 घण्टा विलम्ब हो जाएगी।

17 (d) आकृति (d) में एक रेखा कम है, जबकि अन्य सभी में समान अवयव उपस्थित हैं।

18 (b) प्रश्नानुसार,

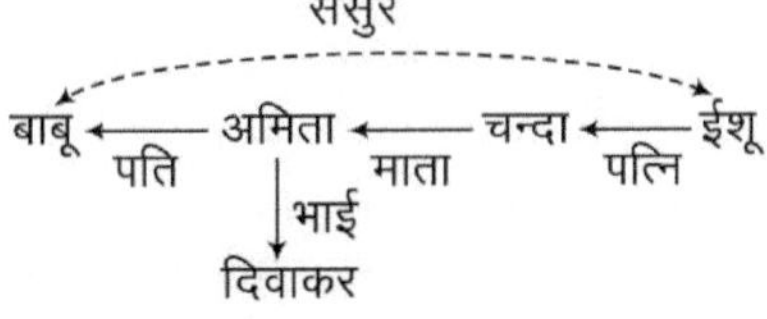

अतः बाबू, ईशू का ससुर है।

19 (b) प्रत्येक अगली आकृति में सबसे अन्दर का वृत्त 45° दक्षिणावर्त दिशा में घूम रहा है। बीच वाला वृत्त 45° वामावर्त दिशा में घूम रहा है तथा सबसे बाहर वाला वृत्त 45° दक्षिणावर्त दिशा में घूम रहा है।

20 (*b*) यहाँ, आकृति (X) में 1 के विपरीत 4 है, 2 के विपरीत 6 है तथा 3 के विपरीत 5 है।

21 (*a*) कुल आवश्यक रन $= 20 \times 7.2 = 144$

15वें ओवर तक कुल रन $= 15 \times 6 = 90$

अगले 5 ओवर में बनाए जाने वाले रन

$= 144 - 90 = 54$

∴ अभीष्ट रन दर $= \dfrac{54}{5} = 10.8$

22 (*a*) विकल्प आकृति (a) दी गई आकृति की सही प्रतिबिम्ब आकृति है।

23 प्यास लगने पर जल पिया जाता है। जल को स्थानीय भाषा में प्रकाश कहा जाता है। अतः व्यक्ति प्यास लगने पर प्रकाश पीएगा।

24 (*b*) शान की आयु $= 55$ वर्ष

साथिया की आयु $= 55 - 5 = 50$ वर्ष

बालन की आयु $= 50 - 6 = 44$ वर्ष

देवन की आयु $= 44 - 7 = 37$ वर्ष

∴ शान एवं देवन की आयु के बीच अन्तर

$= 55 - 37 = 18$ वर्ष

25 2B में 2 तथा B के सभी अवयव उपस्थित नहीं हैं।

जाँचें अपना IQ टेस्ट 10

1

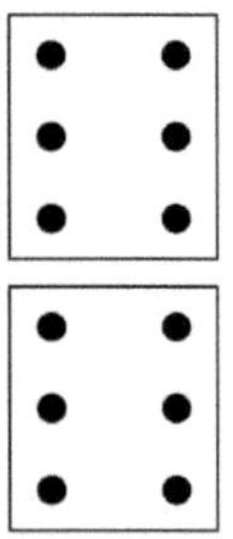

बाईं से दाईं ओर बढ़ने पर दोनों पंक्तियों के संगत बिन्दु का योग निम्न क्रम में है

2, 4, 6, 8, 10, 12

2 दीपक का घर से निकलने का समय

$= 8:40 - 0:10$

$= 8:30$ बजे

दीपक सामान्यतः बस स्टॉप के लिए निकलता है

$= 8:30 + 0:15$

$= 8:45$ बजे (प्रातः)

3 (*c*) 23,

जिन पंक्तियों की पहली संख्या विषम है, उस पंक्ति के सभी अंकों का कुल योग 33 है तथा जिन पंक्तियों की पहली संख्या सम है, उस पंक्ति के सभी अंकों का कुल योग 34 है। अन्तिम पंक्ति के अंकों का योग 29 है, जिसमें 5 जोड़ने पर उनका योग 34 हो जाएगा।

4 माना बिन्दु A से शाहिद तथा रोहित एक-दूसरे के विपरीत दिशा में चलना प्रारम्भ करते हैं तथा क्रम से 1 किमी पश्चात् बाईं व दाईं ओर मुड़ते हैं।

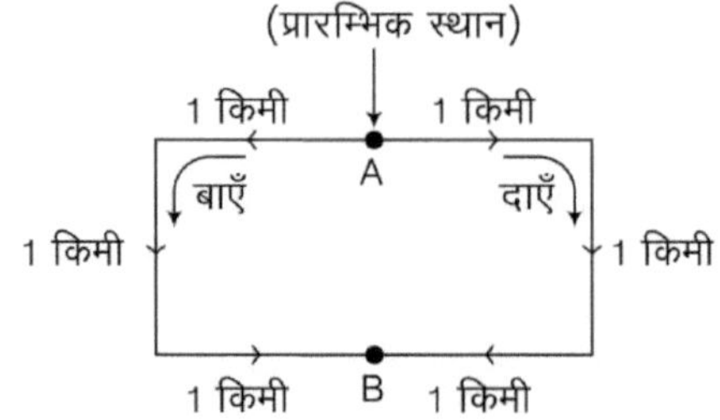

तब, बिन्दु B पर दोनों 3 किमी चलने के पश्चात् मिल जाएँगे।

5 अक्षर T कवि और गायक दोनों वृत्तों में मौजूद हैं, लेकिन नर्तक वाले वृत्त में नहीं है।

6 (*a*) कुल घन = नीचे से पहली पंक्ति में घन + दूसरी पंक्ति में घन + तीसरी पंक्ति में घन

$= 9 + 5 + 1 = 15$

आकृति में दिखाई दे रहे घनों की संख्या $= 10$

∴ अदृश्य घनों की संख्या $= 15 - 10 = 5$

7

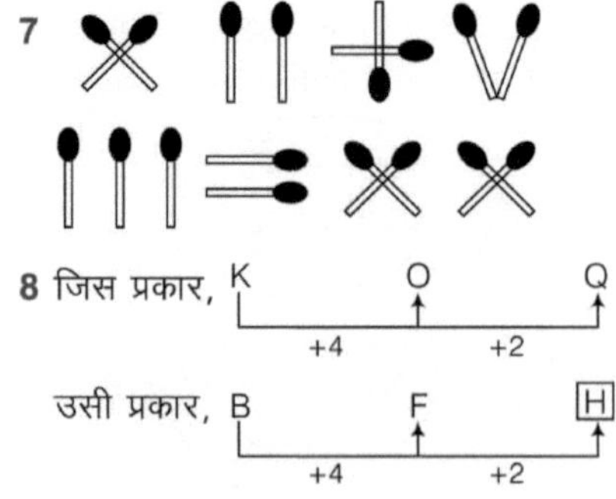

8 जिस प्रकार,

<table>
<tr><td>K</td><td></td><td>O</td><td></td><td>Q</td></tr>
<tr><td></td><td>+4</td><td></td><td>+2</td><td></td></tr>
</table>

उसी प्रकार,

<table>
<tr><td>B</td><td></td><td>F</td><td></td><td>H</td></tr>
<tr><td></td><td>+4</td><td></td><td>+2</td><td></td></tr>
</table>

9 (c) तीनों आकृतियों के संगत भागों को देखने पर,
2 (+ 3) 5 (+ 3) = 8
2 (+ 4) 6 (+ 4) = 10
1 (+ 6) 7 (+ 6) = $\boxed{13}$

10 प्रत्येक घड़ी में समय पिछली घड़ी के समय से 43 मिनट अधिक है।
अतः अन्तिम घड़ी में 4 : 35 समय होना चाहिए।

11 (b) $\because$ 3 पुरुष = 4 महिलाएँ

$\therefore$ 7 पुरुष $= \dfrac{4}{3} \times 7 = \dfrac{28}{3}$ महिलाएँ

7 पुरुष + 5 महिलाएँ $= \dfrac{28}{3} + 5 = \dfrac{43}{3}$ महिलाएँ

अब, 4 महिलाओं का 43 दिन का काम

$= \dfrac{43}{3}$ महिलाओं का x दिन (माना) का काम

$\Rightarrow \quad 4 \times 43 = \dfrac{43}{3} \times x$

$\therefore \qquad x = \dfrac{4 \times 43 \times 3}{43} = 4 \times 3 = 12$ दिन

अतः 7 पुरुष और 5 महिलाएँ 12 दिन में खेत जोतेंगे।

12 (d) आकृति (ii) और (iii) से,
6 के विपरीत 4 है।
आकृति (i) और (iv) से
2 के विपरीत 5 है।
$\therefore$ 3 के विपरीत फलक पर 1 होगा।

13 (d) सभी चतुर्थांशों में प्रत्येक बिन्दु की स्थिति को ध्यानपूर्वक देखने पर इस प्रकार परिवर्तन हो रहा है। 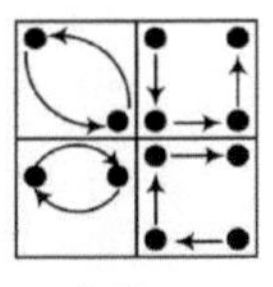
अतः श्रृंखला में अगली आकृति (d) होगी।

14 यहाँ 18 कैरेट : 20 कैरेट
अतः स्वर्ण अनुपात $= \dfrac{3}{4} : \dfrac{5}{6} = 18 : 20$
$= 9 : 10$

15 (c) आकृति (a) को घुमाने पर यह आकृति (d) के समान है तथा (b) को घुमाने पर यह आकृति (e) के समान है।

16 (a) 19 लड़कों की कुल आयु $= 19 \times 21 = 399$ वर्ष
19 लड़कों + शिक्षक की कुल आयु
$= 20 \times 22 = 440$ वर्ष
$\therefore$ शिक्षक की आयु $= 440 - 399 = 41$ वर्ष

17 (d) प्रश्न आकृति का ध्यानपूर्वक अवलोकन करने के बाद आप पाते हैं कि प्रश्न आकृति के सभी अवयव उत्तर आकृति (d) में मौजूद हैं।

18 (b) नेट प्रभाव $= x + y + \dfrac{xy}{100}$

$= 10 - 10 + \dfrac{10\,(-10)}{100}$

$= -1\%$ ['$-$' का चिन्ह हानि का प्रतीक है]
अतः व्यवसाय में व्यापारी को 1% की हानि हुई।

19 प्रश्न आकृति का ध्यानपूर्वक अवलोकन करने के बाद आप पाते हैं कि दी गई आकृति में रंग भरने के लिए कम-से-कम तीन रंगों की जरूरत होगी।

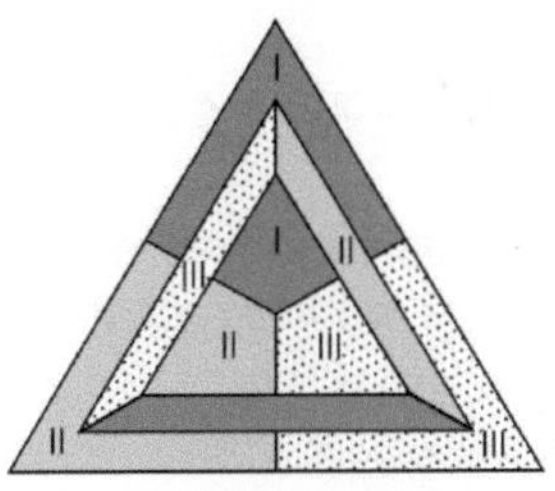

20 प्रयोग किए गए शुभकामना कार्डों की संख्या
$= 8 \times (8 - 1) = 8 \times 7 = 56$

21 (c) आकृति (X) विकल्प आकृति (c) में सन्निहित है।

22 अभीष्ट टुकड़ों की संख्या $= ar^{n-1}$
[यहाँ, $a = 2$ तथा $r = 2$ तथा $n = 10$)]
$= 2 \times 2^{10-1} = 2 \times 2^9 = 1024$

23 प्रश्नानुसार,

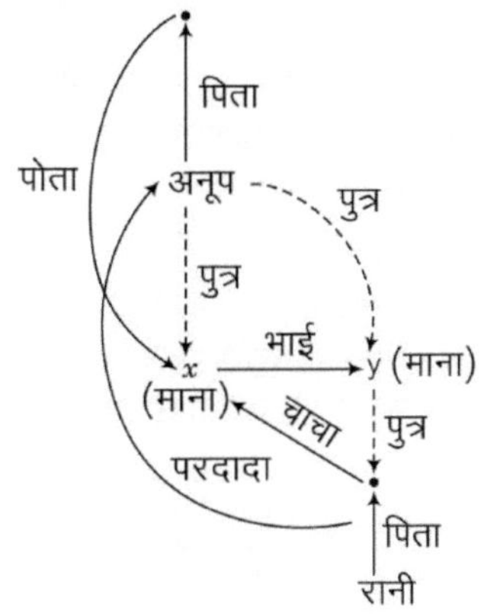

अतः अनूप, रानी का परदादा है।

24 (e) प्रत्येक पंक्ति में बाई ओर से दाईं ओर जाने पर प्रत्येक बॉक्स की बाहरी ज्यामिति आकृति दूसरी आकृतियों के अन्दर स्थित हो जाती है। इस प्रकार, प्रश्नचिन्ह (?) के स्थान पर आकृति (e) आएगी।

25 (c) अन्त से प्रारम्भ कर इस प्रश्न को अंकगणितीय विधि से सरल तरीके से हल किया जा सकता है।

चूँकि, अन्त में बचे सेब = 15

∴ चौथे ग्राहक को बेचने से पूर्व शेष सेब

$$= \left(15 + \frac{1}{2}\right) \times 2 = 31$$

इसी प्रकार, तीसरे ग्राहक को बेचने से पूर्व शेष सेब

$$= \left(31 + \frac{1}{2}\right) \times 2 = 63$$

दूसरे ग्राहक को बेचने से पूर्व शेष सेब

$$= \left(63 + \frac{1}{2}\right) \times 2 = 127$$

∴ पहले ग्राहक को बेचने से पूर्व सेब

$$= \left(127 + \frac{1}{2}\right) \times 2 = 255$$

अतः शुरुआत में टोकरी में कुल 255 सेब थे।

जाँचें अपना IQ टेस्ट 11

1 क्रमशः प्रत्येक वृत्त में दी गई संख्याओं का योग 5 के गुणज के रूप में बढ़ रहा है।

अर्थात् 5, 10, 15, 20, 25

∴ 15 + 6 + 1 + ? = 25

⇒ ? = 25 − 22 = 3

2 (b) दी गई आकृति में 16 छोटे षट्भुज तथा 6 बड़े षट्भुज हैं। अतः कुल 22 षट्भुज हैं।

3 (a) ∵ बाल्टी + पूरा पानी = 17 किग्रा

तथा बाल्टी + आधा पानी = 13.5 किग्रा

∴ आधे पानी का वजन = 17 − 13.5 = 3.5 किग्रा

अतः बाल्टी में आने वाले पूरे पानी का वजन

$$= 3.5 \times 2 = 7 \text{ किग्रा}$$

अब, खाली बाल्टी का वजन = 17 − 7

$$= 10 \text{ किग्रा}$$

4 (d) यहाँ, प्रत्येक अगले पद में प्रत्येक आकृति 90° दक्षिणावर्त दिशा में घूम जाती है तथा एक नई आकृति जुड़ जाती है।

5 34826

प्रत्येक संख्या, पिछली संख्या के अन्तिम दो अंकों के योग तथा उससे पहले शेष अंकों को विपरीत क्रम में लिखने पर प्राप्त होती है।

अर्थात्

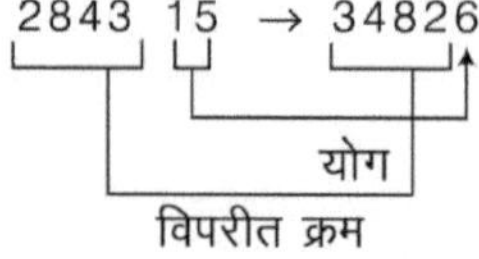

6 (a) प्रत्येक आकृति में, वृत्तों की संख्या एक बढ़ जाती है तथा त्रिभुज और वर्ग एक-एक करके छायांकित हो जाते हैं। इस प्रकार लुप्त आकृति, विकल्प आकृति (a) है।

7 523377

अन्य सभी संख्याओं को दो तीन अंकों की संख्याओं में बाँटकर जोड़ने पर योग 1000 प्राप्त होता है।

(अर्थात् 586414 = 586 + 414 = 1000)

8 (b) ∵ आकृति (a), आकृति (b) के समान है।

आकृति (c), आकृति (e) के समान है।

अतः आकृति (b) विषम है।

9 (c) 12 ★ 3 ★ 4 = 6 ★ 8 ★ 8

चिन्ह प्रतिस्थापित करने पर,

$$12 \times 3 + 4 = 6 \times 8 - 8$$

⇒ 36 + 4 = 48 − 8

⇒ 40 = 40

10 6587

11 (b) माना 1 कुर्सी का विक्रय मूल्य = ₹ 100

तब, 250 कुर्सियों का विक्रय मूल्य = ₹ 25000

तथा 50 कुर्सियों का विक्रय मूल्य = ₹ 5000

∴ लाभ प्रतिशत $= \dfrac{\text{लाभ}}{\text{क्रय मूल्य}} \times 100\%$

$$= \frac{5000}{25000 - 5000} \times 100\%$$

$$= \frac{5000}{20000} \times 100\% = 25\%$$

12 55

प्रत्येक संख्या आव्यूह में अपनी स्थिति दर्शाती है।

∴ संख्या 55, पंक्ति 5 तथा स्तम्भ 5 को दर्शाती है।

13 (b) पंक्तियों की न्यूनतम संख्या ज्ञात करने के लिए 24, 36 तथा 60 का म.स. निकालेंगे।

∴ 24, 36 और 60 का म.स. = 12

अतः 12 फल प्रत्येक पंक्ति में होंगे।

∴ पंक्तियों की कुल संख्या

$$= \frac{24}{12} + \frac{36}{12} + \frac{60}{12} = 2 + 3 + 5 = 10$$

14 औसत ऊँचाई

$$= \frac{\begin{array}{c}125 \times 2 + 130 \times 4 + 135 \times 5 \\ + 140 \times 3 + 145 \times 2 + 150 \times 3\end{array}}{2 + 4 + 5 + 3 + 2 + 3}$$

$$= \frac{250 + 520 + 675 + 420 + 290 + 450}{19}$$

$$= \frac{2605}{19} = 137.10$$

15 (a) $p \, \Delta \, q \, O \, r \Rightarrow p \ne q > r$

जब $p \ne q$, तब $p < q$ या $p > q$

और $p \times q \times r \Rightarrow p > q > r$

16 (b) प्रत्येक पंक्ति व स्तम्भ में एक प्रकार के अवयव केवल एक बार हैं।

17 (c) ∵ 12 मिनट में अमर द्वारा तय की गई दूरी

$$= 120 \times \frac{12}{60} = 24 \text{ किमी}$$

तथा 12 मिनट में एन्थोनी द्वारा तय की गई दूरी

$$= 210 \times \frac{12}{60} = 42 \text{ किमी}$$

∴ अभीष्ट अन्तर = 42 − 24 = 18 किमी

18 (d) विकल्प आकृति (d) सही दर्पण प्रतिबिम्ब है।

19 (a) माना रवि की वर्तमान आयु x वर्ष है।

तब, $\dfrac{x}{4} + \dfrac{x}{5} + \dfrac{x}{3} + 13 = x$

$\Rightarrow \dfrac{15x + 12x + 20x}{60} = x - 13$

$\Rightarrow 47x = 60x - 780 \Rightarrow 13x = 780$

∴ $x = \dfrac{780}{13} = 60$ वर्ष

20 (c) बड़ी गेंद अपने व्यास के अनुदिश 90° पर तथा छोटी गेंद अपने व्यास के अनुदिश 45° पर घूमती है। साथ-ही-साथ चित्र की दिशा भी परिवर्तित होती रहती है।

21 यहाँ, 1 आदमी = 2 औरतें

तथा 1 औरत = 2 लड़के

दिया है, (1 आदमी + 1 औरत + 1 लड़का) काम पूरा करते हैं = 7 दिन में

⇒ (2 औरत + 1 औरत + 1 लड़का) काम पूरा करते हैं = 7 दिन में

⇒ (3 औरत + 1 लड़का) काम पूरा करते हैं
= 7 दिन में

(3 × 2 लड़के + 1 लड़का) काम पूरा करते हैं
= 7 दिन में

7 लड़के काम पूरा करते हैं = 7 दिन में

∴ 1 लड़का काम पूरा करता है = 7 × 7
= 49 दिन में

22 (b) प्रश्न आकृति का ध्यानपूर्वक अवलोकन करने के बाद हम पाते हैं कि प्रश्न आकृति के सभी अवयव उत्तर आकृति (b) में मौजूद हैं।

23 (b) बैठने का क्रम निम्न प्रकार है

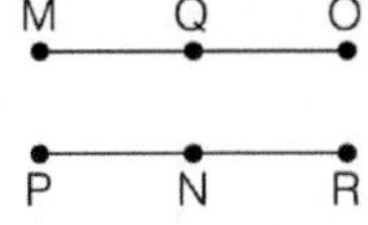

अतः N के सामने Q बैठा है।

24 (c) यहाँ त्रिभुज को वृत्त कहा गया है तथा केवल वृत्त के अन्दर की संख्याएँ 12, 21, 2, 15 एवं 7 हैं।

25 दिया है, नगर की कुल जनसंख्या = 311250

तब, महिलाओं की संख्या

$$= \frac{43}{(43 + 40)} \times 311250 = 161250$$

तथा पुरुषों की संख्या

$$= 311250 - 161250 = 150000$$

∴ साक्षरों की संख्या

$$= \frac{161250 \times 8}{100} + \frac{150000 \times 24}{100}$$

$$= 12900 + 36000 = 48900$$

जाँचें अपना IQ टेस्ट 12

1 17 सबसे छोटा भाग है तथा 14 सबसे बड़ा भाग है।

2 (c) शेष सभी संख्याएँ वर्ग संख्या हैं।

3 (c) कक्षा में कुल विद्यार्थियों की संख्या
$$= (7 + 26) - 1 = 33 - 1 = 32$$

4 जिस प्रकार, $(9 + 14) \times (19 - 7) = 276$

तथा $(18 + 9) \times (14 - 6) = 216$

उसी प्रकार, $(10 + 7) \times (16 - 14) = \boxed{34}$

5 (d) सतीश के पहुँचने का समय
$$= 8 : 50 - 0 : 20 = 8 : 30 \text{ बजे}$$

40 मिनट देर से आने वाले व्यक्ति का समय
$$= 8 : 30 + 0 : 30 = 9 \text{ बजे}$$

अत: बैठक का वास्तविक समय
$$= 9 : 00 - 0 : 40 = 8 : 20 \text{ बजे}$$

6 दिए गए एक ही पासे की दोनों स्थितियों से, दोनों में उभयनिष्ठ आकृति = ★ (समान फलक पर) अत: आकृति ♥ वाले फलक के विपरीत फलक पर आकृति ✚ होगी।

7 दी गई जानकारी के आधार पर,

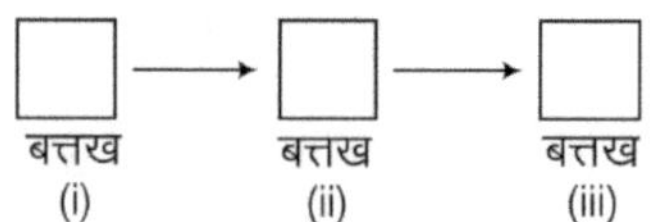

यहाँ बत्तख (i) के आगे दो बत्तख हैं तथा बत्तख (iii) के पीछे दो बत्तख हैं और बत्तख (i) व (iii) के बीच में एक बत्तख है।

अत: तालाब में कम-से-कम तीन बत्तख हैं।

8 (a) शेष सभी में दो त्रिभुज, वृत्तों के अन्दर स्थित हैं।

9 3112

दी गई शृंखला की प्रत्येक संख्या पिछले पद के उच्चारण अनुसार बनती है।

जिस प्रकार, 2 (एक 2) ⇒ 12

12 (एक 1 एक 2) ⇒ 1112

1112 (तीन 1 एक 2) ⇒ 3112

इसी प्रकार, आगे शृंखला जारी रहती है।

10 (d) ▶

11 (b) प्रश्नानुसार,

चूँकि संगीता के दाएँ हाथ की ओर मंजीत की परछाई बन रही है अर्थात् संगीता का दायाँ हाथ पश्चिम दिशा की ओर होगा तथा संगीता का मुँह दक्षिण दिशा की ओर होगा।

अत: मंजीत उसके सामने होने के कारण उत्तर दिशा की ओर मुँह किए होगा।

12 प्रथम आकृति में, $10 + 7 + 3 = 20$

दूसरी आकृति में, $30 + 2 - 12 = 20$

13 (c) ∵ 9 नलों द्वारा 1 मिनट में किया गया कार्य
$$= \frac{1}{20}$$

1 नल द्वारा 1 मिनट में किया गया कार्य $= \dfrac{1}{180}$

माना टंकी को भरने के लिए x नलों की आवश्यकता है।

तब, $\quad x \times \dfrac{1}{180} = \dfrac{1}{15}$

$\Rightarrow \quad x = \dfrac{180}{15} = 12$

अत: 12 नल टंकी को 15 मिनट में भर देंगे।

14 सबसे ऊपरी पंक्ति के सभी अंकों को जोड़ने पर मध्य पंक्ति की बाईं संख्या प्राप्त होती है। उसी प्रकार, सबसे निचली पंक्ति के सभी अंकों को जोड़ने पर मध्य पंक्ति की दाईं संख्या प्राप्त होगी अर्थात्
$$6 + 2 + ? = 11 \Rightarrow ? = 3$$

15 (b) वेन आरेख के अनुसार,

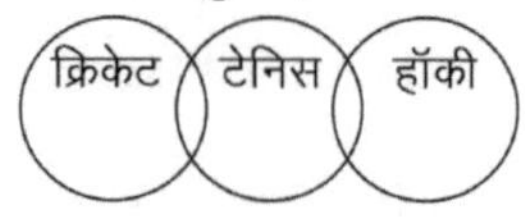

16 (a) माना पंखे पर $x\%$ छूट दी जाती है।
तब प्रश्नानुसार,
$$700 \text{ का } (100 - x) = 625$$
$$\Rightarrow \frac{700 \times (100 - x)}{100} = 625$$

$$\Rightarrow \qquad 7(100 - x) = 625$$
$$\Rightarrow \qquad 700 - 7x = 625$$
$$\Rightarrow \quad 7x = 700 - 625 = 75$$
$$\therefore \qquad x = \frac{75}{7} = 10.71\%$$

17 (c) तीसरे पंचभुज की रेखाएँ पहले दो पंचभुज की रेखाओं को मिलाकर ज्ञात की गई हैं। सभी रेखाएँ वैसे ही रहती है जैसे कि पहली दो में, लेकिन जो तिरछी अन्तः रेखा पहली दोनों आकृतियों में उभयनिष्ठ है, तीसरी आकृति में वक्र रेखा में परिवर्तित हो जाती है।

18 दी गई संख्या शृंखला निम्न प्रकार है

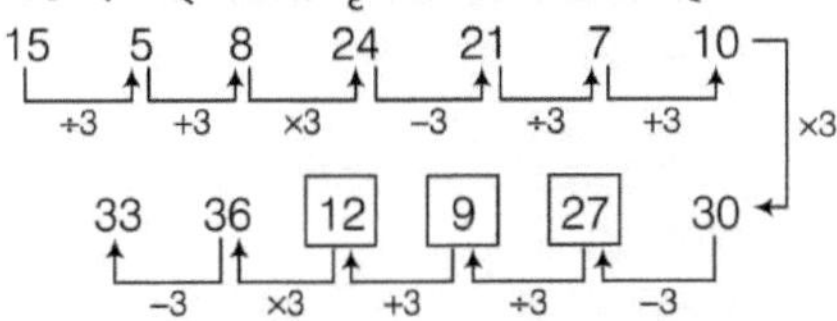

19 (a) स्तम्भ I से स्तम्भ II में आकृतियाँ ऊपर से नीचे की ओर (जल प्रतिबिम्ब के समान) पलट जाती हैं।

20 (c) माना परीक्षा में उपस्थित विद्यार्थी = x
तब प्रश्नानुसार, x का $(100 - 78)\% = 176$
$$\Rightarrow \qquad x \times \frac{22}{100} = 176$$
$$\therefore \qquad x = \frac{176 \times 100}{22} = 800$$

अतः प्रथम श्रेणी में सफल विद्यार्थी
$$= 800 \text{ का } 34\% = 800 \times \frac{34}{100} = 272$$

21 (d) आकृति (X) को मोड़ने पर आकृति (d) प्राप्त होगी।

22 (b) सापेक्ष चाल = 54 – 45 = 9 किमी/घण्टा
अर्थात् बस ठहरते हुए प्रति घण्टे 9 किमी कम चलती है।
∴ प्रति घण्टा बस का ठहराव
= 54 किमी/घण्टा की चाल से 9 किमी तय करने में लगा समय
$$= \frac{9}{54} \text{ घण्टा} = \frac{9}{54} \times 60 \text{ मिनट} = 10 \text{ मिनट}$$

23 (c) माना गीता की वर्तमान आयु = x वर्ष
तथा हेमा की वर्तमान आयु = 40 – 10 = 30 वर्ष
तब प्रश्नानुसार,
$$2(x - 10) = 30 - 10$$
$$\Rightarrow \qquad 2x - 20 = 20 \Rightarrow 2x = 40$$
$$\therefore \qquad x = 20 \text{ वर्ष}$$

24 प्रश्नानुसार,

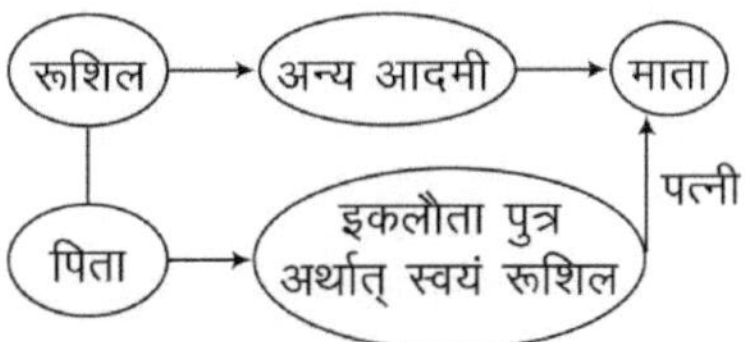

उपरोक्त आरेख से स्पष्ट है कि रूशिल के पिता का इकलौता पुत्र स्वयं रूशिल होगा तथा उसकी पत्नि उस आदमी की माता है अर्थात् वह आदमी रूशिल का पुत्र है।

25 (b) दिए गए नियम के आधार पर विकल्प (b) सही आकृति है।

जाँचें अपना IQ टेस्ट 13

1 (c) प्रत्येक पंक्ति में बाएँ से दाएँ जाने पर संख्याओं में अन्तर क्रमशः + 2, – 3, + 2 हैं तथा प्रत्येक स्तम्भ में ऊपर से नीचे जाने पर संख्याओं में अन्तर क्रमशः + 3, – 2, + 3 हैं।

2 जब हम बीमार होते हैं, तो डॉक्टर के पास जाते हैं। यहाँ, डॉक्टर को वकील कहा गया है। अतः हम वकील के पास जाएँगे।

3 ∵ आकृति में कुल बराबर भाग = 8
तथा छायांकित भाग = 5
$$\therefore \text{ अभीष्ट प्रतिशत} = \frac{5}{8} \times 100\% = 62.5\%$$

4 (c) एक फीट ऊँचे खम्भे की परछाई $= \dfrac{20}{18}$ फीट
∴ 27 फीट ऊँचे खम्भे की परछाई $= \dfrac{20}{18} \times 27$
$$= 30 \text{ फीट}$$

5 (e) जिस प्रकार, $634 \Rightarrow 6 + 3 = 9$
$$3 + 4 = 7 \Rightarrow 97$$
उसी प्रकार, $\qquad 543 \Rightarrow 5 + 4 = 9$
$$4 + 3 = 7 \Rightarrow 97$$

6 (c) एक गाय या एक भैंस या दोनों रखने वाले परिवारों का प्रतिशत = 60 + 30 − 15 = 75
इसका अर्थ है कि 25% परिवारों के पास न तो एक गाय है और न ही एक भैंस।
∴ अभीष्ट परिवारों की संख्या = 96 का 25%
$$= 96 \times \frac{25}{100} = 24$$

7 यहाँ विपरीत सतहों पर दी गई संख्याओं का योग 100 है।
जिस प्रकार, 74 + 26 = 100
$$37 + 63 = 100$$
उसी प्रकार, 19 + ? = 100
⇒   ? = 81

8 7 पेन का विक्रय मूल्य $= 10 \times \frac{140}{100} = ₹ 14$

∴ 1 पेन का विक्रय मूल्य $= \frac{14}{7} = ₹ 2$

अतः खरीदार को ₹ 10 में 5 पेन मिले।

9 (d) प्रश्नानुसार,

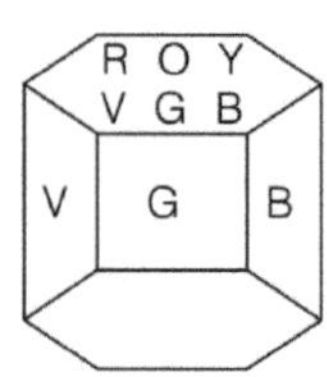

अतः R के निकटवर्ती फलक = O तथा V
अर्थात् लाल रंग के निकटवर्ती
फलक = नारंगी तथा बैंगनी

10 सही समय पर या उससे पहले आने वाली ट्रेनों की संख्या = 85 + 45 + 5 = 135
कुल ट्रेनें = 6 + 23 + 45 + 67 + 85 + 45 + 5
= 276
∴ अभीष्ट सम्भावना $= \frac{135}{276} \times 100 \approx 50\%$
अतः रमेश सही बता रहा है।

11 अनुपस्थित व्यक्तियों की संख्या $= \frac{3}{5} \times 15 = 9$

12 (b) आकृति (X) में एक बिन्दु वृत्त और वर्ग के उभयनिष्ठ भाग में है। एक बिन्दु वृत्त ओर त्रिभुज के उभयनिष्ठ भाग में है। एक बिन्दु वृत्त, त्रिभुज और वर्ग तीनों के उभयनिष्ठ भाग में है।
इस प्रकार का प्रतिबन्ध केवल आकृति (b) में है।

13 प्रतिबिम्ब में   वास्तव में

2 : 30   10 : 30

14 प्रश्नानुसार,

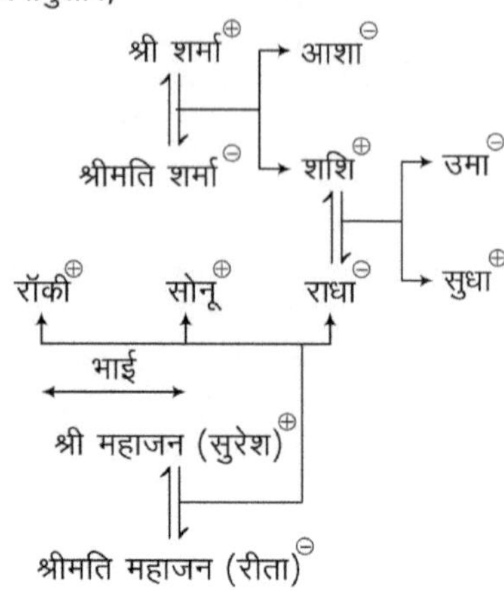

(i) उपरोक्त से स्पष्ट है कि सोनू का कुलनाम महाजन है।
(ii) उपरोक्त से स्पष्ट है कि सुरेश, सुधा के नाना है।

15 (a) प्रत्येक संकेत की पुनरावृत्ति 7 पदों के बाद होती है।

16 (d) केवल कॉफी पीने वाले = 35 − 20 = 15
तथा केवल चाय पीने वाले = 70 − 35 = 35
अतः वेन आरेख के अनुसार,

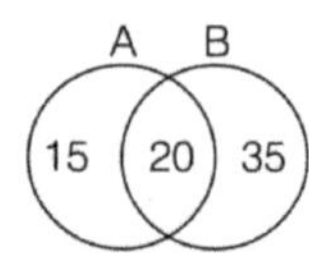

17 (c) आकृति (c) में सबसे अधिक अर्थात् 21 त्रिभुज हैं।

18

		घण्टा	दूसरा घण्टा	तीसरा घण्टा
दूरी (किमी में)	बस	50	50	50
	कार	—	75	75

यहाँ, बस तीन घण्टे में 150 किमी की दूरी तय करेगी, जबकि कार दो घण्टे में।
अतः बंगलुरु से 150 किमी की दूरी पर कार बस से आगे निकल जाएगी।

19 (a) प्रत्येक पंक्ति की तीसरी आकृति में एक काला वृत्त तथा प्रथम दो आकृतियों की सभी रेखाएँ, केवल उभयनिष्ठ रेखा को छोड़कर, उपस्थित हैं।

20 (d)

व्यक्ति	भाषा	गुण
अनिल	तमिलभाषी	
डेविड	मराठी/तमिलभाषी	कार चलाने वाला
शबनम	मराठीभाषी	
रेखा	तमिल/मराठीभाषी	कार चलाने वाला

उपरोक्त सारणी के आधार पर कथन (d) सही है।

21 (b) प्रत्येक आकृति व्यंजक में काले संकेतों को छोड़कर शेष सभी सफेद संकेत अन्तिम आकृति में चले जाते हैं तथा वृत्त, वर्ग में और वर्ग, वृत्त में परिवर्तित हो जाते हैं।
इस प्रकार, प्रश्नचिन्ह (?) के स्थान पर वृत्त (b) आएगा।

22 (a) किसी भी छोटे घन की चारों सतहें लाल रंग की नहीं होंगी।

23 (b) प्रत्येक अगले पद में बाह्य वृत्त की रेखाएँ 45° दक्षिणावर्त दिशा में घूमती हैं। प्रत्येक अगले पद में मध्य वृत्त की रेखाएँ 45° वामावर्त दिशा में घूमती हैं। प्रत्येक अगले पद में अन्तः वृत्त की रेखा 45° दक्षिणावर्त दिशा में घूमती है।

24

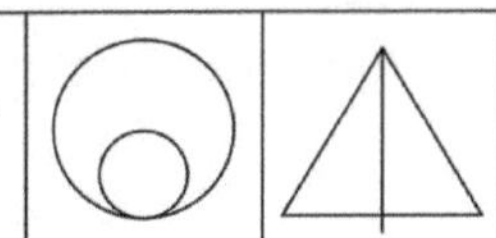

अतः कतार में पुरुषों की संख्या = 6

25 (b)

जाँचें अपना IQ टेस्ट 14

1 (c)

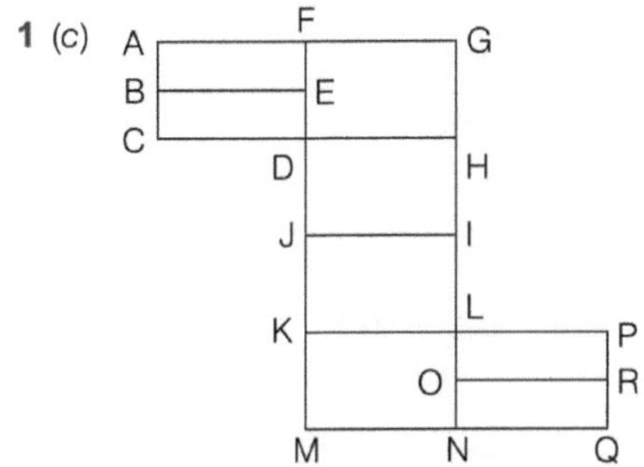

आयत AFEB, BEDC, FDHG, DHIJ, JILK, KLNM, LPRO, ORQN, ACDF, LNQP, ACHG, KMQP, FJIG, DHLK, JINM, FGLK, DHNM, FGNM हैं जिनकी कुल संख्या 18 है।

2 3487 क्योंकि अन्य सभी संख्याओं में उनके अंक आरोही क्रम में हैं।

3 (d)

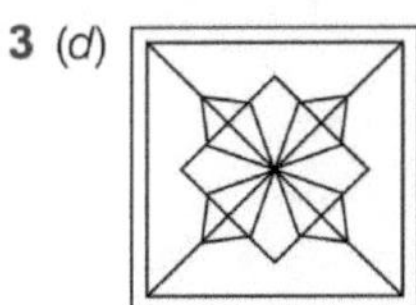

4 (b) प्रश्नानुसार, नई स्थिति निम्न प्रकार है

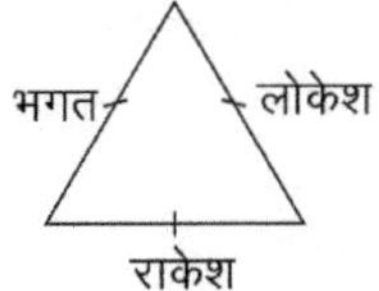

अतः राकेश, लोकेश के दक्षिण-पश्चिम में है।

5 (a) प्रथम पंक्ति में, बाईं से दाईं आकृति में वृत्त, त्रिभुज में परिवर्तित हो जाता है तथा छायांकित हो जाता है। वर्ग वैसा ही रहता है तथा अछायांकित हो जाता है। नीचे दी गई रेखाओं में से एक रेखा कम हो जाती है तथा अन्य भुजाओं के समान्तर एक-एक रेखा जुड़ जाती है। इस प्रकार, लुप्त आकृति के स्थान पर आकृति (a) आएगी।

6 दिया गया व्यंजक $= 125 - 5 \times 10 \div 13 + 28$
$= 125 \div 5 + 10 \times 13 - 28$
[चिन्ह परिवर्तित करने पर]
$= 25 + 130 - 28 = 127$

7 1 से प्रारम्भ करके प्रत्येक तीसरे भाग में संख्या में 5 की वृद्धि होती है।
जिस प्रकार, $1 + 5 = 6$, $6 + 5 = 11$, $11 + 5 = 16$, $16 + 5 = 21$, $21 + 5 = 26$, $26 + 5 = \boxed{31}$
और $31 + 5 = 36$
अतः प्रश्नचिन्ह (?) के स्थान पर 31 आएगा।

8 (a) धीरे चलने वाली घड़ी सापेक्षिक रूप से 1 घण्टे में पीछे होगी $= 2 + 1 = 3$ मिनट
सुबह 11 बजे तक पीछे होगी $= 11 \times 3 = 33$ मिनट

9 (e) प्रत्येक अगले पद में वृत्त बाईं से दाईं ओर तथा काला बिन्दु दाईं से बाईं ओर स्थानान्तरित होता है और पंचभुज, दीर्घवृत्त के अन्दर एक बार दाईं ओर एक बार बाईं ओर स्थानान्तरित होता है। इस प्रकार, अगली आकृति (e) प्राप्त होगी।

10 दी गई श्रृंखला में प्रत्येक संख्या के अंकों की आपस में गुणा करने पर अगली संख्या प्राप्त होती है।
इस प्रकार, अगली संख्या $= 1 \times 6 \times 8 = 48$

11 $4\underline{4} + 2\underline{4} \div 4 - 1\underline{4} = 36$
$\Rightarrow \quad 44 + 6 - 14 = 36$
$\Rightarrow \quad 50 - 14 = 36 \Rightarrow 36 = 36$

12 (a) संख्या 3 केवल आयत में स्थित है।
∴ संख्या 3 अनुभवी कर्मचारी, जो न तो मेहनती हैं और नहीं संघ के सदस्य हैं, को निरूपित करती है।

13 ∵ पक्षी $= 27 - 19 = 8$
$\Rightarrow 8 +$ गिलहरी $= 16$
∴ गिलहरी $= 16 - 8 = 8$
तथा बत्तख $+$ गिलहरी $= 19$
∴ बत्तख $= 19 - 8 = 11$

14 (b) माना कुल पुस्तकें $= 100$
तब, हिन्दी की पुस्तकों की संख्या $= 20$
शेष पुस्तकें $= 100 - 20 = 80$
अंग्रेजी की पुस्तकों की संख्या
$= 80$ का $50\% = 40$
शेष पुस्तकें $= 80 - 40 = 40$
∵ $\quad 40\% = 120$
∴ $\quad 100\% = \dfrac{120}{40} \times 100 = 300$
अतः कुल पुस्तकों की संख्या 300 हैं।

15 (d) प्रत्येक आकृति, पिछली आकृति को $90°$ दक्षिणावर्त घुमाने पर प्राप्त होती है।

16 (a) माना भेड़ का मूल्य $= ₹x$
तब, एक गाय मूल्य $= x + 500$
प्रश्नानुसार, $5x + 5(x + 500) = ₹5500$
$\Rightarrow \quad x + x + 500 = 1100$
$\Rightarrow \quad 2x = 600 \Rightarrow x = ₹300$

17 आकृति (i) में, $\quad 3 \times 4 = 12$
तथा $\quad 12 + 12 = 24$
तथा आकृति (ii) में, $\quad 8 \times 4 = 32$
तथा $\quad 32 + 12 = 44$
उसी प्रकार, आकृति (iii) में,
$20 \times 4 = \boxed{80}$
तथा $\quad 80 + 12 = \boxed{92}$

18 (c) विकल्प (c) से,
रामू तथा रवि के पास धन $= ₹13$
तब, रवि तथा रामू के पास जीत से पहले क्रमशः ₹8 तथा ₹5 हैं।
जीत के बाद $13 + 2 = 15$, जो वास्तविक धन से ₹2 अधिक है।

19 (c)

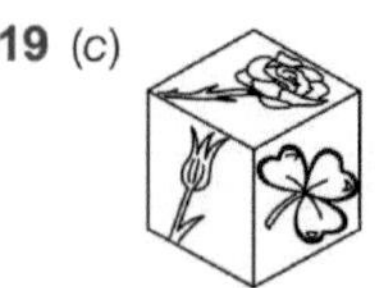

20 (c) प्रश्नानुसार,

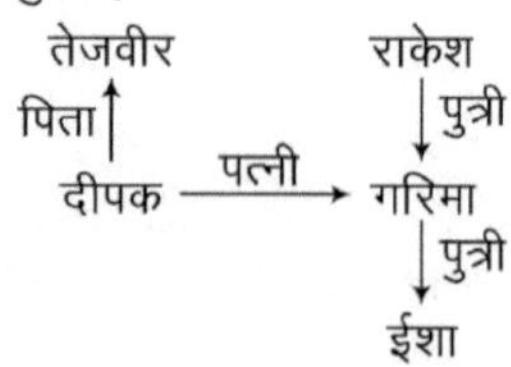

अतः स्पष्ट है कि तेजवीर, ईशा का दादा है।

21 (c) नीचे के दो वृत्तों को मिलाने पर उसके ऊपर का वृत्त प्राप्त होता है, किन्तु उभयनिष्ठ संकेतों को छोड़ दिया जाता है।

22 (b) सादिक और जोसेफ के बीच में व्यक्तियों की संख्या = 48 − (14 + 17) = 17

चूँकि जेन, सादिक और जोसेफ के बीच है। अतः सादिक तथा जेन के बीच कुल 8 व्यक्ति हैं।

23 (b) यहाँ, बेटी (D) = भतीजे (N) × 4

तथा बेटा (S) = भतीजे (N) × 5

∴ $5S + 4D + 2N = 8600$

⇒ $5 \times 5N + 4 \times 4N + 2N = 8600$

⇒ $25N + 16N + 2N = 8600$

⇒ $N = \dfrac{8600}{43} = ₹\,200$

अतः प्रत्येक बेटी को मिले रुपये = ₹ 200 × 4

                     = ₹ 800

24 उपरोक्त आकृतियों का ध्यानपूर्वक अवलोकन करने के बाद हम पाते हैं कि आकृति (b) में दो चाप, आकृति (d) में चार चाप, आकृति (c) में छ: चाप तथा आकृति (a) में आठ चाप हैं। अतः दी गई आकृतियों का तार्किक क्रम (b), (d), (c), (a) होगा।

25 (c) प्रश्नानुसार,

A	B	C	D
100	100	100	100
− 20	+ 20	—	—
—	− 10	+ 10	—
80	110	+ 30	− 30
		140	70

आपसी लेन-देन के बाद अब A, B, C, D के पास क्रमश: ₹ 80, ₹ 110, ₹ 140 तथा ₹ 70 रहते हैं।

अब, A तथा D के पास कुल रुपये

                = 80 + 70 = ₹ 150

अतः विकल्प (c), 'A और D के पास मिलाकर जितने रुपये C के पास उससे अधिक रुपये हैं', गलत है।

जाँचें अपना IQ टेस्ट 15

1

4	6	2	**6**
2	4	4	8
5	1	**9**	3
7	**7**	3	1

2 (d) 'T' उन महिलाओं को प्रदर्शित करता है, जो डॉक्टर एवं सर्जन दोनों ही हैं।

3 (b) दी गई आकृति में 13 वर्ग हैं।

4 पाँच विषयों का कार्य पूरा करने में लगा समय

= 40 × 5 मिनट = 200 मिनट

= 3 घण्टे 20 मिनट

∵ टीवी पर कार्यक्रम देखने का समय रात 10 बजे है।

∴ 10 : 00 − 3 : 20 = 6 : 40

अतः 6:40 बजे कार्य प्रारम्भ करने से वह अपने गृहकार्य को भी पूर्ण करके ठीक समय पर टीवी कार्यक्रम भी देख सकता है।

5 (c) प्रश्नचिन्ह (?) के स्थान पर आकृति (c) आएगी।

6 प्रश्नानुसार, आयु का क्रम निम्न प्रकार है

लता > माया > प्रिया > कार्तिक

अतः कार्तिक सबसे छोटा है।

7 आकृति के प्रत्येक वर्ग में, संख्याओं का योग सदैव 22 है।

इस प्रकार, 8 + 1 + 4 + ? = 22

⇒   ? = 22 − 13 = 9

8 (a) प्रश्नानुसार,

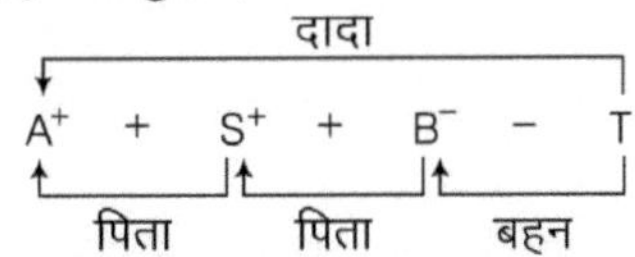

अतः स्पष्ट है कि A, T का दादा है।

9

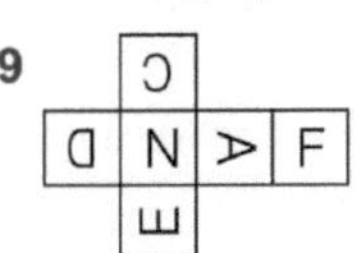

अतः सामने की सतह पर F होगा।

10 (b) मेज पर बैठने का क्रम निम्न है

(व्यापारी)   (सैनिक अधिकारी)   (राजनीतिज्ञ)

(इन्जीनियर)   (डॉक्टर)   (प्रोफेसर)

चित्र से स्पष्ट है कि डॉक्टर B है।

11 (i) $48 \div 5 = 9$ व शेष 3

सूरज	तनवी	अनु	तरुण	केट
शेष	शेष	शेष		
कार्ड 1	कार्ड 2	कार्ड 3		

अतः अन्तिम कार्ड अर्थात् 48वाँ कार्ड अनु को मिला।

(ii) तरुण और केट को अन्य बच्चों की तुलना में कम कार्ड मिले।

12 (i) 1000 के अतिरिक्त अन्य सभी संख्याएँ विषम हैं जबकि 1000 एक सम संख्या है।

(ii) 107 के अतिरिक्त अन्य सभी 7 के गुणज हैं।

(iii) 152 के अतिरिक्त अन्य सभी 9 के गुणज हैं।

13 विज्ञान तथा वाणिज्य नहीं लेने वाले छात्र
$$= 29 + 6 + 5 = 40\%$$
$$\therefore \text{अभीष्ट संख्या} = 200 \times \frac{40}{100} = 80$$

14 अधिकतम लाभ तभी होगा, जब न्यूनतम ₹ 150 में पुस्तक खरीदी जाएगी और अधिकतम ₹ 350 में बेची जाएगी।

$\therefore$ 15 पुस्तक का न्यूनतम क्रय मूल्य $= 15 \times 150$
$$= ₹ 2250$$

तथा 15 पुस्तकों का अधिकतम विक्रय मूल्य
$$= 15 \times 350 = ₹ 5250$$

तब, लाभ $= 5250 - 2250 = ₹ 3000$

15 प्रत्येक पाँच मोतियों में पहले दो काले तथा उसके बाद तीन सफेद मोती हैं
$$34 = 5 \times 6 + 4 \text{ (शेष)}$$

● ● ○ ○ ○
1 2 3 4

अतः 34वाँ मोती सफेद होगा।
तथा $196 = 5 \times 39 + 1$ (शेष)
अतः 196वाँ मोती काला होगा।

16 (c) अज्ञात शिकारियों द्वारा मारे गए चीते
$$= 20\% \text{ अर्थात् } \frac{1}{5} \text{ (कुल संख्या)} = \frac{1}{5} \times 120 = 24$$

शेष चीते $= 120 - 24 = 96$
अभ्यारण्य में आग लगने से मरे चीते
$$= 96 \times \frac{50}{100} = 48$$

अतः शेष बचे चीते $= 96 - 48 = 48$

17 (a) जॉन की प्रतिदिन की कमाई = (स्टेनी + जॉन) एवं (पॉल + जॉन) की प्रतिदिन की कमाई – (स्टेनी + पॉल + जॉन) की प्रतिदिन की कमाई
$$= 94 + 76 - 150$$
$$= ₹ 20$$

18 जिस घड़ी में मिनट की सूई 5 को इंगित करती है, वह पहली घड़ी है तथा शेष सभी वामावर्त क्रम में व्यवस्थित हैं। घण्टे की सूई अगली घड़ी में 1 घण्टे फिर 2 और फिर 3 घण्टे पीछे होती जाती है तथा मिनट की सूई प्रत्येक अगली आकृति में 10 मिनट आगे आ जाती है।

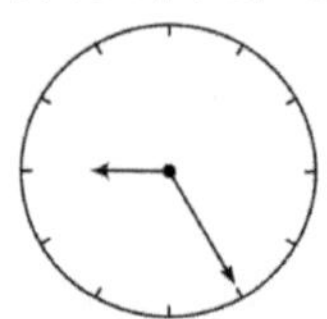

19 दोनों समयों का अन्तर $= 6$ मिनट $- 5$ मिनट 52 सेकण्ड $= 8$ सेकण्ड

5 मिनट 52 सेकण्ड में व्यक्ति द्वारा तय की गई दूरी $= 8$ सेकण्ड में ध्वनि द्वारा तय की गई दूरी
$$= 330 \times 8 = 2640 \text{ मी}$$

$\therefore$ व्यक्ति द्वारा लिया गया कुल समय
$$= 5 \text{ मिनट } 52 \text{ सेकण्ड}$$
$$= (5 \times 60 + 52) = 352 \text{ सेकण्ड}$$

$\therefore$ व्यक्ति की चाल $= \dfrac{2640}{352}$ मी/से

$$\left[\because \text{चाल} = \frac{\text{दूरी}}{\text{समय}} \right]$$

$$= \frac{2640}{352} \times \frac{18}{5} \text{ किमी/घण्टा}$$

$$= 27 \text{ किमी/घण्टा}$$

20 (d) स्तम्भ X और स्तम्भ Y को मिलाने पर स्तम्भ Z प्राप्त हो रहा है। पंक्ति 1 और पंक्ति 2 को मिलाने पर पंक्ति 3 प्राप्त हो रही है। किन्तु उभयनिष्ठ अवयवों को हटा दिया जाता है।

21 (a) एक बिन्दु वर्ग और आयत के उभयनिष्ठ भाग में है, एक बिन्दु त्रिभुज और आयत के उभयनिष्ठ भाग में है, एक बिन्दु वृत्त, त्रिभुज, वर्ग और आयत चारों के उभयनिष्ठ भाग में है।

22 शब्दों का सार्थक क्रम निम्न प्रकार है
गाय → दूध → दही → छाछ → मक्खन → घी

23 (d) जिस प्रकार, आकृति (a) में (e) के समान संकेत विपरीत क्रम में हैं। उसी प्रकार, आकृति (b) व आकृति (g) में तथा आकृति (c) व आकृति (f) में हैं।

24 (c) प्रश्नानुसार,

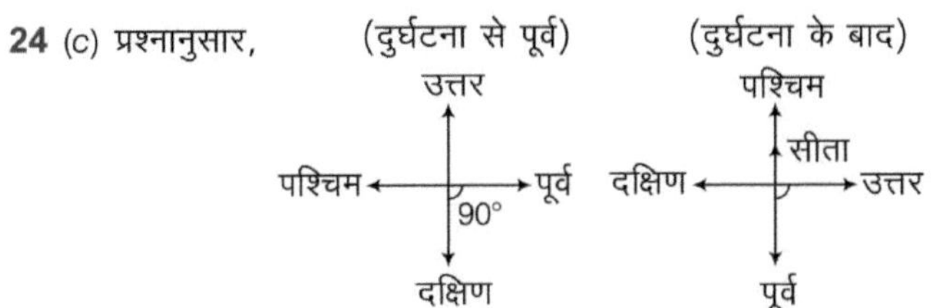

यहाँ, दुर्घटना के बाद पश्चिम दिशा का सूचक उत्तर दिशा दिखाने लगा।
अत: सीता उत्तर दिशा में यात्रा कर रही थी।

25 (f) ऊपरी पंक्ति के काले बिन्दुओं से बने प्रत्येक ग्रिड को 180° घुमाने पर निचली पंक्ति के ग्रिड प्राप्त होते हैं। इस प्रकार, प्रश्नचिन्ह (?) के स्थान पर आकृति (f) आएगी।

BOOK 1

तुलनात्मक IQ स्कोर चार्ट

जाँचे अपना IQ	आपका स्कोर	रेटिंग
टेस्ट 1	—	
टेस्ट 2	—	
टेस्ट 3	—	
टेस्ट 4	—	
टेस्ट 5	—	
टेस्ट 6	—	
टेस्ट 7	—	
टेस्ट 8	—	
टेस्ट 9	—	
टेस्ट 10	—	
टेस्ट 11	—	
टेस्ट 12	—	
टेस्ट 13	—	
टेस्ट 14	—	
टेस्ट 15	—	

इस चार्ट के माध्यम से आप अपनी सटीक Performance जानने में सफल होगें। Performance केवल उसी Case में बेहतर मानी जा सकती है जब आपका Score/Rating उच्च स्तर अथवा बढ़ते क्रम में हो।

Printed by Libri Plureos GmbH in Hamburg,
Germany